Horst Hausleitner

Farasi

Horst Hausleitner

Farasi

Der Jahrhundertritt
durch Afrika

Seifert Verlag

Umwelthinweis:

Dieses Buch und der Schutzumschlag wurden auf chlorfrei gebleichtem Papier gedruckt. Die Einschrumpffolie – zum Schutz vor Verschmutzung – ist aus umweltverträglichem und recyclingfähigem PE-Material.

1. Auflage

Umschlaggestaltung: Rubik Creative Supervision
Cover-Illustration: Horst Hausleitner
Verlagslogo: Padhi Frieberger
Druck und Bindung: CPI Moravia Books GmbH. Austria
ISBN: 978-3-902406-47-7
Printed in Austria

Inhalt

„Du hast dich entschlossen zu reisen – so geh!“
Antoine de Saint-Exupéry

1 Idee

„Das darf doch nicht wahr sein!“, stotterte ich, nachdem ich das Kuvert geöffnet und einen flüchtigen Blick auf den Gutschein geworfen hatte. „Du auch? Wir haben uns beide eine Afrikareise geschenkt?! Das ist verrückt!“

„Ich glaube, hier hat der Zufall Regie geführt.“

„Aber wie kamst du auf Afrika?“

„Erstens waren wir beide noch nie dort, zweitens kenne ich deine Reiseleidenschaft, und drittens wolltest du immer schon dem kalten Winter entfliehen.“

„Und wann lösen wir unsere Gutscheine ein?“, fragte ich, während ich die bunten Bilder exotischer Landschaften, Löwen in der Savanne, Elefanten vor dem schneebedeckten Kilimandscharo und stimmungsvolle Sonnenuntergänge näher in Augenschein nahm. Sorgsam hatte Esther sie aus Reiseprospekten ausgeschnitten und aufgeklebt.

„Ich weiß nicht – was meinst du, zwei Urlaube oder beide miteinander verbinden?“

„Ich bin für Letzteres!“

„Ich liebe dich. Frohe Weihnachten!“

*

Ein Jahr später buchten wir einen Flug nach Nairobi, mieteten ein Auto und fuhren quer durchs Land, ausgerüstet mit Schlafsack und Zelt. Esther hatte ein fünfjähriges Engagement als Schauspielerin hinter sich, und ich hatte als Musiker Hunderte Musicalvorstellungen en suite gespielt.

Nun eröffnete sich uns eine völlig neue Welt. Die Reise führte uns vom saftigen Grün an der Küste, über den hohen Norden mit seiner Weite und Kargheit, zu den Seen des großen Grabenbruchs bis hin zu Nationalparks, die von Touristen nur selten besucht werden. Spontan entschlossen wir uns für eine Pferde-Safari, um die exotische, wunderbare Landschaft auch im Sattel zu erkunden. Dazu suchten wir Ray Focht auf, der in Mwega unweit von Nyeri Unternehmungen solcher Art anbot. Diese Pferde-Safari durch ein privates Wildreservat und die Freundschaft zu Ray sollten unser Leben entscheidend verändern.

Zu jener Zeit hatten wir eigene Pferde in unserem alten Bauernhof im Waldviertel eingestellt. Zunächst hatte es Esther einige Überredungskunst gekostet, mir das Reiten schmackhaft zu machen. Aber dann fand ich Gefallen daran, besuchte eine Reitschule und legte die Reiterprüfung erfolgreich ab.

Der gebürtige Amerikaner Ray wirkte ausgesprochen jugendlich. Nur sein schneeweißes Haar und der ebenfalls weiße Bart ließen vermuten, dass er um die siebzig sein musste. Er war Zeit seines Lebens Farmer in Amerika gewesen und hatte das Land nach seiner Pensionierung verlassen, um in Kenia seinen Lebensabend zu verbringen. Private Dinge und die Liebe zu dem Kontinent, den er seit Jahren bereiste, hatten ihn bewogen, in Kenia sesshaft zu werden und auf der Kamaruta Ranch zu leben. Er hatte dem Eigentümer versprochen, das Tourismusgeschäft mit Pferden anzukurbeln. Im Gegenzug durfte er kostenfrei auf der kolonialen Ranch, die sich im Besitz eines „Kikuyu“ befand, die obere Etage bewohnen. Ray war mit Pferden aufgewachsen, kannte ihren Charakter und wusste aufgrund kleinster Anzeichen immer genau, was ihnen fehlte.

Diese Sensibilität hat er sich auch gegenüber Menschen bewahrt.

Jonas, ein Maasai und Rays Angestellter, machte die Pferde reitfertig und erledigte alle Vorbereitungen äußerst fachkundig. Er war mehr als ein Bediensteter. Ray hatte ihn quasi adoptiert und behandelte ihn wie seinen eigenen Sohn. Der dreißigjährige Jonas wiederum sah in Ray eine Vaterfigur mit allen Pflichten eines Elternteils. Anfangs missfiel mir, dass dieser Maasai Ray nach Strich und Faden ausnutzte. Aber Ray wusste über diesen Umstand Bescheid, ließ ihn großherzig gewähren, liebte Jonas bedingungslos und bezahlte ihn für seine Arbeit ordentlich. Ein Verhältnis zwischen Schwarz und Weiß, wie es mir später des Öfteren in Afrika begegnete.

Während der Pferde-Safari hatte Esther Lunte gerochen und war nach ein paar Tagen im Sattel wild entschlossen, ganz Kenia auf dem Pferderücken zu erkunden. Da ich ein ausgesprochener Kurzreiter war, kam mir der Vorschlag Esthers zwar reizvoll vor, aber ich hatte noch meine Bedenken. Mit ein wenig Training würde ich eine längere Tour von ein oder zwei Monaten schon überstehen, sagte ich mir und begann Gefallen an Esthers Vorschlag zu finden.

Mit diesen Gedanken und den überwältigenden Eindrücken von Kenia kehrten wir wieder in das kalte Europa zurück, um unseren Alltag aufzunehmen. Aus dem keimenden Samen entwickelte sich bald darauf ein zartes Pflänzchen, eine Vision. „Wenn wir schon mal dort sind, könnten wir doch auch gleich durch Tansania reiten“, spann ich Esthers Idee weiter. Wir recherchierten und kamen zu dem Ergebnis, dass geeignete Pferde nur in Südafrika zu bekommen waren. Gleich waren wir uns einig: „Wir reiten von Südafrika nach Kenia. Wir reiten von Südafrika zu Ray!“

Die Idee war geboren. Wir starteten die ersten Planungsversuche. Karten und Reiseführer mussten besorgt, Kontakte geknüpft und aufgrund unserer begrenzten finanziellen Lage Sponsoren gesucht werden. Welche Route, durch welche Länder? Wann ist die beste Reisezeit? Wie viel Liter Wasser benötigt ein Pferd pro Tag? Wie erledigt man die Grenzformalitäten? Welche Pferderasse eignet sich für ein solches Vorhaben am besten? Welche Sättel, die Frage der Hufeisen, wie viel Gepäck kann ein Pferd tragen und so weiter und so fort. Eine unüberschaubare Liste an Fragen, die täglich größer wurde, galt es zu klären. Aber je konkreter der Plan ausgearbeitet wurde, desto unsicherer wurden wir. „War das wirklich eine gute Idee? Ist ein derart gefährliches Unternehmen durchführbar, oder leiden wir an Größenwahn?“ Antoine de Saint-Exupéry schrieb in *Der kleine Prinz*: „Zögere es nicht raus, das ist ärgerlich. Du hast dich entschlossen zu reisen – so geh!“ Dies wurde zu unserem Leitspruch. Ab nun drehte sich alles nur noch um ein Thema. Viele unserer Bekannten hielten uns für völlig durchgeknallt, andere wiederum fanden die Idee genial. Bei unseren Eltern stießen wir auf Unverständnis, unsere drei Kinder hingegen waren mächtig stolz auf ihre verrückten Alten. Also setzten wir die ersten Schritte.

2 Planung

Ich durchforstete das Internet, um herauszufinden, ob es noch andere Verrückte gab, die Erfahrung im Durchqueren des afrikanischen Kontinents mit dem Pferd besaßen. Ich fand Abenteurer, die zu Fuß, mit dem Fahrrad, Motorrad oder mit der legendären Ente Afrika durchquert hatten, doch ich fand keinen, der diese Reise hoch zu Ross gemacht hatte. Es musste einen Grund dafür geben, warum dieser Kontinent auf der Karte der Wanderreiter ein weißer Fleck war.

Dann stieß ich auf eine Seite der „Long Riders Guild". Das ist eine Organisation mit Sitz in Amerika, deren Ziel es ist, Wandererreiter, die mehr als 1000 Meilen am Stück auf dem Pferderücken zurückgelegt haben, zusammenzuführen. Ein ideales Forum für abenteuerlustige Menschen, die das Reisen als Alltag erleben, ein Nomadenleben führen, sich nur darum kümmern, was man mit sich führt, den Zwängen der zivilisierten Gesellschaft entfliehen und ihre Freiheit genießen. Das Pferd als Freund und Transportmittel betrachten, unabhängig von der technisierten Welt sein; das entsprach genau unseren Vorstellungen. Die Motivation dieser bewundernswerten Menschen war unterschiedlich, aber eines hatten wir mit ihnen gemeinsam. Sie alle hatten eine Vision und waren von ihrem Vorhaben überzeugt; sie lebten ihre Träume.

Da Esther in englischer Kommunikation geübter war als ich, übernahm sie die Korrespondenz und stellte kurzerhand Kontakt mit dem Initiator CuChullaine O'Reilly her. Er beglückwünschte uns zu unserem Vorhaben, aber um uns ernst nehmen zu können, sollten wir eine Liste von Fragen durchgehen. Erst nach deren Beantwortung könne er entscheiden, ob er und seine Frau Basha uns mit Rat und Tat zur Seite stehen wollten.

Wir artikulierten also unsere Vorstellungen, die ungefähre Reiseroute wurde ausgearbeitet und unsere Motivation für dieses Unternehmen beschrieben.

Die Antwort kam prompt, aber dämpfte unseren Enthusiasmus ein wenig. CuChullaine meinte, was wir vorhätten sei nichts weniger als der Ritt des 21. Jahrhunderts. Es gäbe weltweit nur wenige Gebiete, die schwieriger zu durchreiten seien als diese Gegend. Er nannte Kolumbien oder Afghanistan als Vergleich. In Afghanistan war gerade Krieg, und durch Kolumbien zu reiten sei Selbstmord. Ob wir genau wüssten, worauf wir uns da einließen?

CuChullaine wies uns darauf hin, dass eine Französin namens Laura Bougault, die dasselbe Vorhaben wie wir hatte, in Südafrika von Zulus überfallen und ausgeraubt worden war. Daraufhin hätte sie zwei Monate in einem Krankenhaus gelegen und schließlich ihre Reise in Malawi endgültig abgebrochen. Keine besonders aufbauenden Mitteilungen! Da wir uns aber wegen dieser abschreckenden Ausführungen nicht von unserem Entschluss abbringen ließen, hatte CuChullaine Vertrauen zu uns. Er glaubte, dass wir es schaffen könnten, wenn wir uns nur gründlich darauf vorbereiteten.

Ein Riesenberg von Erledigungen lag vor uns. Es stellte sich bald heraus, dass wir mit CuChullaine einen Volltreffer gelandet hatten. Er besorgte die Kontakte zu Gordon und Ria Bosnan Naysmith, die vor 40 Jahren eine ähnliche Reise unternommen hatten. CuChullaine schrieb: „Das Paar hat sich nach dieser Reise getrennt, Ria lebt derzeit in Südafrika und Gordon, der Mitglied der ‚Royal Geographical Society' ist, in London. Man weiß nicht viel über diese Reise, das Abenteuer ist nicht dokumentiert, ein persönlicher Kontakt wäre daher wahrscheinlich sehr aufschlussreich."

Esther buchte umgehend einen Flug nach London, um Gordon Naysmith zu treffen. Währenddessen bastelte ich an einer Webpage und versuchte Sponsoren für unser Unternehmen zu gewinnen.

Nach ihrer Rückkehr aus London berichtete Esther, dass Gordon seine Reise mit den besonders belastbaren „Basuto Ponys" aus Südafrikas Nachbarstaat Lesotho bestritten hatte. Kontakte zu Züchtern dieser Pferderasse in diesem Land zu knüpfen scheiterten allerdings. Von anderer Stelle erfuhren wir, dass das südafrikanische „Boerperd" (Burenpferd) die Kriterien für eine derart strapaziöse Reise ebenso erfülle und daher die wahrscheinlich richtige Wahl sei.

Ursprünglich fand diese Rasse als Kavalleriepferd in den Burenkriegen gegen die Engländer Verwendung. Später wurden die Tiere hauptsächlich zur Farmarbeit verwendet, aber auch bei Showvorführungen und Wettkämpfen fand man das ausgesprochen hübsche Burenpferd. Besondere Merkmale sind sein Mittelgang, eine für den Reiter bequeme Fortbewegungsart zwischen Schritt und Trab, den man als „Trippel" oder „Tölt" bezeichnet. Aber auch seine mittlere Größe, der sanfte Charakter, das ausgeglichene Temperament, seine Leistungs- und Lernwilligkeit und die harten Hufe prädestinierte es für den Busch.

CuChullaine hatte uns außerdem noch eine Kontaktperson in Südafrika vermittelt, Nola Steel, die uns einen Züchter nannte, die „Boerperde Breeders Society“ von Michiel Burger, die sich in dem kleinen Örtchen Rosendaal im Oranje Freestate befindet.

Auch mit Pferdeexperten in Österreich nahmen wir Kontakt auf. „Da können wir nur abraten“, bekamen wir zu hören, oder: „Aus futtertechnischen Gründen, Wassermangel, die für Pferde ungewohnt hohen Temperaturen und wegen der Gefahr tropischer Krankheiten, die durch Insekten übertragen werden, ist es absolut unmöglich und deshalb leichtsinnig, so ein Unternehmen zu starten.“

Immer genauer kristallisierten sich die Gründe heraus, warum es in diesen Gebieten Afrikas weder Pferde gab noch Reiter, die es wagten, eine solche Reise zu Pferd zu unternehmen. Die Warnungen klangen allesamt überzeugend. Plötzlich fühlten wir uns klein und unwissend. Überschätzten wir uns? Was bildeten wir uns eigentlich ein, Esther, die Schauspielerin, und ich, der Musiker? War so ein Vorhaben nicht „Berufsabenteurern“ vorbehalten?

Aber immer wieder bekamen wir Rückendeckung von CuChullaine, der uns Mut zusprach.

Schließlich konnte ich ein deutschsprachiges, monatlich erscheinendes Pferdemagazin mit Sitz in der Schweiz dazu gewinnen, unsere Reise als Serie zu dokumentieren. Wir sollten regelmäßig Berichte und Fotos an die Redaktion schicken.

Dutzende E-Mails gingen zwischen Amerika und unserer Heimatgemeinde Heidenreichstein hin und her. Von Zeit zu Zeit wurde die Planung immer konkreter. Mit den Sponsoren kam ich allerdings nur spärlich voran.

„Haben Sie schon einmal eine derartige Reise unternommen?“, war eine häufige Frage. „Nein, aber, …“, versuchte ich überzeugend zu bleiben, legte meine Mappe vor, zeigte Esthers Publikation über unseren früheren Afrika-Trip und wies darauf hin, dass nach dieser Reise ein weiteres Buch geplant sei. Bargeld war privaten Firmen nicht zu entlocken, aber es gab doch Interessierte, die uns Rabatte auf Ausrüstungsgegenstände oder Kartenmaterial gewährten. Mein Freund Sigi, ein Zahnarzt, griff mir kräftig unter die Arme und stellte Kontakte zu Pharmafirmen her, die uns wertvolle Medikamente gratis anboten.

Würden die bestellten Sättel noch rechtzeitig ankommen? Ich hatte auf Anraten von CuChullaine ein spezielles Sattelpad ohne Sattelbaum in Italien bestellt, und Esthers Wahl war auf einen amerikanischen Armysattel gefallen. Für beide waren das geringe Gewicht und Empfehlungen anderer Reiter ausschlaggebend. Der Packsattel musste in Kanada bestellt werden, weil nur dieser, angeblich aufgrund seiner flexiblen Einstellmechanik, auf jeden Pferderücken passen würde.

Auch beim Kauf des Kuppelzeltes wurde nicht nur auf das Gewicht, sondern verstärkt auch auf die Qualität geachtet, denn es musste einerseits ein ganzes Jahr lang als unser Zuhause dienen, jeden Tag auf- und abgebaut werden, und andererseits aber so viel Raum bieten, dass bei Regen das gesamte Equipment darin verstaut werden konnte.

Zwei selbst aufblasbare Matratzen testeten wir im Fachgeschäft, bevor wir sie zu unseren Betten erklärten. Die Schlafsäcke durften nicht zu warm sein, mussten aber auch noch bei Minusgraden behaglich sein.

Zur Navigation besorgten wir ein GPS-Gerät und zusätzlich topographische Fliegerkarten aus Amerika im kleineren Maßstab, die auf die Route abgestimmt waren. Die

Nachfrage für Karten jener Gebiete, die wir durchreiten sollten, war gering, daher mussten wir sie eigens aus Berlin bestellen. Filmen oder der Gebrauch einer Digitalkamera kam wegen des hohen Batterieverbrauches nicht infrage. So beschränkten wir uns auf meine gute alte *Canon*.

Da wir um jedes Gramm geizten und auch nicht gewährleistet war, ob es auf dem afrikanischen Lande qualitativ hochwertiges Filmmaterial zu kaufen gab, mussten wir Kontakte knüpfen und Leute finden, die sich bereit erklärten, einen Vorrat für uns anzulegen. Esther hatte Bekannte in Botswana, wo wir auf dem Postweg die Filme deponieren konnten, um sie dann vor Ort abzuholen.

Dann versuchten wir, von der Veterinärmedizin in Wien und an der Universität München Auskünfte über Pferdekrankheiten in den Tropengegenden Afrikas zu erhalten. Obwohl die Informationen nur spärlich waren, sogen wir alles auf, was zu bekommen war. Doch in entlegenen Gebieten gab es keine Pferde und daher auch keine Erfahrungswerte. Über diverse Impfungen erhielten wir widersprüchliche Auskünfte. So vertrauten wir darauf, dass wir vor Ort detailliertere Informationen bekommen würden.

Ich beobachtete des Öfteren auch meinen Hufschmied Werner und half mit, wenn er unsere heimischen Pferde beschlug, weil es mir sicherlich nicht erspart bleiben würde, diese schwere Arbeit selbst durchzuführen. Auch bei der Wahl des dafür notwendigen Werkzeuges wurde penibel auf das Gewicht geachtet.

Und dann war da noch die Frage der Bekleidung. Für mich und meinen sensiblen Allerwertesten kam nur das Beste in Betracht. Drei Radlerunterhosen und eine in meiner Stammapotheke für mich speziell gemischte Hirschtalgcreme wurden erstanden. Esther hingegen war nicht so anspruchsvoll. Sie besorgte in einem Armyshop um zehn Euro eine Militärhose und zwei Militärregenponchos, die gleichzeitig als Schutzplane fungieren sollten. Leichte Trekkingschuhe, zwei Paar Socken, zwei T-Shirts, und außer der Reithose noch eine Hose zum Wechseln. Das musste reichen als Garderobe für ein Jahr.

Die Zeit schritt schneller voran, als uns lieb war. Wir steuerten der Endphase entgegen, und immer noch lag ein gewaltiges Pensum an Erledigungen vor uns. Die Reiseroute stand nun in groben Zügen fest. Änderungen wurden eingeplant, da wir auf Wetterlage, Wasservorkommen und Grassituation Rücksicht nehmen mussten. Der Start lag also im Herzen Südafrikas, an der Grenze Lesothos, bei Michiel Burgers Gestüt in Rosendaal.

Alles wurde sorgfältig gewogen, um das Gesamtgewicht von 50 Kilogramm nicht zu überschreiten, und probegepackt. Totes Gewicht, das die Bewegung des Pferdes nicht ausgleichen kann, muss um die Hälfte geringer sein als das eines Reiters. In vier wasserundurchlässigen Packsäcken und zwei Trosssäcken mussten wir das Gewicht so bemessen, dass es auf beiden Seiten des Packsattels gleichmäßig verteilt war. Einpacken, umpacken und auspacken, zwischendurch wieder abwägen, so ging das stundenlang, bis sich dann herausstellte, dass ungefähr die Hälfte keinen Platz gefunden hatte. In abgeschwächter Form kannten wir diese Prozedur schon von vergangenen Urlauben. Also, alles von vorne. Wir einigten uns darüber, die Reiseführer, die wir sorgfältig studiert hatten, zu eliminieren. Zu einer kurzen, aber lauten Auseinandersetzung kam es, als es um persönliche Dinge ging. Ich setzte nur eine von meinen vier Pfeifen durch, Esther musste dafür im Gegenzug auf ein zusätzliches Kleid für besondere Anlässe verzichten. Das meiste Gewicht nahmen die Pferdemedizin und das Pflegesortiment für die Reittiere sowie die Campingausrüstung in Anspruch. Falsch – das meiste Gewicht nahm ich persönlich ein. Da ich damals an die 99 Kilo wog, war es für mich an der Zeit etwas abzuspecken. Ich wollte nicht riskieren, dass mein zukünftiges Transporttier schon nach einigen Kilometern beschloss, mich nicht durch Afrika zu tragen. So stellte ich ein Trainingsprogramm zusammen und joggte täglich zwei Stunden gemeinsam mit meinem Warmblut-Wallach Idefix durch die Felder des winterlichen Waldviertels. Tatsächlich schaffte es Idefix, binnen kurzer Zeit einige Pfunde zu verlieren. Nachdem ich meine Essgewohnheiten etwas umgestellt hatte, zeigte auch meine Waage Erbarmen. Ich wog nur noch 92 Kilo, immer noch genug, sich den Unwillen des Tieres zuzuziehen, aber meine Kondition hatte sich rapide verbessert.

Der Countdown war in vollem Gange. Nur noch eine Woche bis zum Abflug. Unser Bauernhof wurde für die Zeit unserer Abwesenheit vermietet, und unsere beiden Pferde konnten wir nach Prüfung der zukünftigen Besitzer reinen Gewissens entlassen und einem neuen Heim zuführen.

Nun waren nur noch Kleinigkeiten zu besorgen. Mein Musikerkollege Martin hatte uns aus seinem Schlagzeug-Sortiment drei kleine Glöckchen geschenkt, die während der Nacht den Standort der Pferde verraten sollten. Zwei Trillerpfeifen waren dazu da, wie beim Pawlow'schen Hund den Pfiff mit der Futterausgabe zu kombinieren und sie jederzeit heranlocken zu können, wenn sie sich zu weit vom Camp entfernt haben sollten.

Unser Sattlermeister Toni fertigte für den Armysattel ein, wie er es nannte, „Princess Pad“, einen Überzug aus Schaffell an. Es sollte gewährleisten, dass auch Esthers Popo die Strapazen einigermaßen überstehen würde.

Allmählich war es dann an der Zeit, dass wir uns von Freunden, Nachbarn, der Familie und den lieb gewonnenen Gewohnheiten verabschiedeten. Der Bürgermeister unserer Heimatgemeinde Heidenreichstein und die Mitglieder des Reitclubs versprachen, kräftig die Daumen zu drücken, und mancher bemitleidete mich jetzt schon wegen meines zimperlichen Hinterteils.

Die Musikerkollegen vom Orchester wünschten viel Glück und fragten, ob ich mein Saxophon mitnehmen würde. Aber ich hatte mich bereits darauf eingestellt, ohne mein geliebtes Instrument auszukommen. Da die Reise auf ein Jahr begrenzt war, würde ich mit dieser Ausnahmesituation leben können.

Hatten wir auch an alles gedacht? Waren wir für das große Abenteuer gut genug vorbereitet? Unsere Nervosität stieg. Die letzten E-Mails mit Glückwünschen von Freunden und aufmunternden Worten CuChullaines wurden ein allerletztes Mal abgerufen. Danach sollte der PC ein Jahr lang ausgeschaltet bleiben. Die letzte Nacht im gewohnten Schlafzimmer, umgeben von vier schützenden Wänden mit Blick auf die holzgetäfelte Decke stand bevor. Ich dachte an das verschneite Waldviertel, die bitterkalten Nächte, an den Wechsel der Jahreszeiten, an meine Musikerkollegen und an all das, was sich während meiner Abwesenheit nicht ändern würde. Alles würde seinem gewohnten Trott folgen. Meine Eltern würden sich große Sorgen machen, vielleicht würden sie Esther und mich nie wieder sehen. Anderen Bekannten hingegen würde nicht sonderlich auffallen, wenn ich plötzlich von der Bildfläche verschwunden wäre. Wie würde sich mein Leben ändern? Würde ich eine Lücke hinterlassen, falls mir etwas zustoßen sollte? Waren die Kinder selbstständig genug, ohne mich auszukommen? War ich noch derselbe, wenn ich nach einem Jahr zurückkehrte? Würde ich ohne weiteres mein gewohntes Leben wieder aufnehmen können? Wie würde sich unsere Beziehung entwickeln, wenn wir ein Jahr lang täglich 24 Stunden aufeinander klebten? Esther gingen ähnliche Gedanken durch den Kopf. Wir lagen noch lange wach, ehe uns die Müdigkeit übermannte.

Meine Eltern holten uns pünktlich ab, sodass wir zwei Stunden vor Abflug den Wiener Flughafen Schwechat erreichten. Die Fahrt durch das immer noch tief verschneite Waldviertel verlief sehr ruhig. Es wurde kaum gesprochen. Jeder versuchte seine Ängste, aber auch die freudige Erregung im Zaum zu halten.

Am Flughafen war dann die gesamte Familiendelegation zur Verabschiedung angetreten.

Es gab Umarmungen, Küsse, Glückwünsche, und Tränen flossen. Wir durchschritten die Passkontrolle. Noch ein Blick zurück. Mit dem Daumen nach oben signalisierte ich: „Alles okay. Macht euch keine Sorgen!"

Dann verschwanden Familie und Freunde, und mit ihnen die gesamte westliche Zivilisation. Ich hatte es geschafft, mich vom Alltagsleben zu lösen, mich ein Jahr karenzieren zu lassen und unseren gemeinsamen Traum mit Beharrlichkeit und Mut in die Tat umzusetzen.

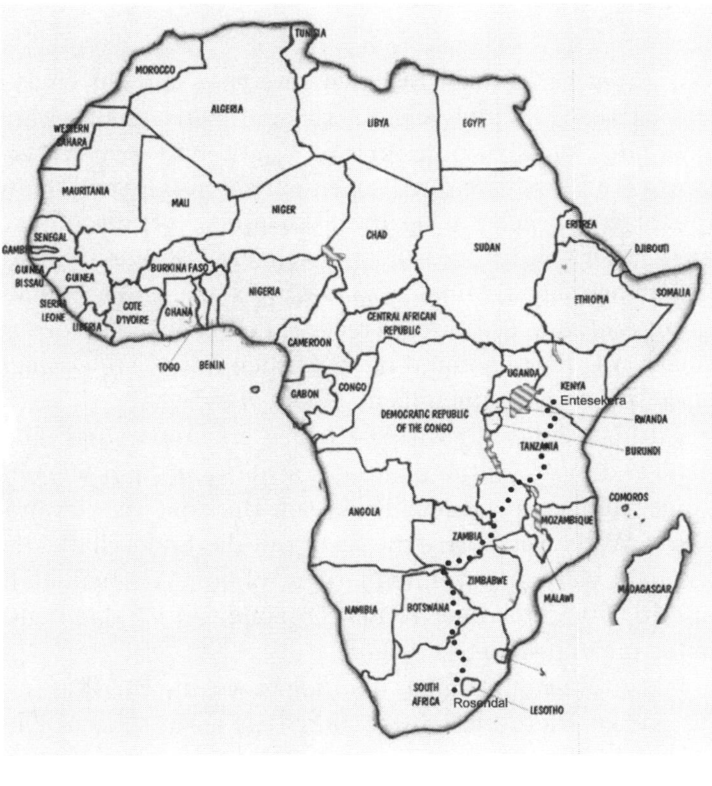

Abbildung 1: Unsere Route durch Afrika

3 Südafrika

Wir waren schon einige Stunden unterwegs und hatten das europäische Festland längst verlassen. Unter uns breitete sich eine fremdartig anmutende Landschaft aus. Ausgetrocknete Flussläufe durchzogen ein karges Gebiet. Dann tauchten spärliche hellgrüne Farbtupfer auf, die immer zahlreicher wurden und allmählich in ein kräftiges dunkles Grün übergingen. Minuten später Sand in allen Farbschattierungen, so weit das Auge reichte, und bizarre Felsformationen, als hätte jemand ein Säckchen mit Kieselsteinen ausgestreut. Eine unendliche Wüstenlandschaft.

Türkis schillernd, wurde ein See erkennbar und eine Straße, die sich durch den Sand schlängelte und wie ein immer dünner werdender Faden am Horizont verschwand. Keine Wolke versperrte die Sicht auf die Landschaft, die wir bald viel näher kennen lernen sollten. Wir befanden uns 10.000 Meter über Kenia. Diesmal sah ich das Land unter mir mit anderen Augen.

In nur einigen Stunden überflogen wir die Strecke, wofür wir zu Pferd ein ganzes Jahr benötigen sollten. Die gewaltige Dimension unseres Vorhabens wurde mir jetzt erst richtig bewusst und erfüllte mich mit Demut und Unsicherheit.

Der leuchtende Feuerball am Horizont schien regelrecht vom Himmel zu fallen, bevor er alles in ein prächtiges Purpur einhüllte. Innerhalb weniger Minuten brach die Dunkelheit herein. Vereinzelt wurden Lichter am Boden

Abbildung 2: Südafrika

erkennbar, die mit dem Firmament verschmolzen und den Eindruck erweckten, in die Weiten des Weltalls zu einem entfernten Stern zu gleiten.

Überwältigt von den Eindrücken, wurden meine Augenlider schwer. Bevor ich einschlief, blickte ich auf die Uhr, und meine letzten Gedanken schweiften in die Vergangenheit: „Im Theater ist gerade die Verbeugung und der Schlussapplaus im Gange. Ja, Zeit für ein Bier mit den Kollegen in der Kantine, so wie jeden Abend. Ob sie sich darüber unterhielten, wo ich mich gerade befand? Vielleicht ja, auch nein …“

Am 22. März setzten wir den Fuß auf den Kontinent, der so viele Geheimnisse zu bergen schien. Der erwartete Kulturschock blieb vorerst aus: Es gab das übliche Getümmel eines internationalen Flughafens mit Shoppingcenter und Internet-Cafés. Nachdem die Einreiseformalitäten schnell und unkompliziert abgewickelt waren – niemand achtete darauf, ob wir ein gültiges Rückflugticket besaßen –, suchten wir sogleich eine der unzähligen Autovermietungen auf. Die ersten Dollars wurden in Südafrikanische Rand gewechselt.

Esthers Nervosität spürte ich deutlich. Sie war hellwach, hatte die Arme halb angewinkelt, als mache sie sich für einen Wettkampf bereit, und lief wie ein aufgescheuchtes Huhn hin und her. Ich fand ihr Getue etwas übertrieben. Mir saß hingegen die verkürzte Nachtruhe noch im Nacken. Ich stolperte wie ein Schlafwandler durch die Gegend, was Esther wiederum auf die Palme brachte. Wir ergänzten uns eben. Ein billiger Kleinwagen wurde angemietet, und wir machten uns in freudiger Erwartung auf den Weg nach Rosendaal, zu Michiel Burgers Gestüt. Esther hatte sich wieder beruhigt, und ich erwachte langsam aus meinem Dämmerzustand.

Es war Spätsommer in Südafrika und angenehm warm. Nur ein kurzes Stück Autobahn, dann navigierte mich Esther anhand der neu erworbenen Straßenkarte durch eine atemberaubende Landschaft. Ich kurbelte mein Fenster hinunter, und der Fahrtwind trieb mir den Duft der Herbstblumen und der erntereifen Felder in die Nase. Endlos erstreckten sich die Mais- und Weizen-Anbauflächen links und rechts der schwach befahrenen Landstraße. Im Hintergrund lag die Bergkette Lesothos, die an die alpine Schweiz erinnerte. Wir fuhren durch dünn besiedeltes Gebiet. Scheinbar nicht enden wollende Stacheldrahtzäune begrenzten die Felder und Weiden entlang der Straße, schützten sie, wovor wusste ich nicht. Auffällig auch die Rastplätze, die wegen der Müllberge die Aufmerksamkeit auf mich zogen. Es gab zwar Mülleimer, die aber waren hoffnungslos überfüllt.

Esther betrachtete etwas enttäuscht die Landschaft in Hinblick auf die Reitgegebenheiten: „So wie es aussieht, beschränkt sich das Reiten hier auf die schmalen Grünstreifen zwischen Asphalt und Stacheldraht." Sie rief Michiel Burger an, um unser Kommen anzukündigen. Einige Kilometer später bogen wir zu Burgers Farm ab. Mein Herz pochte laut vor Aufregung.

Saftig grüne Wiesen und eindrucksvolle Felsformationen bildeten eine faszinierende Landschaft. Bis zum Horizont sanfte, satte Natur. Pferde weideten friedlich auf beiden Seiten des geschotterten Weges. Der Gedanke, dass drei dieser großartigen Tiere bald uns gehören würden, versetzte mich in Hochstimmung. Auf einer kleinen Anhöhe erblickte ich nach etwa drei Kilometer ein stattliches Steinhaus. Das musste Burgers Anwesen sein. Als wir näher kamen, sah ich, dass Michiel uns schon am Gatter erwartete.

Er ging uns nicht entgegen. Breitbeinig stand er da wie eine Statue. Ein Fleischberg von mindestens 150 Kilo. Auf einem zwischen seinen Beinen platzierten Stock gestützt, wirkte er wie ein zur Verteidigung abkommandierter Soldat. Der lange Mantel reichte fast bis zum Boden, und der Wind entblößte seine kurze Hose darunter. Auch seine Holzpantoffeln passten nicht recht zum Rest des Outfits. Ein breitkrempiger Cowboyhut bedeckte sein kurz geschnittenes blondes Haar, die roten Backen leuchteten unter diesem hervor. Zu seiner Rechten saß schwanzwedelnd ein Burebull – eine südafrikanische Dogge –, die zur

Grundausstattung eines burischen Haushaltes gehört. Ich muss gestehen, die Ähnlichkeit zu seinem Herrchen war verblüffend.

Michiel begrüßte Esther eher kühl, aber höflich. Meine rechte Hand verschwand in seiner mächtigen Pranke. Er drückte so fest, dass ich danach hinter meinem Rücken die Finger auf ihre Beweglichkeit überprüfte. Leute mit festem Händedruck waren mir in der Regel sympathisch. Ich schätzte ihn auf Mitte fünfzig. Zu meinem Erstaunen stellte sich später heraus, dass dieses Schwergewicht um einige Jahre jünger war als ich, also nicht einmal vierzig. Förmlich präsentierte er uns seine zierliche Frau und stellte seine wohlerzogenen Kinder vor, die manierlich grüßten und eine altmodische Verbeugung machten.

Es war sofort klar, wer hier das Sagen hatte. Michiel war das, was man bei uns als einen Patriarchaten bezeichnet. Wenn er sprach, hatten alle anderen Pause. Aber da sich jedes Familienmitglied seiner Rolle bewusst war, strahlten sie eine Harmonie aus, die mich an die amerikanische Vorabendserie „Meine kleine Farm" erinnerte. Auch das übrige Ambiente versetzte mich augenblicklich in das Amerika der Jahrhundertwende: massive Natursteinwände, ein alter Schifferboden, antike Möbel, jede Menge Tüll, ein offener Kamin und eine Pendeluhr, welche lautstark ihre Funktionstüchtigkeit bekundete und die gespenstische Stille zwischen den anfänglichen Gesprächspausen untermalte. An der mit dunklen Eichenbohlen durchzogenen Decke hing ein pompöser Kristalllüster, und überall an den Wänden verteilten sich Marienbilder und Kruzifixe in verschiedenen Größen. Alles wirkte für unseren Geschmack etwas ungewöhnlich, aber bei näherer Betrachtung sehr gemütlich.

Michiel nahm in seinem Herrschaftssessel Platz, um uns zu befragen, was uns bewogen hätte, eine solche Reise zu unternehmen. Er wirkte wie ein Monarch bei der Anhörung seiner Untertanen. Michiel füllte den Königsthron, auf dem Esther und ich gemeinsam bequem Platz gefunden hätten, vollständig aus. Trotz seiner Körperfülle wirkte er aber nicht behäbig.

Seine beiden Söhne waren indes mit Farmarbeit beschäftigt, und seine Frau bereitete in der Küche einen Imbiss vor. Interessiert hörte er unseren, oder besser gesagt Esthers Ausführungen zu. Er verstand unsere Beweggründe und zollte uns gehörig Respekt für unser Vorhaben.

„Ich habe für euch bereits die richtigen Pferde ausgesucht und sie von der restlichen Herde getrennt, damit sie sich aneinander gewöhnen können", meinte Michiel schließlich. Außerdem sei er seit geraumer Zeit damit beschäftigt, die Pferde zu trainieren und sie an die Fußfesseln zu gewöhnen.

„Wenn sie an den Vorderbeinen diese Lederriemen tragen, die ich für euch angefertigt habe, können sie grasen, wo es ihnen beliebt und sich vom Lager nicht zu weit entfernen", fügte er hinzu.

Michiel stellte sich als überaus kooperativ heraus. Seine anfängliche Ruppigkeit wich allmählich und seine Frau und er entpuppten sich als perfekte Gastgeber.

Da Esther aus Deutschland und ich aus Österreich stammten, entstand unweigerlich eine Diskussion über das Dritte Reich. Die Meinung Michiels über dieses traurige Kapitel der Geschichte versetzte uns beide in Erstaunen. Als Michiel betonte, dass Adolf Hitler doch irgendwie ein Held gewesen war, ließ dies Esther die Zornesröte ins Gesicht steigen. Michiel zuckte überrascht zusammen, ließ sich durch Esthers vehemente Berichtigung jedoch erstaunlich schnell davon überzeugen, dass dem nicht so war. Vielleicht hätte er da etwas falsch verstanden, verteidigte er sich. Aber er lasse sich gerne belehren. Wie wir im Laufe der Reise bemerken sollten, war Michiel mit seiner Sichtweise der Dinge zumindest in diesem Teil Südafrikas noch eher gemäßigt.

Um die Gastfreundschaft nicht unnötig zu strapazieren, versuchte ich das Gespräch auf banale Alltagsthemen zu lenken. Dabei stellte sich heraus, dass Michiels Humor nicht zu wünschen übrig ließ. Er hatte nach anfänglicher Irritation den Eindruck, dass die Partnerrollen bei uns vertauscht waren, und nahm mich deswegen auf die Schippe. Was mich allerdings nicht störte, er teilte nämlich in alle Richtungen gleichmäßig aus, und Esther schoss mit spitzer Zunge zurück, als es darum ging, wie viele Worte sie in einer Minute heraussprudeln konnte. Die Unterhaltung wurde immer aufgelockerter. Wir verstanden uns prächtig, nachdem wir unsere unterschiedlichen Ansichten bezüglich „deutscher Geschichte“ beiseite geschoben hatten und die Fronten geklärt waren. Michiel machte den Eindruck, mit sich und der Welt zufrieden zu sein. Er hatte eine nette Familie, und das gab ihm Sicherheit.

Wir konnten es natürlich nicht mehr erwarten, die Pferde zu sehen. Michiel schlug uns die Bitte nicht ab. Wir gingen nach draußen und näherten uns dem Gatter. Zum ersten Mal sahen wir die Tiere, die uns ein Jahr lang durch den afrikanischen Busch begleiten sollten. Alle drei standen dicht beisammen und grasten friedlich, nicht ahnend, was auf sie zukommen würde.

Weder Esther noch ich waren abergläubisch, aber in der Reiterwelt bringt es angeblich Unglück, die ursprünglichen

Namen der Pferde zu ändern. So beschlossen wir, es dabei zu belassen, dass sie so hießen, wie Michiel oder ein Vorbesitzer sie genannt hatte. Der momentane Herdenführer war mit dem einfallslosen Namen „Roland" bedacht worden. Ein Boerperd-Wallach feinster Sorte. Er sah von den dreien am kräftigsten aus, hatte herrlich schwarz glänzendes Fell, einen Kopf, der einem reinrassigen Araber glich, und eine Blässe, die sein Gesicht verfeinerte und es dadurch besonders sympathisch machte. Der Ausdruck von Traurigkeit in seinen Augen war keine Eigenart Rolands. Meines Erachtens besitzen alle Pferde diesen faszinierenden Blick, der bei Menschen den Beschützerinstinkt weckt. Der lange, buschige Schweif war im Dauereinsatz, um die Fliegen zu vertreiben. Ein einziges Muskelpaket von graziler Schönheit.

Neben ihm sein Bruder „Armand". Er unterschied sich von Roland durch seinen bräunlichen Teint und seine etwas kleinere Statur. Sonst wirkte er genauso kräftig wie Roland. „Tabak" hingegen hob sich deutlich von den Brüdern ab. Er war rotweiß gesprenkelt und erschien mir nicht so gut genährt. Ich tat meine Bedenken kund, doch Michiel, der Fachmann, meinte: „Lasst euch nicht täuschen, dieses Pferd ist sehr stark. Und wenn es innerhalb Südafrikas ein Problem geben sollte, mach ich euch das Angebot, ihn auszutauschen."

Wir ließen uns von diesem Angebot zufrieden stellen, wollten aber, bevor wir zusagten, noch einige Ausritte machen, um die Pferde zu prüfen. Ich begann mich Roland zu nähern, um ihn fachmännisch unter die Lupe nehmen zu können. Roland hielt nicht viel von dieser Idee. Bevor ich ihn fassen konnte, zog er es vor davonzutraben, und seine Kollegen folgten auf dem Fuße. In Michiels Augen muss ich wie ein Greenhorn ausgesehen haben. Ich hatte mit meinen Pferden zu Hause nie ein Problem, sie von der Weide zu holen.

Michiels Söhne trieben die kleine Herde fachkundig in eine Ecke, sodass sie nicht mehr fliehen konnten, und brachten sie zur näheren Betrachtung wieder herbei. Für sie war es Routinearbeit. Ich wusste, dass ich von den Jüngsten hier noch eine Menge lernen konnte. Diese Burschen waren von klein auf gewohnt, mit Pferden umzugehen, und bevor sie noch laufen konnten, hatte Michiel sie in den Sattel gesetzt.

Roland war ein stolzer Exhengst, er hatte es nicht gerne, wenn man seinen Kopf berührte. Seine Ohren waren mit Zecken übersät und an seiner hinteren Fessel zeigte sich eine Schürfwunde. Michiel beschwichtigte: das sei alles kein Problem, in ein paar Tagen sei das in Ordnung, er garantiere dafür.

„Die Verletzung hat Roland sich beim Training zugezogen. Es ist wichtig, dass er sich an die lange Leine gewöhnt, manchmal erzielt man Ergebnisse nur über den Schmerz“, erklärte er.

Armand hingegen war wesentlich zutraulicher. Er suchte sofort nach Leckereien, die er in Esthers Tasche vermutete. Für Esther war es Liebe auf den ersten Blick. Mir wiederum imponierte Rolands edles Gehabe, und da er der Kräftigste in der Runde war, schien klar zu sein, dass er mein Begleiter werden sollte. Wir hatten geplant, die Pferde abzuwechseln, da dadurch die Gefahr von Satteldrucken nicht so groß sein würde und eine gleichmäßige Auslastung erzielt werden könne. Tabak zierte sich ebenfalls, wenn man ihn berührte. Aber ich hatte Vertrauen zu Michiel und verstand, dass es ihm nicht möglich war, mit jedem seiner Pferde eine persönliche Bindung aufzubauen, zumal er Hunderte davon besaß.

Michiel hatte erst kürzlich an die Regierung Angolas 50 Pferde verkauft, obwohl er wusste, dass sie dort zur Landminensuche eingesetzt werden. Eine ziemlich makabre Geschichte, wenn man bedenkt, dass sie deshalb verwendet werden, weil sie billiger als Fahrzeuge sind. Bei Burgers jedoch hatten die Pferde ein großartiges Leben, in freier Natur und mit natürlicher Fortpflanzung.

Am nächsten Tag würden wir einen ersten Ausritt in diese herrliche Gegend unternehmen. Doch zunächst war Abendessen angesagt. Frau Burger war eine ausgesprochen gute Köchin. Ich hatte dies aufgrund der nicht gerade zarten Erscheinung Michiels schon vermutet. Esther, das Familienoberhaupt und ich nahmen an dem massiven Holztisch Platz. Die Söhne halfen artig, die Speisen herbeizubringen, die ausgesprochen verführerisch dufteten, aber noch nicht zu identifizieren waren.

„Süßer Kürbis, Kartoffelkuchen und Huhn nach Buren-Art. Meine Frau kocht immer traditionell und nicht zu knapp“, meinte Michiel lakonisch. Ich zweifelte nicht an seinen Worten. Als alle am Tisch saßen, reichten sie einander die Hände, und wir taten es ihnen gleich. Ein kurzer Blick zu Esther verriet mir, dass sie sich nicht ganz wohl in ihrer Haut fühlte. Aber für die Familie Burger war es selbstverständlich, vor und nach jedem Mahl zu beten, das vielleicht gerade aus diesem Grunde himmlisch schmeckte.

Wir bezogen das Gästehaus und fühlten uns pudelwohl. Burgers Gockelhahn weckte uns zu früh, aber wir mussten uns ohnehin an ein anderes Zeitverhalten gewöhnen. In Zukunft hieß es, im Morgengrauen aufstehen, und wenn die Sonne untergeht, beginnt die Nachtruhe. Als wir beim

Frühstück saßen, waren die Pferde bereits gesattelt und die ganze Familie bis auf Michiels Frau bereit, mit uns einen Ausritt zur Jungherde in die Berge zu unternehmen. Wir mussten keinen Handgriff tun, Michiel hatte Personal dafür. Der Übergewichtige schwang sich elegant auf sein gesprenkeltes Pferd, welches zu meinem Erstaunen keinen Mucks von sich gab. Michiel nahm mir damit unbewusst die Sorge, die ich mir wegen meines Gewichtes machte.

Roland war traumhaft. Kein Vergleich zu seinem divenhaften Gehabe, wenn man nicht auf ihm saß. Burger betonte, dass Roland das Lieblingspferd seines Sohnes war, und dass dieser regelmäßig mit ihm an Showturnieren teilgenommen hatte. Roland war also wirklich hervorragend trainiert und nicht zu vergleichen mit den Pferden, die wir im Waldviertel unser Eigen nannten. Auch Esther fühlte sich wohl auf Armand. Wir probierten alle Gangarten aus. Ob Galopp, Trab, Tölt oder Schritt, sie waren leichtgängig, bequem und folgsam. Unterwegs wechselten wir dann und probierten Tabak, der sich ebenfalls als sehr leichtrittig herausstellte. Ohne zu stolpern, überwanden die Tiere Passagen, die ich normalerweise nur Bergziegen zugetraut hätte. Unsere Kollegen im Reitklub wären über die Kletterkünste dieser prächtigen Tiere ziemlich erstaunt gewesen. Schon nach diesem ersten Ritt waren wir überzeugt, dass dies die richtigen Pferde für unsere Reise waren.

Eine Woche blieb uns noch bis zum endgültigen Start. Während Michiel Burger sich um die Gesundheitspapiere für die Pferde kümmerte, fuhren wir in die Hauptstadt Pretoria, um die für den Grenzübertritt nach Botswana nötigen Formulare zu besorgen. Dies gestaltete sich äußerst unbürokratisch. Esther besaß die besondere Gabe, durch ihr selbstsicheres Auftreten und ihr sprachliches Geschick mehr oder weniger beflissene Staatsdiener davon zu überzeugen, uns bevorzugt behandeln zu müssen. Bis jetzt lief alles wie am Schnürchen. Ein Packen Papiere wurde ihr ausgehändigt, und die Einfuhr für die Pferde nach Botswana war gesichert. Unsere Visa für das Nachbarland würden direkt an der Grenze ausgestellt werden, sagte man uns. Ein paar Kleinigkeiten wurden noch besorgt. Dabei mussten wir die Erfahrung machen, dass in einem Land, wo Pferde zur Farmarbeit eingesetzt werden, Sättel um ein Drittel billiger waren als bei uns. Man konnte sie in jedem Supermarkt in der Pferdeabteilung kaufen. Auch Medizin war um einen Pappenstiel zu erstehen.

Wir nützten den Rest des Tages, um Pretoria näher kennen zu lernen. An einem Marktstand erstand ich Nüsse. Wir schlenderten durch die Straßen und genossen die wärmende Sonne. Die südländische Atmosphäre versetzte uns in gute Laune und ließ uns in einem netten Straßencafé in der Fußgängerzone verweilen. Plötzlich tauchte ein Mann auf: „Ich habe ihnen irrtümlich zu wenig Restgeld zurückgegeben", sagte er entschuldigend. Der Nussverkäufer war uns bis zu dem Café gefolgt, um mir umgerechnet zwei Cent zu bringen! Ich war gerührt von dieser Ehrlichkeit, in Anbetracht der Schauermärchen, die ich über Südafrika erfahren hatte.

Wir waren guter Dinge. Bevor wir uns auf den Rückweg zu Michiel und seiner Familie machten, besuchten wir den Golden Gate National Park, der auf unserer Strecke lag. Ich rief mir den Reiseführer, der die Gewichtskontrolle nicht bestanden hatte, in Erinnerung und wusste, dass dieser Park zu den Highlights im Oranje Free State gehörte. Wir bewunderten die massiven, farbenprächtigen Sandstein-Formationen, die goldgelb im Abendlicht leuchteten. Sie hatten dem Park seinen Namen gegeben. In dem 11.600 Hektar großen Naturpark sollen unter anderem Gnus, Antilopen und Bergzebras leben, die wir allerdings nicht zu Gesicht bekamen. Aber es gab eine vielfältige Vogelwelt. Die zahlreichen Höhlen in den Sandsteinfelsen wurden einst von Buschmännern als Unterschlupf genutzt. Viele gut erhaltene Höhlenzeichnungen zeugten davon. Während des Burenkrieges versteckten sich hier viele Burenfamilien, um den Konzentrationslagern der Briten zu entgehen.

Es war schon dunkel, als wir Michiels Farm erreichten. Es hatte zu regnen begonnen und die Temperatur betrug nicht mehr als zehn Grad. Dies war der Seehöhe von 1700 Meter zuzuschreiben. Ich hatte vorsorglich einige Lebensmittel eingekauft und fragte, ob ich die Küche benutzen dürfe, um mich mit einem Abendessen für die Gastfreundschaft zu revanchieren. Michiel hatte selbstverständlich nichts dagegen, und seine Frau räumte bereitwillig ihr Reich. Da die italienische Küche weltweit beliebt war, entschied ich mich für Pasta mit drei verschiedenen Saucen und frischem italienischem Salat.

Ich hatte vorgehabt, die verschiedenen Saucen, des Kontrastes wegen, nacheinander zu kredenzen. Aber zu meiner großen Enttäuschung langte Michiel in die Pilzsauce, in die Bolognese und danach in die Kräuter-Käsesauce, um sie dann genüsslich auf seinem Teller mit den Nudeln zu vermischen. Missbilligend verfolgte ich diesen lukullischen Zerstörungsakt, war aber dennoch froh, dass er nicht noch den Salat eingemengt hatte. Michiel strahlte, und während ihm noch ein paar Spaghetti aus dem Mund hingen, gab er mir entzückt zu verstehen: „Vorzüglich, dieses Rezept musst du meiner Frau geben.“ Ich hatte Mühe, es mir nicht anmerken zu lassen, aber Michiels gut gemeinte Bemerkung traf mich wie ein Hammerschlag.

Der letzte Tag im März war angebrochen. Höchste Zeit, unsere Habseligkeiten in die Packsäcke so zu verstauen, wie wir es zu Hause geübt hatten. Den ganzen Vormittag verbrachten wir damit, das Gewicht gleichmäßig auf Armands Rücken zu verteilen und ein paar Schritte zu gehen, um zu überprüfen, ob es auch wirklich saß. Überdies musste ich ausprobieren, wie fest die Gurte zu ziehen waren, denn es durfte nichts verrutschten. Wenn die Gurte zu straff waren, bestand die Gefahr von Satteldruck, und wenn sie zu lasch waren, konnte es passieren, dass der Packsattel samt Gepäck am Bauch, statt auf dem Rücken hing. Immer wieder auf- und abladen; trotz Waage würde es sicher eine Zeit lang dauern, bis ich das richtige Gefühl dafür bekam. Nicht genug, dass links und rechts dasselbe Gewicht herzustellen war, musste es innerhalb der Säcke ebenfalls gleichmäßig verteilt sein. Also, ein schwieriges Unterfangen. Für den Nachmittag hatte sich ein Veterinär angesagt, um eine letzte Impfung durchzuführen. „African Horse Sickness“ heißt eine berüchtigte Krankheit, die vor Jahren in Ostafrika sämtliche Pferde dahingerafft hatte. Der Tierarzt war ein Pferdespezialist. Er gab uns noch wertvolle Anregungen und überließ uns das Serum für die zweite Teilimpfung, die in drei Wochen fällig war. Bis dahin sollten die Pferde schonend behandelt werden.

Damit alles seine Richtigkeit hatte, mussten die Pferdepapiere vom Oberveterinär in der Hauptstadt abgestempelt werden. Michiel versprach, sie uns unterwegs zukommen zu lassen, falls sie bis zum nächsten Morgen nicht eingetroffen sein sollten. Am Abend gingen wir mit Michiel die Reiseroute noch einmal durch.

„Ihr könnt in Südafrika nicht wild campen, das ist zu gefährlich. Ich werde einige Farmer im Umkreis verständigen und euer Kommen ankündigen“, berichtete Michiel besorgt, „ich bin sicher, dass dies die beste Lösung ist.“

Wie gefährlich dieser Teil Südafrikas wirklich war, wussten wir zu diesem Zeitpunkt noch nicht. Michiel hatte uns zwar vorsichtig darauf hingewiesen, aber auf die tatsächlichen Zustände ging er nicht näher ein. Er machte uns zwar Angst damit, aber unsere Neugierde war stärker, und nichts in der Welt konnte uns davon abhalten, unsere Reise zu starten. Nachdem wir zu Bett gegangen waren, hielt mich nicht das Prasseln des Regens auf dem Blechdach vom Schlafen ab, sondern die Vorfreude, dass in einigen Stunden unser lange geplantes Abenteuer beginnen würde.

Ich hatte den Eindruck, nur kurz geschlafen zu haben, als Michiels Hahn den Morgen ankündigte. Aber es war ein herrlicher afrikanischer Morgen. „Nirgendwo auf der Welt gibt es einen derart gewaltigen Himmel“, bemerkte ich, als ich vom Bett aus durch das Fenster blickte. Die Erwartung verschlang sogleich die Müdigkeit, und die Verzückung dauerte nur Augenblicke. Esther hatte ebenso unruhig geschlafen. Auch für sie war es jetzt belanglos, ob der Himmel gewaltig oder mickrig war. Die Anspannung entlockte ihr nur ein kurzes „Guten Morgen“. Wortlos machten wir uns bereit für den Start. Jeder wusste, was zu tun war. Schon am Vorabend hatten wir alles, was zu packen war, sorgfältig hergerichtet, sodass wir nur noch die Klamotten anziehen brauchten. Dinge, die jederzeit erreichbar sein mussten, waren in die Satteltaschen verpackt. Das Telefon, das GPS, Bargeld und Dokumente verteilten wir so am Körper, dass sie beim Reiten nicht hinderlich waren. Der Überlebensgürtel enthielt all die nützlichen Dinge, die Mister „Sir Vival, Rüdiger Nehberg" in seinem Buch beschrieben hatte. Eine Lupe, Nähzeug, Pflaster, Pinzette, Verbandszeug, Schmerztabletten, eine kleine Summe Bargeld, Kreditkarten, wasserfeste Streichhölzer, ein Universalwerkzeug, Buschmesser, Kompass und die Signalraketen. Binnen kurzer Zeit waren wir abreisefertig und bereit zum Satteln. Michiel war wie gewohnt früh aufgestanden. Er hatte die Pferde bereits vor der Koppel an den Zaun gebunden. Aber nicht nur unsere Freunde standen zur Abreise bereit, auch Michiels Pinto und die Pferde der beiden Jungs waren angetreten.

„Guten Morgen, gut geschlafen, los geht's", trällerte Michiel vergnügt, als wir schwer bepackt auf ihn zukamen. „Ihr habt doch sicher nichts dagegen, wenn wir euch ein Stück begleiten? Karen hat Brote hergerichtet, für euer erstes Frühstück im Busch."

Wir freuten uns über dieses Angebot, das Abenteuer mit so einer gewichtigen Abschiedsdelegation zu starten. Ich holte den Packsattel, während Esther Roland und Tabak sattelte und aufzäumte. Michiels Söhne waren eifrig mit dem Striegeln ihrer Pferde beschäftigt. Für das Aufhängen des Gepäcks war es notwendig, eine eigene Technik anzuwenden. Esther musste auf der einen Seite des Pferdes das Packgestell so festhalten, dass dieses nicht verrutschen konnte, während ich auf der anderen den schweren Sack aufhängte. Dann musste ich so lange das Gewicht stützen, bis es Esther auf meiner Seite übernehmen konnte. Erst dann war es möglich, das Gepäck auf der anderen Seite hochzuheben und zu befestigen. Danach wurde kontrolliert, ob alles im Gleichgewicht war, die

Gurte nachgezogen, verknüpft und nochmals überprüft. Die lange Leine, die zum Anbinden von Roland gedacht war, erfüllte außerdem noch den Zweck, die Packsäcke bei jeder Bewegung eng am Pferdekörper zu halten, damit der Inhalt dadurch nicht zu sehr in Mitleidenschaft gezogen werden konnte. Sie wurde drei- oder viermal um das gesamte Gepäck und den Rumpf des Pferdes geschlungen, gespannt und am Sattel festgezurrt. Auch das Aufsteigen musste mit System erfolgen. Wenn ich das Packpferd führte, sollte ich als Erster in meinen Sattel steigen, damit Esther mir die Führleine reichen konnte. Erst dann konnte Esther ihr Pferd besteigen. All diese Handgriffe waren noch ungewohnt, und es würde sicher eine Weile dauern, bis sie in Fleisch und Blut übergegangen waren.

Die beste Reihenfolge zum Reiten mussten wir ebenfalls noch herausfinden. Es hing von der Rangordnung innerhalb der Herde ab, wer vorne oder hinten gehen würde. Nicht nur wir, sondern auch die Pferde hatten eine Menge Neues zu erlernen.

Die Hufe der Pferde wurden noch ausgekratzt und die Wasserflaschen gefüllt. Ich stopfte meine Abschiedspfeife, rauchte sie an und stieg in den Sattel. Esther reichte mir die Führleine und schwang sich auf Armand. Die Luft war klar, und die Sonne hatte bereits die Kraft, den Tau zu trocknen.

Wir verabschiedeten uns von Karen, stopften die Brote vorsichtig in die Satteltaschen und bedankten uns für die Gastfreundschaft. Sie hatte uns derart üppig verköstigt, dass sowohl Esther als auch ich den Eindruck hatten, eher zu- als abgenommen zu haben.

4 Start

Es war der 1. April 2003. Ein feierlicher Augenblick. Die Spannung hatte ihren Höhepunkt erreicht, unsere Reise hatte endlich begonnen. Nach einem Jahr intensiver Planung war es nun so weit. 5000 Kilometer afrikanische Wildnis, fremde Kulturen und eine Menge Unbekanntes lagen vor uns.

Auf dem Weg Richtung Rosendaal überschüttete Michiel uns mit guten Tipps. Seine Jungs galoppierten vor und demonstrierten ihr Können, indem sie temperamentvoll über Gräben sprangen, abrupte Stopps hinlegten oder nach engen Wendungen uns im gestreckten Galopp wieder entgegenrasten. Augenblicklich fühlte ich die Freiheit, die Nervosität war vorerst gewichen, wir saßen endlich im Sattel. Erst jetzt war ich in der Lage, meinen morgendlichen Eindruck des gewaltigen Himmels so richtig zu erfassen. Esther sah gut aus in ihrer Armyhose und dem Tropenhut, aus dem ihr langes, rotes Haar herauslugte und im Wind wehte. Es war ihr anzusehen, dass auch sie diesen Augenblick genoss; die ersten Kilometer „on the road“, genauer genommen „off the road“. Als wir die Asphaltstraße erreicht hatten, war es dann an der Zeit, von Michiel und seinen Reiterjungs Abschied zu nehmen. Um Michiels strengem Händedruck zu entgehen, umarmte ich ihn. Aber ich tat es gerne, er war mir in der kurzen Zeit unserer Bekanntschaft richtig ans Herz gewachsen. Wir hatten Freunde gewonnen. Er drückte mich so fest an sich, dass ich sofort bereute, nicht mit seinem Händedruck vorlieb genommen zu haben. Er wünschte mir alles Gute. Esther verabschiedete sich mit Küsschen rechts, links und wieder rechts auf Michiels rote Bäckchen, wodurch diese noch einiges mehr an Farbe annahmen. Dann schoss Esther noch ein paar Fotos. Michiel wandte sein Pferd und trabte mit seinen Söhnen zurück zur Farm. Meine Augen verfolgten die Horde, bis nur mehr eine Staubwolke zu sehen war. Das Hufgetrappel verebbte. Nun waren wir ganz alleine auf uns gestellt, und der Augenblick war gekommen, wo sich herausstellen würde, ob wir gut geplant hatten.

Eine schier endlose, leicht hügelige Landschaft breitete sich vor uns aus. Die Luftspiegelung ließ das schnurgerade Asphaltband wie einen silbrig glänzenden Flusslauf erscheinen. In der Ferne verschmolz der Horizont mit dem Himmel. Keine Menschenseele weit und breit, nur Mais so weit das Auge reichte.

Die südafrikanische Sonne öffnete die Poren der Haut und trieb mir die ersten Schweißperlen auf die Stirn. Meistens war genug Platz, um durch das hohe gelbe Gras zwischen Asphalt und Zaun zu reiten. Ab und zu gab es dazwischen einen Fußpfad, den wir gerne benutzten. Ich ging mit Roland an der Spitze, an der Leine hatte ich Armand mit dem Gepäck, und am Schluss ritt Esther auf Tabak. Roland ging mit gutem Tempo voran. Manchmal wollte Armand nach vorne, aber mit meiner „Bullwhip“, der aus Leder geflochtenen Peitsche, gab ich ihm immer wieder zu verstehen, dass er nicht das Alphatier war.

Für mich war es wichtig, die Führleine locker in der Hand zu halten, um sofort loslassen zu können, wenn Armand auf die Idee kommen sollte, unvermutet stehen zu bleiben, um ein frisches Büschel Gras zu rupfen. Für ihn wäre es ein Leichtes gewesen, mich aus dem Sattel zu heben, sodass ich mir meinen Arm, die Schulter oder einen Finger verletzt hätte. Jetzt waren wir also gefordert, unser theoretisches Wissen in die Praxis umzusetzen. Und diese ließ auch nicht lange auf sich warten.

Wir waren noch keine fünf Kilometer geritten, da bekam Armand plötzlich einen unvermuteten Anflug von Heimweh und machte kehrt. Entgegen aller gelernten Grundsätze ließ ich die Leine nicht sofort los, sondern versuchte mit Gewalt Armand wieder auf den richtigen Kurs zu lotsen. Was Roland unter mir wiederum als Signal auffasste, ebenfalls zu wenden und sich zurück in Richtung Stall zu bewegen. Tabak folgte seinem Herdenführer, obwohl Esther anderes mit ihm im Sinn hatte. In einem heillosen Durcheinander trabten wir unkontrolliert in Windeseile wieder unserem Ausgangspunkt entgegen.

„Das fängt ja gut an“, dachte ich, während ich verzweifelt mit Roland und Armand kämpfte, um mir Respekt zu verschaffen. Den Kampf mit der Leine hatte ich jedenfalls verloren. Mittlerweile hatte sie sich zweimal um meinen Körper geschlungen. Schließlich konnte sich Esther bei Tabak durchsetzen, galoppierte an die Spitze und stoppte damit Roland und Armand. Mittlerweile befanden wir uns in der Mitte der Straße.

„Wenn Armand jetzt noch scheut und einen Satz macht, lande ich gefesselt im Gras“, dachte ich entmutigt. Offensichtlich verwirrt, stand Armand auf dem Mittelstreifen und bewegte sich weder vor noch zurück. Gott sei Dank war kein Auto in Sicht.

Ich hatte es mir einfacher vorgestellt, Roland zu steuern und gleichzeitig das Packpferd zu führen. Durch die Trabbewegung war Armands Packsattel komplett verrutscht und das Gepäck hatte Schlagseite bekommen. Es blieb uns also nichts anderes übrig als abzusteigen, die Säcke herunterzunehmen und den Sattel neu aufzulegen. Die komplizierte Aufladetechnik fand nun in umgekehrter Reihenfolge statt. Eine Operation, die immerhin 20 Minuten in Anspruch nahm. Wir waren also fünf Kilometer voraus geritten und unfreiwillig zwei Kilometer wieder zurück, was nach Adam Riese eine Nettoentfernung von drei Kilometer zu unserem Ausgangspunkt ausmachte. Darüber hinaus benötigten wir zirka eine Stunde plus 20 Minuten Verzögerung durch das Wiederherstellen des verrutschten Sattels. Wie sollten wir je Kenia erreichen, wenn das so weiterging?

Etwas demotiviert ließ ich mich auf einem Stein nieder. Ich nahm einen Schluck aus meiner Wasserflasche und dachte an die vor uns liegenden 4997 Kilometer. Der Saum meines Hutes war mit Schweiß getränkt, Perlen von Schweiß tropften von meiner Nase auf den aufgeheizten Stein, um unverzüglich darauf wieder zu trocknen.

„Komm, wir müssen weiter, Pause gibt es später", bemerkte Esther etwas genervt und schwang sich auf Tabak. Ich stöhnte, sah aber ein, dass es noch zu früh zum Rasten war, und saß auf. „Und wer gibt mir Armands Leine hoch?"

Esther musste also wieder absteigen. Die Bezahlung des Lehrgeldes war demnach in vollem Gange.

Unser heutiges Ziel war eine Farm in der Nähe von Senekal, die uns Burger beschrieben hatte. Bis dorthin waren es etwa noch 25 Kilometer. Auch das erschien mir unendlich weit, in Anbetracht der Tatsache, dass wir in mehr als einer Stunde nur drei Kilometer geschafft hatten. Aber allmählich akzeptierten uns die Pferde. Und so kamen wir auch ganz gut voran. Die ersten Weh-Wehchen begannen mich zu quälen, mein Rücken schmerzte. Ich sehnte eine Pause herbei. Mit dem GPS überprüfte ich die zurückgelegte Distanz. Nachdem mich das elektronische Gerät darauf hinwies, dass wir zehn Kilometer geschafft hatten, forderte ich wie ein Gewerkschafter meine Pause ein.

„Da vorne gibt es eine gute schattige Stelle fürs Frühstück“, rief mir Esther von hinten zu. Es war eine jener Raststellen, die uns auf der Reise zu Burger aufgefallen war. Ein riesiger Baum, eine Bank, Kunststoff- und Papiermüll, Bierdosen und zerbrochene Glasflaschen. Das Dornengestrüpp sorgte dafür, die Plastiktüten, die der Wind hoch in die Lüfte gewirbelt hatte, wieder einzufangen. Wie Fahnen hingen sie überall im Geäst, als trauriges Mahnmal unserer Wegwerfgesellschaft.

Meinem Rücken war jeder Rastplatz recht. Aber bevor sich mein Kreuz und auch der inzwischen nach Nahrung lechzende Magen freuen konnten, sollten die Pferde versorgt werden.

Zuerst Gepäck abladen, Sattelgurte lockern, und dann musste eine Anbindstelle mit schönem, saftigem Gras für die ebenfalls hungrigen Tiere gefunden werden. Danach erst genoss ich mein erstes Pausenbrot im Schatten des Baumes, ungeachtet der Müllberge rings um mich.

Karens Brote schmeckten vorzüglich. Sie hatte sichtlich Übung darin, Michiel für seine täglichen Ausritte kulinarisch zu versorgen. Nur das Wasser hatte mittlerweile die Temperatur, um Teebeutel zu brühen. Die Pferde grasten friedlich, die Erregung hatte sich gelegt. Esther war nach dem Zwischenfall wieder guter Dinge.

In einem Abstand von je zwei Stunden legten wir noch zwei Pausen ein, bevor wir uns auf die Suche nach der Farm für unsere erste Übernachtung machten. Das Bild der Landschaft änderte sich kaum, nur Straße, Stacheldraht, Mais und Müllberge an den Rastplätzen. Menschen bekamen wir überhaupt nicht zu Gesicht. Trotz des herrlichen Wetters wirkte dieser Landstrich wie ausgestorben.

Michiel hatte unser Kommen anscheinend nicht ankündigen können, da der Farmbesitzer nicht zu erreichen war. Nur ein Arbeiter befand sich in der Nähe der Farm. Er machte einen sehr geschäftigen Eindruck, gab uns aber dennoch die Auskunft, dass seine Chefin bald kommen würde. Sie hätte sicherlich nichts dagegen, wenn wir unser Zelt auf dem Gelände der Farm aufstellen würden. Wir machten uns sogleich ans Absatteln, den Zeltaufbau und das Tränken der Pferde. Währenddessen fuhr ein Geländewagen vor und parkte neben dem Zelt. Die Chefin der Farm war eine nette zierliche Frau um die fünfzig mit Namen Debby. Sie hieß uns herzlich willkommen und bot uns an, zu ihr ins Haus zu kommen.

„Mein Mann hat mich vor einigen Wochen verlassen, um mit einer anderen Frau zu leben“, waren ihre ersten Worte, als wir das Haus betraten. Sie war überaus gesprächig und breitete innerhalb kürzester Zeit ihre gesamte Lebensgeschichte vor uns aus. Dass sie jetzt die Farm alleine managen müsse und wie schwer es für sie alleine sei. Sie freue sich über unseren Besuch, sie hätte sonst niemanden zum Reden. Es käme überhaupt nicht infrage, im Zelt zu schlafen. Das Angebot, in ihrem Gästezimmer zu übernachten, nahm ich gerne an. Esther zögerte, sie wollte lieber im Zelt schlafen.

„Es wäre unsere erste Nacht mit freiem Blick auf den

Sternenhimmel der südlichen Hemisphäre, und außerdem ist schon alles aufgebaut“, flüsterte sie mir enttäuscht zu.

„Wir werden noch oft genug im Zelt schlafen“, argumentierte ich. Um gegenüber der gesprächigen Gastgeberin nicht unhöflich zu erscheinen, ließ sich Esther umstimmen. Bei einem opulenten Mahl mit Debby erfuhren wir dann, weshalb sie so vehement darauf bestanden hatte, in ihrem Haus zu übernachten.

„Letzte Woche ist auf der Nachbarsfarm eingebrochen worden. Mein Nachbar wurde ermordet, und seine Frau ist einige Male vergewaltigt worden. Man hat sie am nächsten Tag, an einem Stuhl gefesselt, gefunden. Sie hat überlebt, aber sie musste mitansehen, wie ihr Mann mit seiner eigenen Waffe erschossen wurde.“ Debby schluchzte und hielt einige Sekunden inne, bevor sie fortfuhr. „Wir haben große Angst, weil dies hier kein Einzelfall war. Es ist regelrecht zu einem Sport geworden. Die Täter sind meist nicht älter als achtzehn. Jede Woche passiert Derartiges bei uns. Die Polizei ist überfordert, und die Verbrecher kommen meist ungeschoren davon. Stell dir vor, es kann passieren, dass ich dem Mörder meines Nachbarn auf der Straße begegne, und ich kann nichts dagegen unternehmen. Es war etwas besser, als Nelson Mandela noch Präsident war. Wir sind gezwungen, hohe elektrische Zäune zu errichten, um uns zu schützen. Und selbst dagegen haben die Mörder schon Mittel und Wege gefunden. Sie nehmen ein Gummistück zwischen die Zähne, um damit die hohe Spannung beim Überklettern der Zäune auszuhalten. Nach Einbruch der Dunkelheit verbarrikadiert sich jeder in seinen vier Wänden. Ich, als allein stehende Frau, bin ein potenzielles Opfer. Mein Mann war ein geübter Schütze, aber der beschützt jetzt eine andere. Ich besitze schon eine Waffe, aber wenn fünf Kerle ins Haus kommen, gar nicht auszudenken, da kann ich alleine nicht viel ausrichten. Wenn nachts die Hunde anschlagen, mach ich kein Auge mehr zu."

„Aber Sie haben doch Wachmänner!", warf ich ein.

„Das stimmt, aber man weiß nie genau, ob sie sich nicht mit den Tätern verbündet haben. Selbst tagsüber ist man nicht mehr sicher."

Obwohl wir uns über die Lage in Südafrika informiert hatten und wir wussten, dass in den Städten die Kriminalitätsrate sehr hoch war, hatten wir angenommen, dass es auf dem Lande nicht so schlimm sein würde. Genau das Gegenteil war der Fall.

Der Oranje Freistaat ist aufgrund seines ertragreichen Bodens eine der reichsten Gegenden Südafrikas. Dieser Reichtum ist allerdings nur der weißen burischen Gesellschaftsschicht vorbehalten. Die Buren hatten die riesigen Landflächen über Generationen geschickt genutzt, um Getreide und Mais anzubauen. Es ist ihnen gelungen, den Grundstein für den wirtschaftlichen Erfolg Südafrikas zu legen. Allerdings mithilfe der Schwarzen, denen sie Hungerlöhne bezahlten. Sie haben Reichtümer angehäuft, wie man es sich in unseren Breiten kaum vorstellen kann. Es gibt neuerdings Reformen, die einen Mindestlohn sichern, dafür fallen allerdings die Sozialleistungen, welche die Farmbesitzer traditionsgemäß freiwillig übernommen hatten, weg, wodurch sich für die in den sogenannten Townships Lebenden kaum eine Besserung ergeben hat.

Den vier Millionen Weißen stehen zirka 35 Millionen Schwarze sowie fünf Millionen Farbige und Asiaten gegenüber. Obwohl die Abschaffung der Apartheid und die Einführung der echten Demokratie eine rechtliche und politische Gleichberechtigung gebracht hat, kann in wirtschaftlichen Belangen zumindest in diesem Teil Südafrikas nicht davon gesprochen werden. Der Staat hat den Vorreiter gespielt und den öffentlichen Dienst und staatlich kontrollierte Unternehmen gezielt mit schwarzen Mitarbeiterinnen und Mitarbeitern besetzt. Es ist nun auch ein Prozess im Gange, mit dem das Ziel verfolgt wird, neue und frei gewordene Stellen in der Wirtschaft bevorzugt mit Angehörigen der früher benachteiligten Bevölkerungsgruppen zu besetzen. Die Folge ist, dass sich auch unter der weißen Bevölkerung mittlerweile Arbeitslosigkeit und Frustration ausbreitet. Die Landwirtschaft im Freistaat ist in festen Händen der Buren und die Kluft zwischen Reich und Arm nirgends so exorbitant wie hier. Die Rassenfrage ist also ein großes Thema, ebenso wie die hohe Aidsrate.

All diese Reformen trugen nicht gerade dazu bei, ein harmonisches Zusammenleben der verschiedenen Völker zu fördern. So herrscht neuerdings sogar Misstrauen gegenüber Angestellten, die schon ihr ganzes Leben als Farmarbeiter oder Haushaltshilfe bei ein und derselben Farm beschäftigt waren. Diese allgemeine Negativstimmung hatte uns Michiel vorenthalten.

Am nächsten Morgen genossen wir ein opulentes Frühstück und machten uns, nachdem uns Debby eine Farm in 25 Kilometer empfohlen hatte, auf den Weg.

Binnen kürzester Zeit hatten wir uns an den neuen Lebensrhythmus gewöhnt. Auch meine Rückenschmerzen besserten sich. Debby hatte uns gehörig Angst eingejagt. Immer wieder blickten wir argwöhnisch um uns, ob sich verdächtige Personen herumtrieben.

Unsere vierbeinigen Wegbegleiter begeisterten uns täglich von Neuem. Sie hatten sich an uns gewöhnt und uns restlos als ihre Besitzer akzeptiert. Sie waren unsere engsten Vertrauten, die wir bestmöglich hegten und pflegten. Jeder Kratzer wurde liebevoll versorgt, und wir achteten geflissentlich darauf, dass keines der Tiere Satteldruck bekam.

Wir besuchten zahlreiche Farmen und lernten in den nächsten Wochen viele gastfreundliche Menschen kennen. Allerorts wurden wir überaus herzlich aufgenommen und zur nächsten Farm weitergereicht. Manchmal ritten wir vom Frühstück zum Mittagessen, um danach gleich wieder die nächste Einladung zum Dinner wahrzunehmen.

In diesem Teil des Landes nannte jeder Farmer ein Gästehaus sein Eigen und bestand auch großzügig darauf, es uns zur Verfügung zu stellen. Unser Zelt und die Schlafsäcke blieben also meist verpackt. Bis jetzt hatten wir keine Gelegenheit, viel Geld auszugeben.

In der Nähe von Kroonstad kamen wir zur Farm von Jan Geldenhuis. Wir ritten durch einen langen, parkähnlichen Zufahrtsweg, der darauf schließen ließ, dass es sich hier um einen besonders reichen Farmer handeln musste. Ich täuschte mich nicht, als ich nach Durchschreiten des pompösen Eingangstores die dahinter befindliche Villa entdeckte. Ich hatte den Eindruck, mich mitten im „Denver Clan" zu befinden.

Jan Geldenhuis, ein großgewachsener, vornehmer und gebildeter Herr um die fünfzig, hieß uns liebenswürdig willkommen. Goldene Wasserhähne, Marmorbäder und antike Möbel zierten unser Gästehaus, das er uns zur Verfügung stellte. Von unserem Balkon aus blickten wir auf den gepflegten Garten, der mich an den Park von Maria Theresias Schloss Schönbrunn in Wien erinnerte.

Auch die Pferde wurden königlich untergebracht und mit bestem Futter versorgt.

Wir fühlten uns fabelhaft, nur Tabak machte uns Sorgen. Es hatte sich eine faustgroße Beule an seinen Widerrist gebildet. Deshalb nahmen wir Jans Angebot an, zwei oder drei Tage länger zu bleiben, damit Tabak sich erholen konnte.

Als wir am Morgen in der Koppel nach den Pferden sahen, kamen Roland und Armand sogleich herbei, um uns zu begrüßen. Aber Tabak schien verschwunden zu sein. Beunruhigt machte ich mich auf die Suche und fand ihn in einem erbärmlichen Zustand hinter einem Stapel von Alteisen, welches am Ende der Koppel gelagert wurde. Er lag, übersät mit großflächigen Schürfwunden, zwischen sperrigen Eisenteilen und atmete schwer. Alle Anzeichen ließen darauf schließen, dass es sich um eine Kolik handelte. Tabak musste sich vor Schmerz die ganze Nacht gewälzt haben und sich dabei diese Verletzungen zugezogen haben. Ich brachte ihn dazu aufzustehen und führte ihn aus der Koppel. Das Einzige, was man jetzt tun konnte, war, ihn zügig herumzuführen, in der Hoffnung, dass die Verdauung wieder in Gang kommen würde.

„Hoffentlich hat sich der Darm nicht verschlossen. Das wäre sein Todesurteil“, meinte ich zu Esther. Ein Pferd in unserem österreichischen Waldviertel war an einer Kolik gestorben, obwohl wir gemeinsam mit dem Tierarzt alles, was möglich war, unternommen hatten.

Jan organisierte einen Tierarzt, und ich ging währenddessen mit Tabak an der Führleine auf und ab. Aufgrund seiner Schmerzen hatte Tabak offensichtlich keine Lust, in der Mittagshitze auch noch herumgeführt zu werden. Ich musste ihn immer wieder antreiben und auf ihn einreden.

Nach einer Stunde stellte ich erleichtert fest, dass sich sein Zustand besserte. Immer wieder horchte ich seinen Bauch nach Glucksgeräuschen ab. Schließlich entledigte er sich einiger Pferdeäpfel, zu seiner wie auch zu meiner Erleichterung. Der Darm arbeitete wieder einwandfrei.

Der mittlerweile eingetroffene Tierarzt behandelte die Beule des kranken Tieres am Widerrist und erklärte dann: „Da Sie vorhaben, nach Kenia zu reiten, würde ich Ihnen empfehlen, die Reise mit diesem Pferd nicht fortzusetzen. Bei der Beule handelt es sich wahrscheinlich um eine allergische Reaktion, die bei Überanstrengung immer wieder auftreten kann. Die Schürfwunden heilen sehr rasch, aber die Kolik kann sich jederzeit wiederholen."

Da kam uns Michiels Angebot wieder in den Sinn. Wir gönnten Tabak noch einen Rasttag und machten uns danach auf die Reise. Tabaks Kolik war überstanden. Um ihn zu schonen, fungierte er als Packpferd. Roland und Armand hingegen waren in Topform, die Rast hatte ihnen gut getan. Michiel war am Telefon überaus kooperativ und versprach, uns auf der Landstraße zu treffen, um Tabak auszutauschen und uns ein gutes Pferd zu bringen.

Von seiner Farm waren wir bloß 200 Kilometer entfernt, mir aber kam es vor, als wäre es eine Weltreise gewesen. Durch die langsame Reiseart hatte ich ein anderes Gefühl für Entfernungen erlangt. Wir waren immerhin schon zwei Wochen unterwegs.

Am darauf folgenden Tag kam Michiel auch schon mit einem Transporter. Ihm war es wirklich wichtig, dass unser Unternehmen gelang und dass seine Pferde die Reise gut überstehen würden. Falls alles glatt ging, wäre dies für sein Gestüt die beste Werbung.

Der „Neue" war etwas mager und überaus scheu. Sein

Name war „Shambok“. Beim Abladen trippelte der rotbraune Fuchs nervös hin und her. Er machte keine Anstalten, sich satteln zu lassen, aber Michiel versicherte uns: „Das ist ein großartiges, starkes Pferd.“ Da wir von Anfang an nicht hundertprozentig von Tabak überzeugt gewesen waren, hofften wir, dass Michiel diesmal Recht behielt. Es dauerte einige Zeit, bis sich der Wallach etwas beruhigt hatte. Michiel übernahm das Satteln, und selbst er hatte Schwierigkeiten, auch nur die Decke aufzulegen.

Für Esther war es eine Herausforderung, das Wesen Shamboks zu erforschen und ihm zu zeigen, wer hier der Boss war. Es dauerte nicht lange, bis sie sich mit dem „Neuen“ angefreundet hatte. Sein Schritt war weich und angenehm. Bald stellte sich auch heraus, dass „Bucki“, so nannten wir ihn aus Bequemlichkeit, ein absoluter Schrittmacher war. Außerdem war er von Beginn an in der Herde akzeptiert. Roland gab zwar seine Vormachtstellung als Leittier nicht ab, aber Armand war in der Rangordnung bald auf den dritten Platz zurückgefallen. Ja, Bucki passte wunderbar zu unseren beiden anderen.

Das Reiten war mittlerweile kein Problem mehr für mich. Die Rückenschmerzen und der Muskelkater hatten sich verflüchtigt. Ich fühlte mich, als hätte ich nie etwas anderes getan. Ich genoss die wunderbare Landschaft und das herrliche Spätsommerklima, während im Waldviertel wahrscheinlich die letzten Schneeflecken tauten und sich der Frühling ankündigte.

Eine gewisse Routine hatte sich eingestellt. Die Angst vor Überfällen hatte sich gelegt, dennoch waren wir unterwegs überaus aufmerksam. Gegen vier Uhr nachmittags hielten wir immer Ausschau nach einer Farm und stellten uns dort vor. Es hatte sich mittlerweile herumgesprochen, dass sich zwei Abenteurer aus Europa auf einer Reise zu Pferd von Südafrika nach Kenia befanden. Journalisten sagten sich an, interviewten uns und machten Fotos. Nachdem einige Zeitungen über uns berichtet hatten, waren die meisten Gastgeber sogar stolz darauf, uns in ihren Häusern zu beherbergen. Autos blieben stehen, die Fahrer ließen die Fenster herunter und wünschten uns alles Gute auf unserer Reise nach Kenia. Aber Popularität hat auch immer zwei Seiten. So waren wir stets froh darüber, in dieser gefährlichen Gegend vier schützende Wände um uns zu haben. Obwohl bei uns nicht viel zu holen gewesen wäre, war zu bedenken, dass in Südafrika Menschen wegen eines Stück Brotes überfallen werden. Immer wieder wurden uns makabre Mordgeschichten aufgetischt. Aber wir blieben Gott sei Dank unbehelligt und genossen die außerordentliche Gastfreundschaft, die uns entgegengebracht wurde.

Immer wieder machten wir Bekanntschaft mit Leuten, die Adolf Hitler mystifizierten, ihn als Helden verehrten und die Schwarzen im Lande, obwohl sie die schwere Arbeit verrichteten, als Plage bezeichneten. So zum Beispiel jener Herr Van Rensburg, dessen Haus mit Kruzifixen und Marienbilder gespickt war. Vor und nach dem Essen wurde selbstverständlich gebetet. Der übergewichtige kleine Mann lief stets mit einem geladenen Colt umher und umgab sein Areal mit einem drei Meter hohen Elektrozaun, der auch tagsüber unter Strom stand und verschlossen war. Wenn er seine Farm verlassen wollte, wurde das Tor so weit geöffnet, dass er nur mit viel Mühe seinen dicken Bauch durch die Öffnung zwängen konnte.

Als die Rensburgs auf einer Party bei Freunden eingeladen waren, überließ uns das Familienoberhaupt sein Haus und eine geladene Winchester, nur unter der Bedingung, einen seiner Schwarzen zu erschießen. Über seinen genialen Scherz amüsierte sich zwar nur Van Rensburg, dies aber so sehr, dass er sich vor Lachen auf die Schenkel klopfte.

Am nächsten Tag nahm mich der Farmer mit, um mir zu zeigen, worin seine Arbeit bestand. Wir fuhren eine geschlagene Stunde über sein Weideland. Immer wieder stoppte er, stellte sich auf die Ladefläche des Pick-ups und begann sein Vieh zu zählen. Jede Zählung endete mit den Worten: „I love my cattle, I really love my cattle!“ Danach setzte er sich zufrieden wieder ans Steuer. Den Rest der Arbeit erledigten Hunderte seiner schwarzen Angestellten.

Van Rensburg zeigte sich sehr interessiert, wie es in Europa zuging und wie wir dort lebten:

„Wenn ihr mit eurem Wagen von zu Hause wegfahrt, wer macht bei euch das Gatter auf, und wer schließt es hinterher wieder?

„Wir haben in der Regel keine Gatter, und wenn, dann machen wir das selbst“, sagte Esther.

„Aha“, bekundete er mit erstauntem Gesichtsausdruck.

„Und wer macht den Haushalt, und wer wäscht das Geschirr ab?“

„Auch das machen wir selbst, und für das Geschirr haben wir einen Geschirrspüler“, antwortete Esther, schon etwas bestimmter.

„Aha . . . !“

Nach einer kurzen Gedankenpause meinte er: „Ich glaube, dafür nehme ich lieber die Kriminalität in Kauf“, schnitt ein dickes, saftiges Stück von seinem Steak ab und kaute zufrieden. Mir blieb der Mund offen, was seine Frau dazu veranlasste, mich zu ermutigen: „Iss doch, iss doch, du hast noch einen weiten Weg vor dir.“ Endgültig der Appetit verging mir, als Van Rensburg mahnend die Gabel erhob und behauptete: „Ich sage dir eins, Aids wird das Problem mit den Schwarzen schon noch lösen!“ Ich stopfte noch etwas von der Polenta in den Mund, um nicht antworten zu müssen. Ich sah zu Esther, die mir gegenüber saß. Ich kannte diesen Ausdruck in ihrem Gesicht, wenn sie kurz vor einem Tobsuchtsanfall stand. Danach wurde gebetet. Auch ich betete leise: „Bitte, lieber Gott, verhindere, dass Esther nicht komplett ausrastet und diesen Mann verprügelt.“ Wir beanspruchten die Gastfreundschaft nur so lange, bis sich die Pferde wieder erholt hatten.

4.1 Lichtenburg

Lichtenburg war eine Kleinstadt zirka 100 Kilometer von der Grenze Botswanas entfernt. Wir fanden ein gemütliches Plätzchen an einem See unweit der Stadt. Während Esther das Zelt aufbaute, ritt ich mit Roland in die Stadt, um Einkäufe zu tätigen. Ich fand einen Supermarkt europäischer Prägung mit Parkplatz davor. Roland band ich zwischen zwei Kleinwagen an einem Laternenmasten fest. Ich wunderte mich, dass mein Erscheinen mit einem Pferd im Einkaufscenter als das Normalste der Welt hingenommen wurde.

Esther war glücklich, endlich wieder im Zelt zu schlafen und ein Essen am Feuer einzunehmen. Wir hatten unser Zelt höchstens drei Mal aufgebaut. Bislang war immer ein Zaun um uns herum gewesen, und die Pferde waren auf einer abgeschlossenen Weide in Sicherheit. Diesmal nicht. Wir fanden den Platz ideal, da saftiges, grünes Gras im Überfluss vorhanden war und das Seeufer mit den hohen Bäumen ausreichend Schatten bot.

Ich machte mir Gedanken darüber, wie ich die Pferde unter Kontrolle behalten sollte, sie aber trotzdem genug Gras zu sich nehmen konnten. Da kam mir eine Idee. Ich spannte eine lange Leine zwischen zwei Bäumen in zwei Meter Höhe. Dann befestigte ich mit einer Schlinge drei kurze Stricke, und an dem Sicherheitskarabiner daran unsere Freunde.

Es war noch hell genug, um überprüfen zu können, ob meine Erfindung auch tauglich war. Die Pferde kamen an das frische Grün, konnten sich bewegen, und wir hatten einen gemütlichen Grillabend. Mit einem Kartenspiel auf der Decke vor dem Zelt ließen wir den Abend ausklingen. Danach schlüpften wir in die Schlafsäcke. Normalerweise war ich hundemüde und schlief augenblicklich tief und fest, sobald ich mich in mein Bett verkrochen hatte. Aber ein Zahn, der mir schon öfters Probleme bereitet hatte, meldete sich wieder und begann zu schmerzen.

Esther befand sich bereits im Traumland, während ich mich von einer Seite auf die andere wälzte. An Schlaf war nicht zu denken. Ich kramte nach meinen Medikamenten, um „Sigis Wunderwaffe“ gegen Zahnschmerzen einzunehmen.

Plötzlich hörte ich ein Geräusch und Unruhe bei den Pferden einige Meter hinter dem Zelt. Da ich Augenblicke später Galoppgetrappel vernahm, wusste ich, dass etwas passiert war. Blitzartig schoss ich aus dem Schlafsack und hinaus aus dem Zelt. In der Dunkelheit konnte ich nicht viel erkennen, aber eins war klar, die Pferde waren weg. Ich schnappte die Taschenlampe, die immer griffbereit am Kopfende lag, und rannte in die Richtung, von der ich immer leiser werdendes Hufgetrappel vernahm. Ich hatte keine Ahnung, wo ich mich befand. Kurz blieb ich stehen, um mich zu orientieren und zu horchen, welche Richtung die Pferde eingeschlagen hatten. Das hohe Gras und Dornen hatten meine Beine zerkratzt. Ich war ja nur mit meiner Radlerunterhose bekleidet, die ich in der Hektik schnell übergezogen hatte.

Etwa 300 oder 400 Meter entfernt befand sich die Hauptstraße, die mit orange leuchtenden Laternen bestückt war. Angestrengt blickte ich in die Dunkelheit. Wo waren die Ausreißer? Ich konzentrierte mich und stoppte kurz meinen Atem. Drei Silhouetten wurden im Schein der Straßenbeleuchtung erkennbar. Mein Herzschlag übertönte sämtliche Geräusche. Ich traute meinen Augen nicht, sie befanden sich mitten auf der Hauptstraße.

Ich rannte los, nur noch ein kurzes Stück über die Böschung war zu überwinden. Endlich hatte ich die Fahrbahn erreicht. Von links näherte sich ein großer LKW. Panisch begann ich mit der Taschenlampe herumzufuchteln, um den Lenker zum Stehenbleiben zu bewegen. Das gewaltige Gefährt kam rasch näher. Aber der Fahrer hatte mich Gott sei Dank bemerkt. Die Bremsen quietschten schrill.

Kurz war ich erleichtert, aber von der anderen Seite raste ebenfalls ein Truck mir entgegen. Ich lief in Richtung der größer werdenden Scheinwerfer, immer noch wild gestikulierend. Der Lastwagen hinter mir folgte mir im Laufschritttempo. Im grellen Scheinwerferlicht bemerkte ich mit Entsetzen, dass die Pferde nicht von der Fahrbahn wichen, sondern geradewegs dem Lastwagen, der seine Geschwindigkeit scheinbar nicht verringerte, unbeirrt entgegenliefen. Plötzlich ertönte die Hupe des riesigen Ungetüms. Im letzten Moment bogen die Pferde von der Straße ab. Ich schätzte seine Geschwindigkeit auf mindestens 100 km/h, als der Truck immer noch hupend und ungebremst an mir vorbeischoss. Mir rutschte das Herz sprichwörtlich in die Radlerunterhose.

Der Fahrer des anderen LKWs ließ seine Seitenscheibe herunter und klopfte mit dem Zeigefinger auf die Stirn. Selbstverständlich wusste ich, was dieses internationale Zeichen zu bedeuten hatte, kümmerte mich allerdings nicht darum, weil ich die drei Ausreißer in der Dunkelheit verloren hatte und der Schrecken mir immer noch in den Gliedern saß.

Ich erkannte nicht genau, was sich auf der anderen Straßenseite befand, aber den Schornsteinen nach zu urteilen, die sich im Dunkeln von der Umgebung schwach abhoben, schien es sich um ein Fabrikgelände zu handeln. Zu allem Übel gab auch noch die Taschenlampe ihren Geist auf. Die Arme vor mich ausgestreckt und unbeholfenen Schrittes, arbeitete ich mich in die Richtung vor, wo ich die Pferde vermutete. Keine zehn Meter entfernt hörte ich Schmatzgeräusche. Das schwache Licht einer entfernten Straßenlaterne ließ drei Konturen erkennen. Erleichtert atmete ich durch. Ein kleiner, grüner Flecken hatte die drei veranlasst, eine Picknickpause einzulegen. Vorsichtig näherte ich mich, um sie nicht zu erschrecken. „Roland, Armand, Bucki“, flüsterte ich.

Dann bekam ich Rolands Führstrick zu fassen. Ich tätschelte seinen Hals, und er begrüßte mich mit einem kehligen Schnaufen. Fragend musterte er mich: „Hallo, merkwürdiger Geschmack an Reituniform“, interpretierte ich seinen Blick.

Da die Leine noch am Halfter hing, war es einfach, Roland und seine Herde wieder zu unserem Nachtlager zu bringen. Dort angekommen, hatte ich genug von Kompromissen. Roland bekam einen Baum, Armand den benachbarten und Bucki den vor dem Zelt. Ich überprüfte die Knoten und begab mich erleichtert zu Bett. Meine Zahnschmerzen waren wie weggeblasen, ich schlief sofort ein.

Am nächsten Morgen fragte mich Esther, ob ich gut geschlafen hätte. Von diesem nächtlichen Nervenkitzel hatte sie nichts bemerkt. Ich berichtete darüber, doch dieses Abenteuer gehörte mir alleine.

Wir waren ein gut eingespieltes, fünfköpfiges Team. Jeder machte das, was er am besten konnte. So war die Navigation Esthers Angelegenheit, und ich hatte für unser kulinarisches Wohl zu sorgen. Auch unsere drei vierbeinigen Freunde erledigten ihren Part großartig. Während Esther das Zelt aufbaute, versorgte ich die Pferde, suchte Feuerholz und kochte. Danach machte Esther ihre Tagebuchaufzeichnungen und ich erledigte den Abwasch. Anschließend wurde die Route für den nächsten Tag besprochen. Bei einer gemütlichen Tasse Tee am Feuer spielten wir meist noch ein wenig Karten, wenn wir nicht zu müde waren, und beschlossen den Tag kurz nach Einbruch der Dunkelheit, um am nächsten Morgen bei Sonnenaufgang wieder aufbrechen zu können.

Je weiter wir in den Norden vordrangen, um so kühler wurden die Nächte. Die Kalahari mit ihrem Wüstenklima kündigte sich an. Die Temperaturen erreichten nachts kaum mehr als zehn Grad, was uns dazu veranlasste, zwei Daunenjacken zu erstehen. Tagsüber allerdings kletterte das Thermometer auf über 30 Grad.

Die Vegetation wurde allmählich spärlicher. Von dem Reichtum, der uns vor einer Woche noch so aufgefallen war, waren die Farmer dieser Gegend nicht gesegnet. Die Bauernhöfe waren bescheidener, und der Bewuchs auf den

Feldern nicht mehr so üppig. Der Anblick des unfruchtbaren Buschlandes, das ab nun immer wieder auftauchte, deckte sich endlich mit der Vorstellung dieses Kontinents, wie ich ihn von Fotos oder aus dem Fernsehen kannte. Nur die Einstellung unserer außerordentlich freundlichen Gastgeber und die Angst vor der Kriminalität waren immer noch dieselbe.

Auf einer privaten Löwenfarm hatten wir Gelegenheit, unsere Reittiere an den Geruch der Raubtiere zu gewöhnen. Es war abzusehen, dass sie später, in freier Wildbahn, damit konfrontiert sein würden. Anfangs tippelten alle drei nervös hin und her, aber nach einiger Zeit grasten sie friedlich und ließen sich durch die Anwesenheit der mindestens 80 Löwen hinter Gitter nicht beunruhigen.

Esther und ich durften zu den Löwen ins Gehege. Wie Kuscheltiere schmiegten sich die fast ausgewachsenen Jungtiere, die uns immerhin schon fast bis zum Nabel reichten, an uns und legten das gleiche Verhalten an den Tag wie unsere Hauskatzen. Genauso wie unser Tigerkater zu Hause, wollten auch die Großkatzen an den gleichen Stellen hinter den Ohren gestreichelt werden. Aufgrund ihrer Größe musste ich Acht geben, dass sie mich vor überschäumender Zuneigung nicht umstießen. Dass die Schmusekätzchen aber doch wilde Raubtiere waren, zeigte uns eine Situation mit dem sechs Monate alten Löwenbaby von Mark, dem Besitzer der Farm. Das drollige Kerlchen war hübsch anzusehen, verspielt und zahm wie ein Lamm. Der Löwenzüchter bereitete eine Schüssel mit Milch vor, die er wieder entfernte, nachdem das Baby gekostet hatte. Sofort ließ der kleine Racker das Furcht einflößende Gebrüll eines ausgewachsenen Löwen ertönen, sprang blitzartig an die Oberschenkel seines Herrchens, verkrallte sich darin und ließ erst wieder los, als Mark die Schüssel zurückstellte. Gott sei Dank endete die Vorführung nicht blutig, aber dieses Verhalten des vorher so kuscheligen Spielkameraden hatte uns gehörigen Respekt eingeflößt.

Noch zwei Tagesreisen trennten uns von der Grenze Botswanas. Bei Ramatlabama wollten wir Südafrika verlassen. Die letzte Nacht verbrachten wir in einer Villa unweit der Grenze, die einem Industriellen gehörte. Der Besitzer dieses vornehmen Platzes, Will Lemmer, behandelte uns sofort wie alte Freunde. Im Zuge einer Führung durch sein Haus kramte er eine alte Pfeife hervor und überreichte sie uns mit den Worten: „Horst, diese Pfeife hat schon mein Großvater geraucht. Ich möchte, dass du sie mit auf die Reise nimmst. Wenn du einmal nicht mehr weiter weißt, rauche sie, ich verspreche dir, sie wird dir Glück bringen."

Es war der 6. Mai, neun Uhr Vormittag, als wir die Grenze erreichten. Etwas länger als einen Monat waren wir nun unterwegs. Der Start war geglückt, und die Anfangsprobleme hatten wir gut gemeistert. Ich blieb bei den Pferden, während Esther siegessicher mit einem Stapel Papieren das Zollhäuschen betrat. Buntes Treiben ringsherum. Riesige Trucks, Kleinwagen und Menschen, welche die Grenze zu Fuß überqueren wollten. Es dauerte keine zwei Minuten, da war Esther wieder zurück.

„Alles okay, unbürokratisch und schnell", strahlte sie.

„Gratuliere, gut gemacht", ich war voller Bewunderung.

300 Meter weiter befand sich die Grenzstation Botswanas. Eine Beamtin der botswanischen Grenzpolizei näherte sich uns und verkündete mit strahlendem Lächeln:

„Willkommen in Botswana, hier seid ihr sicher!"

Ich band die Pferde vor dem Emigrationsgebäude fest, und Esther stapfte, motiviert durch die freundliche Beamtin, in das Häuschen, um die Einreiseformalitäten zu erledigen. Es dauerte abermals kaum zwei Minuten, und sie war wieder zurück:

„Du musst selbst deinen Pass vorlegen, sie wollen dich persönlich kennen lernen und sehen, wer mein Mann ist."

Ich überließ ihr die Pferde und ging in das Gebäude. Als ich an die Reihe kam, legte ich meinen Pass vor, um das Visum mit dreimonatiger Gültigkeit zu bekommen.

„Ich gebe Ihnen ein Visum für einen Monat", fauchte mich eine gut genährte Beamtin an.

„Aber meine Frau war gerade hier, die Reiterlady – ihr haben Sie das Visum für drei Monate ausgestellt. Wir werden das Land nicht vor drei Monaten verlassen."

„Tut mir leid, der Nächste, bitte!"

Ich wandte mich an den Beamten am Nebenschalter und protestierte höflich, aber bestimmt.

„Okay, gib ihm zwei Monate", rief er seiner beleibten Kollegin gelangweilt zu, ohne mich eines Blickes zu würdigen.

Genervt knallte sie ihren Stempel in den Pass und fügte mit dem Kugelschreiber eine „Zwei" hinzu.

„Aber ich kann doch nicht um einen Monat schneller reiten als meine Frau, das ist unlogisch!"

„Es tut mir leid, schönen Aufenthalt, der Nächste, bitte!" Die Uniformierte wirkte genervt. Fassungslos machte ich den Wartenden hinter mir Platz und verließ das Amtshäuschen. Draußen nahm ich meinen Kugelschreiber zur Hand und fertigte aus der „Zwei" kunstvoll eine „Drei".

5 Botswana

Die Landschaft hatte sich schlagartig verändert. Die spärlich wachsenden Grashalme waren gelblich gefärbt, und der feine Sand schimmerte in einem fahlen Rot. Nachdem wir den denkwürdigen Grenzübertritt hinter uns gebracht hatten, suchten wir einen gemütlichen Platz zum Rasten.

Wir ritten kaum einen Kilometer, da tauchte die Polizeistation von Ramatlabama, ein schmuckes, weißes Gebäude neuerer Bauart, auf. Innerhalb des eingezäunten Areals war ein hübscher Blumengarten angelegt, und der auffallend grüne Rasen stach unnatürlich aus der sonst eher kargen Umgebung hervor. Dahinter befand sich ein Platz mit hohem, dürrem Gras. Da wir nicht annahmen, in unmittelbarer Nähe einen besseren Ort zu finden, bat Esther die Beamten um Erlaubnis, hier rasten zu dürfen. Dies wurde uns auch freundlich gewährt.

Armand machte einen trägen Eindruck. Er konnte nicht müde sein, wir waren erst zwei Stunden unterwegs. Auch hielt er seinen Kopf tiefer als üblich. Was also war los mit ihm? Nach sechs Wochen ununterbrochener Gesellschaft mit den Pferden war jede kleinste Veränderung in ihrem Verhalten sofort erkennbar. Esther war genauso beunruhigt wie ich. So nützte ich die Rast, die Temperatur unserer Gefährten zu messen.

Das Fiebermessen bei Pferden ist eine kurze, schmerzlose Angelegenheit. Man biegt den Schweif zur Seite und führt das Thermometer, das an einer Schnur befestigt ist,

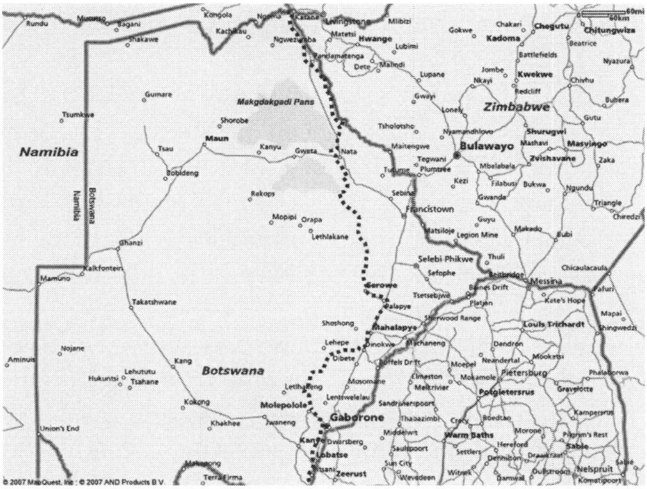

Abbildung 3: Botswana

in den After ein. Die Schnur ist eine Vorsichtsmaßnahme zu dem Zweck, dass das kleine elektronische Gerät nicht im After verschwindet, sollte das Pferd eine unvorhersehbare Bewegung machen. Unsere Freunde hatten sich schließlich so daran gewöhnt, dass sie mir beim Anblick des Thermometers automatisch das Hinterteil zukehrten. Bei Bucki und Roland war alles in Ordnung, aber bei Armand blieb die Anzeige auf 39,5 Grad stehen. Die Normaltemperatur bei Pferden liegt, wie bei uns Menschen, zwischen 36 und 37 Grad. An ein Weitergehen war also nicht zu denken. Esther gelang es, einen Tierarzt ausfindig zu machen, der in Gaborone eine Praxis betrieb. Wir hatten seinen Namen von Michiel Burger. Er versprach, gleich zu kommen. Bis dahin riet er, Armand mit kaltem

Wasser zu kühlen, damit die Temperatur nicht noch höher stieg.

Die Polizeibeamten erkannten unsere missliche Lage und zeigten sich ausgesprochen hilfsbereit. Ein junger Polizist reichte mir durch den Maschendrahtzaun den Wasserschlauch, der zum Bewässern des englischen Rasens hinter dem Präsidium diente. Eine Geste, die nicht hoch genug zu schätzen war, denn Wasser ist in Botswana teurer als Öl.

Ich ließ Armand das lauwarme Nass über den Rücken und den Kopf laufen. Vor allem in der Herzregion musste ich ihn gut kühlen. Nach mehreren Güssen ging schließlich die Temperatur ein wenig zurück. Aber sobald ich eine Pause einlegte, stieg sie wieder. Armand ließ die Prozedur mit hängendem Kopf über sich ergehen.

Mittlerweile hatten wir uns darauf eingerichtet, dass wir hier unser Nachtlager aufschlagen würden. Während ich in die Stadt Lobatse trampte, um Geld für den Tierarzt abzuheben, blieb Esther bei den Pferden. Roland und Bucki dienten als Anziehungspunkt für die ersten Schaulustigen, die sich unerschrocken den Tieren näherten. Es waren Jugendliche mit ihren Schulranzen, auf dem Weg vom Unterricht nach Hause. Sie waren nicht nur an den Pferden interessiert, sondern setzten sich ungeniert auf die Decke vor dem Zelt und begannen, Esther in Englisch Fragen zu stellen: Woher kommst du? Wohin gehst du? Die Jungen machten keine Anstalten, sich wieder zu verabschieden, sondern breiteten sich auf der Decke bequem aus, als wären sie eingeladen worden. Esther versuchte ihnen klarzumachen, dass sie jetzt gerne alleine wäre und sich um Armand kümmern müsse. Obwohl die Halbwüchsigen sich höflich zeigten, waren sie mit der in Europa gepflogenen Distanziertheit nicht vertraut. Erst nach zirka zwei Stunden kam endlich Rob Jackson daher und erlöste Esther von den Plagegeistern.

Rob war ein groß gewachsener, grau melierter Herr mit sportlicher Figur, kaum älter als ich. Er machte einen besorgten Eindruck:

„Ich kann noch keine genaue Diagnose stellen, aber ich vermute, er hat Bilary“, meinte er stirnrunzelnd, nachdem er Armand untersucht hatte.

Esther wusste, was dies bedeutete, war sie doch über diese gefürchtete Krankheit, die durch den Biss infizierter Zecken übertragen wird, hinlänglich unterrichtet. Um sicher zu gehen, entnahm Rob Armand eine Blutprobe, die er mit seinem mitgebrachten Mikroskop auf der Polizeistation überprüfte. Robs Analyse konnte den Verdacht von Bilary nicht eindeutig bestätigen. Es bedurfte einer genaueren Untersuchung im Labor. Dennoch begann der Tierarzt mit der Therapie. Armand wurde voll gepumpt mit Penicillin, und Rob empfahl zusätzlich eine Tinktur der Firma *Bayer gegen Zeckenbefall.*

Als ich von meinem Ausflug aus Lobatse zurückgekehrt war, machte ich mich gleich ans Werk, unsere Freunde mit der neuen Zeckenprophylaxe zu behandeln. Ich vermischte, wie Rob es vorgeschrieben hatte, ein paar Tropfen der hochkonzentrierten Tinktur mit fünf Liter Wasser und begann die Beine, den Kopf, die Mähne und den Schweif damit einzureiben. Roland und Bucki missfiel diese Behandlung ganz offensichtlich, aber sie würden sich wohl oder übel daran gewöhnen müssen. Bucki drehte mir das Hinterteil zu und knallte mir einen Huf auf den Oberschenkel. Ich hatte zwar keine schlimme Verletzung, aber einen schönen, rötlich-blau gefärbten Bluterguss in Form eines Hufeisens. An diesem Abend wechselte ich keinen Blick mehr mit ihm.

„Sollte Armand morgen fieberfrei sein, gönnt ihm noch einen Erholungstag, dann könnt ihr weiterreiten. Aber Vorsicht, ihr dürft Armand nicht überanstrengen. Bilary wirkt bei Pferden ähnlich wie eine Art der Malaria beim Menschen. Es macht sich in Fieberschüben bemerkbar und kann immer wieder auftreten, auch wenn keine neuerliche Übertragung durch Zecken erfolgt ist“, erklärte Rob. Wie wichtig diese Bekanntschaft mit dem Tierarzt sein würde, sollte sich im Laufe der Reise noch herausstellen.

Rob Jacksons Medizin wirkte über Nacht, Armand war fieberfrei, und wir brachen am übernächsten Morgen Richtung Norden auf.

An der in unmittelbarer Nähe befindlichen Tankstelle wollte ich mich noch schnell mit Vorräten eindecken. Allerdings – schnell ging hier gar nichts. Ein großer Unterschied im Kundenservice gegenüber Südafrika war sowohl in der Bank als auch an der Grenztankstelle zu beobachten. Der Shop sollte laut Türbeschriftung 24 Stunden geöffnet haben, aber dem war nicht so. Die verantwortliche Dame schnarchte, genüsslich in Decken gehüllt, auf der Bank vor dem Eingang. Ich weckte sie vorsichtig und entschuldigte mich.

„No problem“, krächzte sie gähnend und sperrte im Zeitlupentempo den Laden auf. Ich hatte nicht den Eindruck, dass es der netten Angestellten darum ging, den Umsatz zu heben. Sie war nicht unfreundlich, wirkte aber unendlich gelangweilt. Auf ihre beiden Ellenbogen gestützt, fragte sie mich nach meinem Namen, ob ich verheiratet sei, woher ich komme, wohin ich gehe, warum meine Kinder nicht hier seien usw. Auf jede Antwort folgte ein entsetzlich in die Länge gezogenes „Ähhh . . .“, was nichts anderes bedeutete als „Ja“. Erst nach dieser in diesem Lande offenbar gebräuchlichen Höflichkeitsfloskel erlaubte sie mir endlich, meine Bestellung aufzugeben. Allerdings auch nur einen Posten nach dem anderen. Bestellte ich zwei Dinge auf einmal, reagierte sie sogleich überfordert. Sie zwang mich, ihr Tempo anzunehmen. Das Addieren der Rechnung und die Herausgabe des Restgeldes erledigte sie mit einer Bedächtigkeit, wie ich es davor noch nie gesehen hatte. Die Zeit stand buchstäblich still.

Der weise Ausspruch eines Maasai, den dieser mir später in Tansania entgegenhalten sollte, war charakteristisch für die Grundideologie der Menschen in Afrika:

„Ihr Weißen besitzt die Uhren, wir die Zeit!“

Obwohl die Grenzschranke nur einen Kilometer weit entfernt lag, war hier plötzlich alles anders. Zum ersten Mal spürte ich Afrika. Es war ein erhebendes und zugleich aufregendes Gefühl. Die Tatsache, dass in Europa oder Amerika neuerdings Seminare zur „Erlernung der Langsamkeit“ angeboten werden, schien mir angesichts meiner Erfahrungen der letzten Tage völlig absurd.

Ein lang gezogenes Asphaltband rollte sich vor uns aus. Die Stacheldrahtzäune waren verschwunden. Was sollte man hier auch einzäunen? Sand und dürres Buschwerk säumten die Straße. Nur ab und zu sahen wir vereinzelt Lehmhütten, die sich harmonisch in die Landschaft schmiegten. Wir ritten durch dünn besiedeltes Gebiet.

Botswana hat bei einer Größe von Frankreich kaum mehr als 1,6 Millionen Einwohner, und die meisten davon leben in den Städten Gaborone, Francistown und im fruchtbareren Norden des Landes. Damit ist es nach der Mongolei das Land mit der geringsten Bevölkerungsdichte.

Westlich von uns breitete sich die Kalahari aus. Mit einer Fläche doppelt so groß wie Deutschland ist sie das dominierende Landschaftsgebiet im südlichen Afrika. Sie ist die letzte Zuflucht der San-Buschmänner, eines Volkes, deren Kultur sich seit der Steinzeit nicht verändert hat. Seit über 10.000 Jahren dominieren die kleinwüchsigen San die Weiten des südlichen Afrikas. Durch ihre Körpergröße von höchstens 1,50 Meter ähneln sie den Pygmäen des zentralafrikanischen Regenwaldes.

Das Vordringen der Weißen vom Südzipfel Afrikas und der schwarzen Völker aus den östlichen Teilen des Kontinentes hatte die San in die unwirtliche und schwer zugängliche Wildnis der Kalahari getrieben. Heute existieren nur noch etwa 40.000 Individuen. Die 25.000 San Botswanas leben schon inmitten der restlichen Bevölkerung und verdingen sich größtenteils als Viehhirten. Nur noch 4000 bis 5000 folgen dem traditionellen Lebensstil als Jäger und Sammler. Obwohl sie Meister im Jagen sind, ist nicht Fleisch, sondern Pflanzen und Wurzeln ihr Hauptnahrungsmittel. Ein herausragendes Merkmal ihrer Lebensweise und des sozialen Verhaltens ist der feste Glaube an Zusammenarbeit und das Vermeiden von allem, was zu persönlichen Konflikten führen könnte. Privateigentum gibt es nicht. Selbst das erlegte Wildbret wird nach bestimmten Regeln aufgeteilt. Ein San-Buschmann entnimmt niemals mehr von dem Boden oder dem Wildbestand, als er zum Überleben braucht. Es gibt in der langen Geschichte dieses Stammes keinen Hinweis darauf, dass sie jemals ihre Umwelt unnötig ausgebeutet hätten. Dies macht sie zu den wohl ältesten noch lebenden Naturbewahrern der Welt. Sie sind ausgezeichnete Jäger, und zahlreiche Anekdoten über ihr enormes Durchhaltevermögen, über ihre scharfen Augen und ihre unglaublichen Fähigkeiten im Fährtenlesen sind überliefert. Sie sind bekannt dafür, dass sie ein Tier im Trab über mehr als 30 Kilometer ohne Pause verfolgen können.

Der Bogen der San ist klein und leicht. Die Pfeile wirken zerbrechlich. Der Buschmann verlässt sich zum Töten des Tieres auf Gift, das er aus einer Mischung aus Blättern, Beeren, Spinnen, Raupen, Maden, zerstampften Käferlarven, Schlangengift und giftigen Zecken herstellt. Dies wird zu einem Brei verarbeitetet, der giftig genug ist, selbst das größte Tier zu töten. Bis heute ist kein Gegengift vorhanden. Eine Antilope kann, nachdem der Pfeil gesetzt ist, noch bis zu 15 Kilometer laufen, bevor sie zusammenbricht. Der Buschmann folgt dicht auf, unter Anwendung seiner besonderen Fähigkeit, Trittmuster zu lesen und zu interpretieren.

Wir übernachteten meist in der Nähe von Tankstellen, da an diesen Orten nicht nur die Wasserversorgung für die Pferde gesichert, sondern auch für unser leibliches Wohl gesorgt war.

Lobatse war nach drei Tagen erreicht.

Unser Lager hatten wir etwas außerhalb der Stadt aufgeschlagen. Nachdem die Pferde versorgt waren und für das Zelt eine halbwegs ebene Stelle gefunden worden war, bekamen wir Besuch von einem Polizeibeamten und einer Beamtin, die uns höflich aufforderten, dass einer von uns in das nahe gelegene Wachzimmer mitkomme. Esther breitete vor dem Polizeichef alle möglichen Papiere aus und beantwortete die üblichen Fragen über Gesundheit, das Wetter und die Familie. Zum Abschluss erklärte der hochdekorierte Uniformierte:

„Ihre Papiere sind in Ordnung. Sie sind herzlich willkommen. Indem wir Ihnen erlauben, hier zu nächtigen, sind wir auch verpflichtet, die Verantwortung für Ihre Sicherheit zu übernehmen. Ich möchte Sie daher darauf hinweisen, dass es in unserem Land Frauen nicht gestattet ist, Hosen zu tragen." Esther blieb die Luft weg.

„Aber mit einem Rock auf dem Pferd zu reiten ist gefährlich, könnten sie nicht eine Ausnahme machen", erwiderte sie mechanisch.

Der Respekt einflößende Beamte entpuppte sich als Charmeur:

„Okay, ich mache eine Ausnahme", meinte er nach einer Pause augenzwinkernd. „Ich gehe mit Ihnen, um Ihnen einen geeigneten Platz für das Nachtlager zuzuweisen."

„Das ist sehr nett, aber wir haben einen guten Platz gefunden. Die Pferde haben ein wenig Gras, in der Nähe befindet sich ein Wasserhahn, es ist alles perfekt." Esther geriet ins Stocken.

Der Beamte ließ sich nicht abhalten, sondern ging mit Esther und einer kleinen Kompanie im Schlepptau aus dem Polizeigebäude hinaus.

„Dieser Platz hier ist viel besser als der, den Sie sich ausgesucht haben", er wies auf eine Stelle zehn Meter weiter rechts von unserem Rastplatz.

Es blieb uns nichts anderes übrig. Wir mussten der Staatsgewalt Folge leisten und das Zelt umstellen. Der Polizeichef war mit seiner Machtdemonstration zufrieden und amüsierte sich königlich.

„Wenn Sie mir versprechen, uns einige Abzüge zu schicken, dürfen sie mich auch fotografieren", vermerkte er im Befehlston, während er sich mit stolzgeschwellter Brust neben Roland in Pose stellte. „Und meine Mitarbeiter hätten sicher auch gerne Fotos mit Euren wunderbaren Tieren, als Erinnerung."

Ich schoss einige Fotos, und dann noch viele weitere, indem ich nur so tat, als würde ich den Auslöser betätigen.

Wieder hatten wir eine Lektion gelernt. Bevor wir unser nächstes Nachtlager aufschlugen, würde es besser sein, bei der Polizei oder Stadtbehörde vorbeizuschauen und „Guten Tag" zu sagen. Mit dem Abgang der Uniformierten zogen auch die Schaulustigen ab. Nur die Kinder konnten dem außergewöhnlichen Anziehungspunkt nicht widerstehen. Sie blieben bis Einbruch der Dunkelheit. Ich ließ mich dadurch nicht beirren, las mein Buch auf der Decke vor dem Zelt, während Esther Tagebuch schrieb.

Als ich dalag und die Welt rings um mich vergaß, nahm ich allmählich einen unangenehmen Gestank wahr. Er irritierte mich so sehr, dass ich aufstand, um in der Umgebung nach der Ursache desselben zu forschen. Einige Meter hinter dem Zelt befand sich ein Graben mit einem ausgetrockneten Flussbett, und dahinter erstreckte sich ein kleines Wäldchen. Der Geruch wurde immer abscheulicher und führte mich geradewegs zu einem der höchsten Bäume, die dort standen. Da erblickte ich unweit davon den leblosen Körper eines Hundes, der an einem Strick von einem starken Ast baumelte. Die Augen hatte er weit aufgerissen, und die Zunge hing heraus. Eine schleimige Flüssigkeit tropfte auf den Lehm. Tausende Fliegen schwirrten umher und hatten begonnen, sich an dem Kadaver gütlich zu tun. Es schauderte mich bei dem Anblick. Einige Jugendliche, die mir gefolgt waren, lachten und hüpften vor Freude, als sie mein entsetztes Gesicht bemerkten. Einer der Halbwüchsigen fühlte sich bemüßigt, mir auf Englisch zu erklären, was dies zu bedeuten hatte:

„Er hat Hühner gestohlen und dafür seine gerechte Strafe erhalten", berichtete er stolz.

Ich war empört, aber gleichzeitig wurde mir meine Unwissenheit über diesen Kontinent schockierend bewusst. Es würde noch lange dauern, bis ich die Denkungsweise der Menschen hier verstand.

Auf dem Weg nach Gaborone machten wir immer wieder Bekanntschaft mit netten und hilfsbereiten Leuten. So kam es des Öfteren vor, dass vorbeifahrende Autofahrer ihre Geschwindigkeit verringerten, die Fenster öffneten und fragten, ob wir etwas brauchten, ob auch alles okay sei. Wildfremde Menschen versorgten uns mit eisgekühlten Getränken. Für einige waren wir schon alte Bekannte geworden. Sie legten extra eine Zigarettenpause ein, um mit uns über die Reise zu plaudern und die neueste Entwicklung zu erfahren. Umgekehrt erhielten wir Bescheid über die Wasserlage oder wo es eine gute Stelle zum Nächtigen gab. So kam es, dass wir über kurz oder lang begannen, uns heimisch zu fühlen in diesem Land.

Tagsüber verbrannte die Sonne unbarmherzig die letzten Reste der jungen, grünen Halme am Straßenrand und verwandelte sie zunächst in gelbe und dann in graue Stacheln, die nur mehr dazu dienten, die Windrichtung anzuzeigen. Kein Wölkchen trübte den afrikanischen Himmel. Nachts allerdings fiel das Thermometer auf annähernd null Grad. Der Tau haftete dann stundenlang an den Pflanzen. Manche Wurzeln und Blätter saugten sich jede Nacht voll, um so die trockene Tageshitze schadlos überstehen zu können.

Probleme bescherte uns immer wieder die Wasserbeschaffung und das Finden geeigneter Rastplätze mit Gras. Die Dörfer lagen sehr weit voneinander entfernt, und wir mussten mittags und abends die Pferde tränken. Seit Kurzem hatten wir zusätzlich zu unserem Gepäck auch noch 15 Kilo Mais für die Pferde geladen. Da das Raufutter (trockenes, viele Faserstoffe enthaltendes Futter) für die Verdauung der Pferde sehr wichtig war, nutzten wir jedes kleine Fleckchen mit Grasbewuchs, sogar wenn ersichtlich war, dass sich kaum noch Eiweiß oder Vitamine darin befanden.

Armand war wieder der Alte, leistungsfähig und guter Dinge. Er schien völlig gesund zu sein. Trotzdem kontrollierte ich abends und morgens seine Temperatur.

Bald näherten wir uns der Hauptstadt Gaborone. Wir hatten gut geplant: An der Stadtausfahrt lag eine große Tankstelle und dahinter ein idealer Rastplatz mit Grasbewuchs. Dort machten wir Halt. Und im selben Moment erblickten wir einen Wagen, der hinter der Tankstelle abbog und sich querfeldein in unsere Richtung bewegte. Es war Rob. „Habt ihr Lust auf ein kaltes Bier?“, rief er, „für die Pferde gibt's auch einen Leckerbissen.“

Er öffnete die Hintertüre seines Landcruisers und beförderte zwei Ballen bestes Heu zu Roland, Bucki und Armand, die hinter dem Zelt an einem Zaun angebunden waren. Auf einem der Ballen nahmen wir Platz und prosteten uns zu. Es blieb nicht bei einem Bier. Wir waren in Feierstimmung und unterhielten uns noch lange am Lagerfeuer mit ungehinderter Sicht auf den imposanten Sternenhimmel der südlichen Hemisphäre.

Rob lud uns ein, den nächsten Tag in seine Praxis in Gaborone zu kommen. „ ... und vergesst eure Wäsche nicht, ihr könnt sie bei mir in die Waschmaschine werfen“, rief er uns grinsend zu, als er ins Auto stieg. Wir sahen nämlich beide nicht mehr besonders adrett aus. Seit Ramatlabama hatten wir nicht mehr geduscht. Unsere Körperpflege beschränkte sich auf Hände- und Gesichtwaschen und Zähneputzen. Der Reißverschluss meiner ach so teuren Spezialreithose hatte sich verabschiedet. Notdürftig hielt ich meine heiligen Teile mit einer Sicherheitsnadel unter Verschluss. An beiden Knien lugte nackte Haut hervor. Diese Hose sah schick aus und war mir als Spitzenqualität angepriesen worden. Eine eindeutige Hochstapelei. Esthers Billighose aus dem Armyshop hingegen war immer noch tadellos in Ordnung.

Am Tag darauf wurde also die Wäsche gewaschen, ich rasierte meinen Rauschebart und Esther sich die Beine glatt. Welche Glücksgefühle doch eine Dusche hervorrufen konnte! Ein buchstäblicher Freudenrausch erfasste mich, als das lauwarme Wasser auf meinen Kopf prasselte, am Körper entlangrann und dann in einem sich entgegen dem Uhrzeigersinn drehenden Strudel im Bodenabfluss entwich. Frisch regeneriert, stürzten wir uns danach wie normale Touristen in die sehr moderne Metropole Botswanas.

Aber hier waren ebenso Pflichten zu erledigen. Die nächsten Papiere für den Grenzübertritt nach Sambia mussten besorgt und die Reisedokumente zum Überschreiten der Veterinärzäune innerhalb Botswanas ausgestellt werden.

Zunächst war ein Besuch bei „Mr. Bock“ angesagt. Er war der Beamte, der für die Ausstellung der Einfuhrpapiere verantwortlich war. Dank Esthers Vorbereitung funktionierte alles wie am Schnürchen. Aber auch Hut ab vor der botswanischen Bürokratie. Keine Korruption war bemerkbar. Wenn das Gesetz eine Richtlinie vorgab, dann wurde sie auch eingehalten. Kein Wenn und Aber oder das Befinden eines Beamten entschieden in diesem Lande über die Korrektheit eines Dokumentes oder die Auslegung einer Verordnung. Esther, die an die deutsche Gründlichkeit gewöhnt war, kam dieses System sehr zugute.

Botswana ist durch sogenannte Veterinärschutzzäune unterteilt. Mit diesen Zäunen, die zwischen den 60er und 70er Jahren (ohne genaue Kenntnis der Migrationsbewegungen der Herden) errichtet wurden, soll eine Verbreitung der gefürchteten Maul- und Klauenseuche und anderer Rinderkrankheiten verhindert werden. Durch die künstlichen Begrenzungen werden Wildtieren die natürlichen Wanderbewegungen und der Zugang zu Wasser verwehrt. Oftmals kommt es vor, dass sie in den eineinhalb Meter hohen Drahtverhauen stecken bleiben und verenden. Langfristig will man, auch im Hinblick auf den lukrativen Tourismus, die Fehler von früher korrigieren und durch die Schaffung von Wanderkorridoren zwischen den Nationalparks und Schutzgebieten eine Wiederbesiedlung der noch intakten Lebensräume ermöglichen. In regelmäßigen Abständen überprüft ein Kontrollposten, dass kein Frischfleisch quer durch das Land transportiert wird. An der Grenze Simbabwes besitzt dieser Zaun auch noch die zusätzliche Aufgabe, die Einwanderung aus diesem Lande zu regulieren.

Mr. Bocks Aufgabe war es nun, einen Laufpass für das ungehinderte Passieren dieser Blockaden auszustellen. Nach fachkundiger Durchsicht der Impfzeugnisse, Abstammungsurkunden, Erkennungsmerkmale, Empfehlungsschreiben und was es da sonst noch alles gab, stellte er schließlich ein Papier aus, das uns durch alle Kontrollposten schleusen sollte, und ein weiteres zum Verlassen des Landes. Bock entpuppte sich als ausgesprochen zuvorkommend. Alles okay, Stempel, Unterschrift, erledigt. Ich hörte förmlich, wie Esther der sprichwörtliche Stein vom

Herzen fiel. Hätte sich Mr. Bock quergestellt, wäre nur mehr ein Umweg über Simbabwe infrage gekommen. Dies hätte angesichts der politischen Lage in diesem Land zu größeren Problemen führen können, einen Zeitverlust von zwei Monaten verursacht und unsere Pläne durchkreuzt.

Der nächste Gang war zur Botschaft Sambias. Auch dort gab es keinerlei Probleme. Innerhalb von 15 Minuten hatten wir unsere Visa. Wir machten uns ein paar gemütliche Tage und nutzten die Gelegenheit, unser Gepäck wieder in Ordnung zu bringen. Als ich die untersten Winkel des Medikamentensackes inspizierte, offenbarte sich mir eine gewaltige Sauerei. Sämtliche Cremetuben waren geplatzt und hatten sich mit all den schönen, von *Ratiopharm* und *Claxo Smith & Cline* gesponserten Pillen vermischt. Die kärglichen Reste, die noch in Ordnung waren, entfernte ich aus der Originalverpackung und fixierte sie zwischen zwei Klebestreifen. Da wir demnächst in Malariagegenden kommen würden, mussten wir auch mit der Prophylaxe schon beginnen. Es galt nun, einmal wöchentlich eine Pille Lariam zu schlucken.

Nach einer dreitägigen Regenerationsphase war der Abenteuergeist wieder voll entflammt. Gut gelaunt, machten wir uns auf den Weg. Roland, Armand und Bucki hatten sich an das Wanderleben gewöhnt und schienen auch motiviert, endlich wieder unterwegs zu sein. Die Freude hielt sich bei ihnen aber bald in Grenzen. Das ohnehin schon spärlich vorhandene Gras verschwand nun gänzlich. Sand in allen Farbschattierungen erstreckte sich entlang der Straße. Der einzige Bewuchs, der dem lebensfeindlichen Klima standhielt, waren Mopanebäume und Dornengestrüpp. Die Straße diente den Pflanzen als eine Art Wasserspeicher. Dadurch fanden sich nur knapp an den Asphalträndern vereinzelt grüne Halme. Ab und zu stießen wir auf ausgetrocknete Flussbette, wo einige Halme ihre Spitzen der alles verbrennenden Sonne entgegenstreckten. Jede noch so kleine Ansammlung von dürren Grasbüscheln nützten wir für eine Rast, um unseren Lieblingen etwas Abwechslung in ihrem Speiseplan zu gewähren. Die Wassersuche stellte sich als eine Art Lotteriespiel heraus. Nie konnten wir sicher sein, abends Wasser zu finden. Die Einheimischen reisten in der Regel nicht, und wussten daher auch nicht, ob sich in 20 Kilometer Entfernung eine „Cattle-Post" befindet. Dies ist eine Rinderfarm im Busch, die mit einer Dieselpumpe ausgestattet ist. Angestellte oder die Besitzer selbst beaufsichtigen und versorgen die Tiere und warten die Pumpen. Viele in den Städten wohnende Botswana leisten sich solch kleine Viehzuchtbetriebe.

Die Informationen der hilfsbereiten und überaus freundlichen Leute bestanden meistens aus zwei Aussagen. Entweder es befand sich Wasser „near-by", was bedeutete, dass man Wasser innerhalb eines Tages erreichen konnte, oder „far away", was soviel hieß, dass zumindest eine Übernachtung nötig war, um bis zum nächsten Brunnen zu gelangen. Um Fremden gegenüber höflich zu erscheinen, aber auch um nicht dumm oder ungebildet zu wirken, ließen die Menschen ihrer Fantasie freien Lauf. Als wir unsere Fragestellungen präzisierten und wissen wollten, wie viele Stunden es dauern würde, waren die Angaben noch widersprüchlicher, denn Zeit spielte keine Rolle, und kaum jemand besaß eine Uhr.

Wir mussten uns also selbst helfen. Immer wieder stießen wir auf Spuren von Viehherden. Und da diese Tiere auch trinken mussten, folgten wir ihren unübersehbaren

Tritten im Sand, um an die begehrte Wasserstelle zu gelangen. Zusätzlich half uns die gewisse Horchtechnik: Das Geräusch der Dieselpumpen war über weite Strecken hinweg zu hören. Hatten wir das mittlerweile vertraute Tuckergeräusch wahrgenommen, folgten wir zügig dem lebensspendenden Lärm. Allerdings bedeutete dies auch immer einen Wettlauf mit der Zeit, denn nach Einbruch der Dunkelheit wurden die Pumpen abgestellt. Aber wir hatten Glück, es funktionierte fast immer. Und nach einigen Tagesreisen hatten wir schon eine beachtliche Routine im Aufspüren von Wasser entwickelt.

Das Leben auf einer Cattle-Post ist außerordentlich hart. Die Viehhüter mit ihren Familien fristen ihr Dasein in ärmlichsten Verhältnissen. In besonderen Dürreperioden kann es passieren, dass der gesamte Bestand an Tieren verhungert, weil der Boden keine Nahrung mehr bietet. Meist versiegen dann auch die Brunnen, und die Leute werden ihrer Lebensgrundlage beraubt.

In diesem Jahr herrschte wieder einmal große Dürre. Wer geschickt war, hatte seine schwächsten Tiere verkauft, bevor sie verhungerten. Sowohl Wasser als auch Holz waren in dieser Region äußerst knapp.

„Wir können euch leider nicht viel bieten, aber ich habe meine Leute beauftragt, für euch Feuerholz zu sammeln", bekamen wir von den Viehhirten zu hören, als wir uns auf einer Farm einfanden. Das Holz musste von sehr weit hergeholt werden. In der näheren Umgebung war nicht einmal das kleinste dürre Zweiglein zu finden, und die Nächte waren empfindlich kalt. Ich war gleichzeitig beeindruckt und beschämt angesichts dieser Geste, die uns den Aufenthalt so angenehm wie möglich gestalten sollte. Trotz ihrer Armut wirkten die Leute glücklich und zufrieden. Später versuchte ich, mich manchmal mit einem T-Shirt oder einer Einladung zum Essen zu revanchieren. Das wurde oft nur sehr zögerlich angenommen. Eine Einladung zum Essen wurde mehr als einmal dankend abgelehnt, weil man bemerkte, dass unsere Vorräte nur für zwei reichten.

Mein Orientierungssinn ließ mich regelmäßig im Stich, wenn es darum ging, von diesen Viehstationen mitten im Busch wieder auf die Hauptstraße zurückzufinden. Die Pfade waren verwinkelt, Anhaltspunkte zur Orientierung fehlten, alles sah gleich aus. Nur Sand und Mopanebäume. Esther aber funktionierte hervorragend als Navigator. Sie war so geübt in der Richtungsbestimmung per Sonnenstand und Uhr, dass ich mich blind auf sie verlassen konnte.

Die letzten Reisetage waren beschwerlich gewesen: stark wechselnde Tag- und Nachttemperaturen und sich kaum ändernde Landschaftsverhältnisse, Staub, Sonne, Grasmangel und die Sorge um das Wasser. Aber wir kamen gut und ohne Zwischenfälle voran. Manchmal löste diese monotone Gegend einen fast hypnotischen Zustand in uns aus. Zwischen den Unterhaltungen, die wir führten, lagen oft Gesprächspausen von mehreren Stunden. Der synchrone Bewegungsablauf zwischen Pferd und Reiter war so in Fleisch und Blut übergegangen, dass schon die Vorstellung an eine Richtungs- oder Geschwindigkeitsänderung die Pferde veranlasste, dementsprechend zu reagieren.

Es hatte sich so eingespielt, dass Esther, nachdem sie ihre Tagebuchaufzeichnungen auf den neuesten Stand gebracht hatte, zu Bett ging. Ich hingegen erledigte den Abwasch und sah noch einmal nach den Pferden. Dann war ich alleine mit mir, eingehüllt von der afrikanischen

Nacht. Wenn mir vor Erschöpfung die Augen nicht vorzeitig zufielen, ließ ich es mir nicht nehmen, eine letzte Pfeife am Lagerfeuer zu paffen. In Harmonie mit der makellosen Dunkelheit und den geheimnisvollen Geräuschen des schwarzen Kontinents dachte ich über mein Leben nach. War das überhaupt mein Leben? Lebte ich nicht das eines anderen? Die Musik, die mir so am Herzen gelegen hatte, war aus meinem Bewusstsein verschwunden. Ohne es zu bemerken, war ich mir fremd geworden. Oft betrachtete ich meine mit Schwielen übersäten Finger. Die schwere Arbeit hatte sie unbeweglich gemacht. Sie waren einmal trainiert gewesen, fast automatisch im richtigen Moment die richtige Klappe zu treffen. Die Angst, nie wieder ein Saxophon spielen zu können, übermannte mich. Konnten diese schmerzenden Hände mit ihren aufgerissenen Fingern jemals wieder die jahrelang geschulte Fertigkeit erlangen? Den Gedanken, nach einem Jahr zurückzukehren, im Orchestergraben Platz zu nehmen und Musik zu machen, fand ich beängstigend. Warum bloß war ich auf Reisen gegangen? Um zu erkennen, was ich liebte? Ich fühlte Einsamkeit aufkeimen, wenn diese Fragen auftauchten. Bevor ich das letzte Holzstöckchen in das Feuer legte, spielte ich dann immer einen alten Jazzstandard. Bass und Klavier fügten sich in meiner Vorstellung perfekt zu dem Rhythmus, den die Zikaden mir vorgaben. Für einen kurzen Augenblick verschwand das große Abenteuer in einem mächtigen Schatten. Ich pflegte das Stöckchen in die letzten Reste der Glut zu legen, es flammte dann auf und erlosch Augenblicke später gemeinsam mit meiner Leidenschaft. Diese Zeremonie war zu meinem unablässigen geheimen Ritual geworden.

Als wir Mahalapye, mit 45.000 Einwohner eine für botswanische Verhältnisse große Stadt im Norden des North District, erreicht hatten, stoppten wir an einem Supermarkt, um nach Ponchi zu fragen. Auch sie eine Bekannte Rob Jacksons, der uns immer wieder wie ein Schutzengel erschien. Ihm war es zu verdanken, dass wir auch jetzt wieder eine gute Übernachtungsmöglichkeit für uns und die Pferde vorfinden sollten. Der Fleischermeister des Supermarktes kannte Ponchi. Er meinte, Ponchi sei nicht hier. Sie würde erst morgen wieder zurückkehren, aber wir könnten sicher auf ihrem Grund unser Lager aufschlagen. Er schickte uns dann jemanden vorbei, der uns die Schlüssel zu Ponchis Haus übergab; wir waren sprachlos über ein solches Vertrauen.

Ponchis Bungalow war gemütlich eingerichtet. Die Küche sah aus, als würde hier regelmäßig gekocht und geschlemmt werden. Ich hatte einen Blick dafür. Ein reichhaltiges Sortiment an Gewürzen, teures italienisches Olivenöl, feinster Balsamico-Essig aus Modena, Küchenmaschinen und diverse Spezialutensilien ließen darauf schließen. Die Wohnräume waren großzügig konzipiert. Der offene Kamin und die afrikanischen Holzschnitzereien harmonierten exzellent mit der sonst modernen Einrichtung. Ponchi hatte Geschmack, das war offensichtlich.

Wir hatten uns gemütlich eingerichtet und die Routinearbeit erledigt, als ein Landrover durch die hintere Einfahrt rollte: Es waren Ponchi und ihre fünfjährige Tochter Gina. Ponchi verkörperte das, was man in unseren Breiten eine Powerfrau nannte. Sie managte eine Großtankstelle, dazu noch andere kleine Geschäfte und war Alleinerzieherin. Durch ihre rundliche Figur und die geringe Körpergröße war ihr Alter schwer zu schätzen. Das blauschwarze Haar war zu einem Pferdeschwanz zusammengebunden und verlieh ihrem Gesicht mit den dunklen mandelförmigen Augen einen indianischen Ausdruck. Aber Ponchi war eine geborene weiße Botswana, hatte die Schule in Südafrika besucht und war nach Beendigung ihrer Ausbildung wieder in ihre Heimat zurückgekehrt. Ich lag mit meiner Einschätzung, von der Küchenausstattung auf die Besitzerin zu schließen, völlig richtig. Ponchi war dem Genuss nicht abgeneigt. Wir verstanden uns auf Anhieb. Sie vertraute mir sogleich ihre Küche an, weil Esther von meinen Kochkünsten geschwärmt hatte, und so ließen sich die beiden Damen und die junge Prinzessin von mir kulinarisch verwöhnen. Tagliatelle Carbonara mit frischem Gartensalat, ein trockener La Doria aus Piemont und das Dessert bestand aus einem Joint, den Ponchi hervorzauberte und der schließlich dazu führte, dass der Abwasch auf den nächsten Morgen verschoben werden musste. Prinzessin Gina befand sich zu diesem Zeitpunkt allerdings schon im Traumland. Die Monotonie der letzten Tage war wie weggeblasen, wir fühlten uns pudelwohl.

Um Ponchis gepflegten Rasen zu schonen, brachten wir die Pferde am nächsten Tag auf eine riesige Viehweide außerhalb der Stadt. Das Stück Land gehörte ebenfalls Ponchi. Dort konnten sich die Tiere von den Strapazen der letzten Tage erholen. Gina erlaubte ich, auf Armand zu reiten. Sie war derart begeistert, dass sie sich sogleich ein Pferd von ihrer Mutter wünschte. Gina war gewohnt, alles zu bekommen, was sie sich wünschte. Ponchi wiederum konnte es sich leisten, die kleine Prinzessin nach Strich und Faden zu verwöhnen.

Ausgeruht und frischen Mutes begaben wir uns nach einigen wunderbaren Tagen wieder auf die Wanderschaft Richtung Serowe. An die bizarre Landschaft hatten wir uns mittlerweile gewöhnt, ja sogar Gefallen daran gefunden. Zur Mittagszeit, wenn die Sonne senkrecht über uns stand, stahl ihre Strahlung dem gelblichen Sand und den herbstlich gefärbten Blättern der Mopanebäume die Farbe. Erst als sie tiefer stand, erlaubte sie dem Silhouettenwald wieder, das bunte Blätterkostüm anzulegen, und verwandelte die unwirklich anmutende Schneelandschaft in die vertraute Halbwüste.

Wieder waren wir auf Cattle Posts angewiesen, um in den Genuss des lebensspendenden Wassers zu kommen. Je drei Nächte lagerten wir bei Viehhirten. Überall wurden wir zuvorkommend behandelt. Das, was die afrikanischen Cowboys tagsüber am Leibe trugen, hatte Ähnlichkeit mit den Lumpen, die man bei uns Vogelscheuchen umhängen würde. Am Abend aber, wenn ihre Arbeit getan war und nur mehr ein Mann zur Bewachung zurückblieb, dann verließen sie das Camp in Anzug und Krawatte, mit tadellosem Schuhwerk. Davor wurde ein Wasser sparendes Bad genommen. Zu diesem Zwecke stellten sie sich in eine kleine Wasserschüssel, seiften ihre Körper komplett ein und schafften es, die weiße Schaumpracht mit weniger als drei Liter klarem Wasser wieder zu entfernen. Es war erstaunlich, wie wichtig für sie Sauberkeit und ordentliche Kleidung waren. Noch erstaunlicher war, dass sie es schafften, diese auch makellos zu halten. Wo sie allabendlich hingingen, wussten wir nicht. Weit und breit befanden sich weder eine Stadt noch eine Kneipe, wo sie mit ihrer Kleidung Eindruck hätten schinden können. Wir kamen uns schäbig vor in unseren zerschlissenen Reitklamotten. Durch mein Loch am rechten Knie konnte man mittlerweile eine Kokosnuss durchschieben, und am linken begann ich ebenfalls großzügig Haut zu zeigen.

Der dichte Busch war kreuz und quer von Pfaden durchzogen. An der Breite konnte man den Weg nach Serowe nicht erkennen. Alle Wege sahen gleich aus. Ob Hauptstraße oder Viehweg, alle ähnelten einander. Wegweiser blieben Wunschvorstellung. Wir verließen uns also auf die Himmelsrichtung. Aber auch das war trügerisch. Der Busch entpuppte sich als Labyrinth. Der Pfad, auf dem wir uns befanden, wies eindeutig nach Norden. Er machte nach zwei Kilometer eine Biegung nach Osten und nach knapp 200 Meter eine weitere nach Süden, genau in die entgegengesetzte Richtung. Es blieb uns also nichts anderes übrig, als den gesamten Weg wieder zurückzureiten und einen anderen auszuprobieren. Dieses Spielchen wiederholte sich einige Male und zehrte an unseren Nerven. Esther machte schließlich den Vorschlag, nur noch nach den GPS-Koordinaten, die uns das Handgerät verriet, quer durchzureiten. Da sie der Navigator war, hatte ich keine Einwände.

Wir fanden eine lichte Stelle, um in den Busch einzudringen. Einige hundert Meter waren wir gut auf Kurs, dann jedoch wurde das Gestrüpp immer dichter, bis wir vor einem undurchdringlichen, natürlich gewachsenen Stacheldrahtzaun stoppen mussten. Das schlaue Gerät zeigte in Richtung Dornenwall. Obwohl uns das Satelliten-Navigationssystem großartige Dienste leistete, hier half es uns nichts. Es war unmöglich, auf direktem Wege nördlich zu reiten. Folglich entschieden wir, dieses Hindernis zu umgehen. Im Zickzackkurs kämpften wir uns unermüdlich weiter, um nach einer weiteren Stunde festzustellen, dass wir laut GPS unserem direkten Ziel nur 100 Meter näher gekommen waren. Mein Hemd war in Fetzen, und ich hatte mir zwei tiefe Kratzer am Rücken eingefangen. Esthers

Arme bluteten, weil sie es vorgezogen hatte, kurzärmelig zu reiten. Ich schwitzte stark und verbrauchte mehr Wasser, als geplant.

Nachdem wir im Sattel nicht weiterkamen, stiegen wir ab und führten die Pferde. Bucki konnte manchmal weder vor noch zurück. Einige Male musste ich ihn mit meiner Panga befreien, indem ich Zweige abhackte, die sich zwischen Gepäck und Körper geschoben hatten.

Verzweifelt stieß Esther hervor: „Wir sind gefangen, wir kommen hier nie wieder heraus, wir drehen uns im Kreise!"

„Wir müssen weiter, genau hier dahinter befindet sich der Hauptpfad. Es kann sich nur um ein paar Meter handeln", versuchte ich sie zu beruhigen, „lass uns eine kurze Rast einlegen und überprüfen, ob die Berechnungen stimmen."

Das Gerät zeigte exakt den 100 Meter entfernten Weg vor uns an, der Richtung Serowe führte.

„Komm weiter, wir schaffen das."

„Nein, tun wir nicht", schrie mich Esther hysterisch an. „Welcher Teufel hat mich geritten, so eine Reise zu machen?" Sie fluchte und schimpfte und konnte sich kaum beruhigen. Noch nie hatte ich sie in einer solchen Verfassung gesehen.

„Du kannst fluchen und schimpfen, so laut du möchtest, das bringt uns jetzt nicht weiter. Lass mich vorgehen, ich mach das schon", beschwichtigte ich sie, aber insgeheim sagte ich mir: „Wenn wir hier nicht herauskommen, sind wir am Ende. Jeder von uns hat nur noch eine Pfütze Wasser. Bei 35 Grad im Schatten reicht das nicht mehr sehr lange!"

Das lichte Blätterdach bot nicht viel Schutz vor der sengenden Glut. Zähneknirschend schwang ich meine Panga und zerfetzte das vor mir liegende Buschwerk. Knapp 15 Minuten später spuckte uns das Dickicht wieder aus. Wir standen auf der Piste nach Serowe. Ziemlich mitgenommen, zerkratzt, aber mit dem Gefühl, einen Sieg errungen zu haben, bestieg ich wieder mein Pferd.

Wir konzentrierten uns auf das vertraute Dieselgeräusch, aber wir vernahmen nur den durch Mark und Bein gehenden Schrei des gelben Hornvogels und das aufgeregte Kreischen der Webervögel, eingebettet in das ohrenbetäubende Konzert der Grillen.

6 Ein vorzeitiges Ende?

Da tauchte unvermutet am Wegrand ein Brunnen mit mechanischer Pumpe vor uns auf! Allerdings wurde unser Enthusiasmus gleich bitter enttäuscht, als ich feststellte, dass das Gerät wahrscheinlich schon vor sehr langer Zeit seinen Geist aufgegeben hatte. Ich ließ mich aber dadurch nicht beirren. Irgendwie musste ich das Wasser doch an die Oberfläche bekommen. Esther und ich schoben mit vereinten Kräften den schweren Steindeckel beiseite. Dann wurden sämtliche Leinen zusammengeknüpft, der mit Steinen beschwerte Falteimer wurde daran befestigt, und schließlich ließ ich ihn in die dunkle Höhle hinabgleiten. Aus mehr als 30 Meter Tiefe schöpfte ich stundenlang Wasser. Eine mühselige Arbeit, da der Falteimer immer wieder zusammensackte und nur wenig von dem kostbaren Nass aufnahm. Die Pferde stürzten sich auf das Wasser und drängten mich ständig, schneller zu arbeiten, indem sie mich mit der Nase anstupsten. Erst nachdem jeder so an die 50 Liter bekommen hatte, gaben sie sich zufrieden. Dann erst kam der Wasserfilter zum Einsatz und beglückte auch uns mit der lauwarmen Kostbarkeit. Dass die Brühe schlammig schmeckte, kümmerte uns nicht

Wir hatten ein gutes Nachtlager mitten im Busch, 30 Kilometer im Umkreis von jeglicher größeren Ansiedlung entfernt. Den letzten vollen Eimer befestigte ich hinter dem Zelt zwischen zwei Baumstämmen, damit die Pferde sich nachts jederzeit selbst bedienen konnten. Noch einmal blickte ich in die beginnende Dunkelheit. Ich nahm unsere drei Pferde, friedlich grasend, in einiger Entfernung wahr, und dann überließ ich mich erschöpft dem Schlaf.

Als ich am nächsten Morgen aufwachte, war es ungewöhnlich still. Kein Gedränge vor dem Zelt, kein Schnaufen, kein Stupsen. Oft weckten uns die Pferde mitten in der Nacht, indem sie mit ihren Nüstern gegen das Zelt stießen, um uns Wassergeber darauf aufmerksam zu machen, dass es Zeit für Nachschub war. Wenn ich zu schläfrig war, vertröstete ich sie auf den Morgen. So war gesichert, dass sie sich nicht zu weit vom Zelt wegbewegten. Sie warteten dann geduldig auf das Morgengrauen. Wenn sie das Scharren des Reißverschlusses hörten, bedrängten sie mich sofort derart, dass ich oft Mühe hatte, aus dem Zelt zu kriechen. Bevor ich etwas zu mir nahm, bekamen sie ihre Ration. Aber diesmal war von unseren Lieblingen weit und breit nichts zu sehen.

Ich setzte die Trillerpfeife ein und rief ihre Namen. Manchmal war es schon vorgekommen, dass sie morgens etwas später aufkreuzten, jedoch in Rufweite waren sie immer gewesen. Ungeduldig blies ich in meine Pfeife. Es blieb ruhig. Weit und breit kein Wiehern, kein Hufgetrappel. Sie schienen wie vom Erdboden verschluckt zu sein. Ich war ratlos. Durch mein Rufen und das wiederholte Pfeifen hatte ich Esther geweckt. Nur Augenblicke später stand sie neben mir und versuchte mit mir, die Pferde durch Pfiffe herbeizulocken. Ich starrte angestrengt auf die Stelle, wo ich sie gestern zuletzt gesehen hatte.

„Sie sind abhängig von uns“, hörte ich Esther beruhigend sagen, „hier ist der einzige Platz, an dem es Wasser gibt, das wissen sie. Ich versuche sie durch die Spuren zu finden.“ Wenig später war sie verschwunden. Und blieb es zwei

Stunden lang. Währenddessen schrie ich mir die Kehle heiser. Als Esther zurückkehrte, war sie den Tränen nahe:

„Es gibt Spuren Richtung Süden, aber irgendwann muss eine Viehherde gekreuzt haben, da habe ich die Fährte verloren.“ Sie ließ sich auf die Decke sinken.

Jetzt versuchte ich es. Bald hatte ich die Spuren entdeckt. Die Trittmuster der Hufeisen unterschieden sich deutlich von denen der Ziegen und Kühe. Ich folgte über zwei Kilometer, dann musste ich ebenfalls aufgeben. Mutlos und enttäuscht kehrte ich zu Esther zurück. Wir mussten handeln, das war klar. Die Sonne stand schon ziemlich hoch. Wir kamen überein, dass ich mich alleine auf den Weg nach Serowe machen würde.

„Ich habe einen Kontakt in Serowe. Zwei Entwicklungshelfer aus Deutschland“, sagte Esther.

„Und wie finde ich diese?“ Die Angelegenheit erschien mir aussichtslos.

„Du musst dich durchfragen. Sie heißen Dani und Christoph, mehr weiß ich auch nicht.“

Ich füllte meine Wasserflasche und ging los. Das GPS zeigte eine Entfernung von 28 Kilometer an. Nach einer trostlosen Stunde hörte ich einen Eselskarren näher kommen. Vielleicht gab es eine Chance mitzufahren? Nein, das Gefährt war mit unzähligen Wasserkanistern voll gepackt, und dazwischen saßen zusammengepfercht, vom Säugling bis zur Urgroßmutter, alle Mitglieder einer afrikanischen Großfamilie. Unter lautem Geschrei trieb ein junger Mann mit kräftigen Stockhieben die geplagten Esel an. Einige Zeit später, ich war schon mehrere Stunden unterwegs, brauste noch eine mögliche Mitfahrgelegenheit mit hohem Tempo an mir vorüber und hüllte mich in eine Staubwolke. Trotz meiner eindeutigen Handbewegung machte der Fahrer des Geländewagens keine Anstalten, seine Geschwindigkeit zu verringern. Er war alleine unterwegs, und ich verfluchte ihn.

Monoton setzte ich einen Fuß vor den anderen, unaufhörlich der glühenden Sonne entgegen. Ich versuchte, mir die Eintönigkeit mit geistigen Saxophonetüden erträglich zu gestalten. Ich wagte nicht, mir auszumalen, wie es weitergehen würde, wenn die Pferde gestohlen worden waren. Gegen 16 Uhr erblickte ich die ersten Häuser von Serowe. Zunächst wollte ich eine Autovermietung finden, um, so gerüstet, eine neuerliche Suche nach den Pferden starten zu können. Aber dieses Vorhaben musste ich bald aufgeben. Niemand wusste etwas über eine Autovermietung. Statt dessen machte ich mich auf die Suche nach Chris und Dani.

Zwei Europäer in einer von Afrikanern bewohnten Stadt zu finden, war nicht schwierig. Man kannte die beiden. Das Haus mit dem gepflegten Garten lag in einem vornehmen Viertel, allerdings war die Zufahrt alles andere als vornehm. Die Straße war von Schlaglöchern übersät.

Dani begrüßte mich anfangs kühl. Mein unerwartetes Erscheinen musste auf sie wie ein Überfall wirken. Aber bald taute sie auf und war überaus kooperativ, als sie erkannt hatte, in welcher prekären Lage wir uns befanden. „Ich habe kein Allrad betriebenes Fahrzeug. Wenn Christoph zurück ist, kannst du gerne den Landrover haben und noch einmal versuchen, eure Pferde zu finden.“

Christoph war im Busch unterwegs, und das Funkgerät funktionierte erst ab sieben Uhr. Ich konnte Dani trotzdem überreden, mit dem PKW zu unserem Lagerplatz zu fahren, um Esther auszulösen. Kurze Zeit später befanden wir uns auf der Piste, auf welcher ich sieben Stunden lang marschiert war. Mit rasender Geschwindigkeit preschte sie durch den oft gefährlich tiefen Sand.

„Wenn ich langsamer fahre, stecken wir fest, darin habe ich Erfahrung“, erklärte sie. Jetzt verstand ich auch ihre Bedenken, mit dem PKW in den Busch zu fahren.

Esther machte einen niedergeschmetterten Eindruck, als wir endlich bei ihr ankamen. Von unseren Pferden war nach wie vor keine Spur. Sie hatte sich bereits ausgemalt, dass die drei geschlachtet und zu Biltong[1] weiterverarbeitet worden waren. War dies das Ende unserer Reise? Nach nur drei Monaten? Auch meine Zuversicht schwand, als ich Esther so mutlos sah.

Obwohl Pferde allgemein einen ausgeprägten Instinkt im Wasserfinden haben, verließen sich unsere verwöhnten Lieblinge darauf, von uns getränkt zu werden. Dass sie sich verlaufen hätten, zogen wir immer weniger in Betracht. Dass sie woanders so saftig grünes Gras entdeckt hatten und deswegen keine Lust mehr verspürten, mit uns durch den trockenen Busch zu reiten, fanden wir ebenfalls abwegig. Wir mussten der Tatsache ins Auge sehen, dass es sich nur um Diebstahl handeln konnte. Jemand musste uns vom Busch aus beobachtet haben, vielleicht die ganze Zeit über, während ich Wasser geschöpft und Esther das Zelt aufgebaut hatte.

„Jetzt kommt mal zu uns, ruht euch aus, und dann planen wir, wie wir die Suche organisieren können. Es ist schon zu dunkel“, meinte Dani tröstend und nahm Esther, der die Tränen über die Wangen liefen, in die Arme.

---

[1] Südafrikanische Spezialität: In Streifen geschnittenes, getrocknetes Rind- oder Wildfleisch mit einer Haltbarkeit bis zu zwei Jahren.

Dani und Christoph gehörten zur seltenen Gruppe von Missionaren, die Ideale hatten und denen der Solidaritätsgedanke noch etwas bedeutete. Die Anliegen ihrer Gemeinde nahmen sie sehr ernst. Vor allem die Aidssituation in diesem Teil des Landes war verheerend und stellte große Anforderungen an die beiden. Aids hatte das Durchschnittsalter innerhalb einer Generation von 69 auf 38 Jahre herabgesetzt. In diesem Zusammenhang erinnerte ich mich an ein Nachtlager und an einen Friedhof. Die Bestattungen fanden unentwegt wie am Fließband statt. Die Inschriften der Grabsteine bezeugten erschütternd, dass kaum jemand das 40. Lebensjahr erreicht hatte. Dennoch wirkten die Beerdigungen nicht trostlos, sondern ähnelten eher Hochzeiten. Die Chöre, welche die Totenfeiern umrahmten, klangen fröhlich und beschwingt. Den ganzen Tag über war die Luft von Gospelmusik erfüllt.

„Der Staat investiert sehr viel Geld in Bildung und muss zusehen, wie die geförderte Elite durch HIV dezimiert wird“, bemerkte Chris.

„Aber es gibt doch mittlerweile wirksame Medikamente, die den Verlauf der Krankheit stoppen“, warf Esther ein.

„Genau, Geld ist auch nicht das Problem, sondern die Einstellung der Menschen. Alte Stammestraditionen sind in jeder Bildungsschicht tief verwurzelt. Nach Einnahme der Medikamente geht es vielen Patienten auffallend besser. Sie halten sich für gesund und führen deshalb die Therapie nicht zu Ende. Voraussetzung, überhaupt in den Genuss einer zielführenden Therapie zu kommen, ist der Zeitpunkt und die richtige Diagnose. Da die Symptome immer verschieden sind, führt der erste Gang die Menschen zum traditionellen Kräuterdoktor. Oft ist es dann für eine Therapie zu spät.“

„Das heißt, mit Aufklärung wäre das Problem in den Griff zu bekommen?"

„Genau darin liegt unsere Aufgabe. Wir versuchen zu informieren und die Leute zu kontrollieren, damit sie ihre Medikamente regelmäßig einnehmen. Manchmal ist die Hilflosigkeit grenzenlos, wenn ich zusehen muss, wie eine Familie ihren Ernährer verliert, vielleicht auch noch die Mutter. Wir haben Hunderte Aidswaisen hier. Immer öfter sind wir mit der Situation konfrontiert, dass es keine Verwandten mehr gibt. Dann müssen wir das Problem in den Griff bekommen, indem wir eine Ersatzfamilie, Nachbarn oder Freunde finden. Es gibt viele Organisationen, die Heime gegründet haben, aber die meisten sind mittlerweile hoffnungslos überfüllt. Manchmal glaube ich gegen Windmühlen zu kämpfen. Auch wenn es nur ein Tropfen auf den heißen Stein ist, kleine Erfolge machen uns glücklich und spornen uns an weiterzumachen."

„Ich verstehe nicht, warum die höhere Bildungsschicht genauso betroffen ist", sagte ich.

„Sie können es sich leisten, öfter die Sexualpartner zu wechseln. Obwohl sie wissen, wie die Krankheit übertragen wird, darf man die Traditionen der Afrikaner nicht außer Acht lassen. Sie sind der Meinung, Schicksal ist etwas Gottgegebenes, das sie ertragen müssen. Wir Europäer glauben, unser Schicksal selbst bestimmen zu können … ein bisschen wenigstens. Da liegt der große Unterschied. Es wird Generationen dauern, bis der Aufklärung entsprechende Handlungen folgen. Dieses Erbe steht in keinem Zusammenhang mit dem Bildungsgrad."

„Es ist allgemein bekannt, dass die katholische Kirche dem Kondom abweisend gegenübersteht, wie geht ihr damit um?"

„Von zahlreichen Kirchen wird eine religiös motivierte und sachlich irreführende Anti-Kondom-Propaganda durchgeführt. Sie halten die Wahrung einer restriktiven Sexualmoral wichtiger als die mögliche Eindämmung durch Kondome. Es wird sogar verbreitet, dass Kondome keinen Schutz bieten würden, weil das Virus 450-mal kleiner ist als die Poren des Latex und es daher ohne weiteres durchschlüpfen kann. So macht zum Beispiel der Erzbischof von Nairobi Kondome sogar verantwortlich für die Ausbreitung von Aids."

Wir diskutierten noch lange, bevor wir zu Bett gingen. Christoph und Dani stellten uns ihr Gästezimmer zur Verfügung. Nach Wochen lagen wir wieder in einem richtigen Bett, mit sauberer Bettwäsche, Kissen und Decken. Aber wegen der Sorge um die Pferde bescherte uns diese selten gewordene Abwechslung keine besondere Freude. Esther machte kein Auge zu. Auch ich döste nur vor mich hin und fand keinen richtigen Schlaf.

Zeitig am Morgen machten wir uns wieder auf den Weg in den Busch. Der Landrover pflügte wie auf Schienen durch den Sand. Unser erster Anlaufpunkt war der Brunnen. Ich stieg aus dem Wagen, und gleich darauf blieb ich wie angewurzelt stehen, weil ich frische Hufspuren am Brunnen entdeckt hatte. Ganz deutlich waren die Abdrucke der Hufeisen zu erkennen. Es konnte sich nur um unsere Pferde gehandelt haben, da in diesem Teil Botswanas Hufeisen unbekannt waren. Wir folgten den Spuren in südliche Richtung. Wenn die Fährte undeutlich wurde, stieg Esther aus und ging vor dem Wagen her, während ich im Schritttempo folgte. Dabei stellte sie fest, dass sich parallel zu den Hufspuren auch Menschenspuren fanden.

Sie schloss daraus, dass die Pferde geführt worden waren. Einige Kilometer folgten wir diesen Abzeichen. Ab und zu fanden wir Pferdeäpfel, die höchstens ein paar Stunden alt gewesen sein konnten. Der Dieb hatte also nur einen geringen Vorsprung.

Etliche Hütten befanden sich an diesem Weg, der jetzt in östliche Richtung verlief. Wir fragten jeden, den wir sahen. Niemand hatte etwas gesehen oder gehört. Merkwürdig! Die Spuren waren eindeutig zu erkennen, und Pferde waren eine ausgesprochene Rarität. Es gab sicher viele Menschen in dieser Gegend, die noch nie in ihrem Leben ein Pferd gesehen hatten. Die Tiere hätten ihnen auffallen müssen. Irgendetwas stimmte hier nicht.

An einer Weggabelung kam uns ein Fahrzeug entgegen. Ich stoppte es und fragte nach den Pferden.

„Nein, tut mir leid“, meinte der Fahrer, ein jüngerer Mann, der noch zwei Mädchen auf der Ladefläche des weißen Pick-ups mithatte. Auch diese zogen die Schultern hoch und schüttelten verneinend den Kopf.

„Ich bezahle 2000 Pula, wenn Sie unsere Pferde finden“, sagte Esther spontan. „Okay“, erwiderte der Fahrer, und dann brauste er in die entgegengesetzte Richtung davon.

Wir nahmen die Suche wieder auf. Aber es dauerte keine fünf Minuten, da war dasselbe Fahrzeug wieder bei uns.

„Wir wissen, wo Ihre Pferde sind“, der Fahrer strahlte.

„Wir haben einen Onkel, er hat sie eingefangen und passt auf sie auf“, plapperte eines der Mädchen. Das andere pflichtete ihm eifrig bei.

„Folgt uns, es ist nicht weit.“

Der Fahrer legte einen Kavaliersstart hin. Er wollte zeigen, was in seinem Pick-up steckte, und ich hatte Mühe, im tiefen Sand zu folgen. Zirka fünf Kilometer rasten wir hinter dem Wagen her, bis die Straße plötzlich endete und er das Fahrzeug in einer Staubwolke zum Stehen brachte. Der nächste Windstoß vertrieb den aufgewirbelten Sand, und dahinter kamen unsere Pferde zum Vorschein. Ein Gatter verhinderte, dass sie flüchteten.

Esther riss die Türe auf, stürzte aus dem Wagen und rannte unseren Lieblingen entgegen. Sie hastete schnurstracks zu Armand, umarmte und küsste ihn. Ich lief zu Roland und inspizierte sofort, ob alles in Ordnung war. Roland hatte eine selbst gebastelte Trense aus Holz im Maul und war klatschnass, völlig verschwitzt. Aber wo war Bucki? Dieser stand ohne Leine etwas abseits. Offensichtlich war er mit seiner Herde einfach mitgelaufen, ohne dass er sich von den unbekannten Leuten hatte einfangen lassen. Ein Prachtkerl! Ich ging zu ihm, klopfte ihm auf den Hals und kraulte ihn hinter seinem Ohr. Esther war überglücklich, sie strahlte über das ganze Gesicht. Ungefähr zehn Leute, Kinder, Frauen und einige Jugendliche beobachteten uns wortlos. Jetzt näherte sich uns der Chef des Clans, ein alter, kleiner Mann. Zwei oder drei Zähne hatte er noch im Mund, und sein kahler Kopf glänzte in der Sonne.

„Ich habe eure Pferde gefunden und in Sicherheit gebracht“, meldete er in gebrochenem Englisch.

„Ich glaube Ihnen kein Wort“, erwiderte Esther wütend.

„Sie haben sich verlaufen, und ich habe sie eingefangen“, beharrte er stolz.

„Ich bezahle die Belohnung, auch wenn Sie mich anlügen“, gab Esther schroff zurück. Sie zückte ihr Portemonnaie und bezahlte den Finderlohn. Der Alte bekam funkelnde Augen beim Anblick des Geldes. Noch nie in seinem Leben hatte er in so kurzer Zeit so viel Geld verdient. Es musste ihm wie ein Lottogewinn vorgekommen sein.

Im Grunde waren die Pferde in Botswana unverkäuflich. Beinahe jeder kannte uns, und er wäre als Pferdedieb entlarvt worden. Er hätte die Pferde zur Feldarbeit verwenden können, aber auch das wäre mit vielen unangenehmen Fragen und dem Neid der Nachbarn verbunden gewesen. Einzig wenn er die Tiere getötet und ihr Fleisch als Rindfleisch verkauft hätte, wäre er vielleicht ungeschoren davongekommen. Wie lange es gedauert hätte, ein solches Vorhaben in die Tat umzusetzen, daran wagte ich nicht zu denken. Ich atmete tief durch.

Sogleich machten sich der Fahrer des Pick-ups, die beiden Mädchen und der alte Mann daran, das Geld unter sich aufzuteilen. Ohne Christoph und Danis Hilfe wäre das Schicksal unserer treuen Gefährten wohl besiegelt gewesen. Wir waren uns beide darüber im Klaren, dass jeder im Busch darüber Bescheid gewusst hatte, wo sich unsere Pferde befanden. Erst Esthers Einfall mit dem Geld hatte die Solidarität zwischen den Einheimischen untergraben. In dieser Hinsicht dürften sich die Menschen doch überall gleichen. Aber uns war jetzt nur wichtig, dass unsere Familie wieder komplett war. Wir hielten uns nicht lange bei dem Clan auf, da wir vor Anbruch der Dunkelheit wieder in Serowe sein mussten.

Zwei weitere Tage genossen wir Christophs und Danis Gastfreundschaft und gewannen interessante Einblicke in die schwierige und aufopfernde Arbeit der beiden. Aus Dankbarkeit schenkten wir ihnen unseren zweiten GPS-Navigator, den wir als Ersatzgerät mitgenommen hatten. Die nächsten 200 Kilometer würden wir alleine auf uns gestellt sein. Aber wir waren zuversichtlich, auch diese Strecke quer durch den Busch nach Mokubilu und weiter nach Nata bewältigen zu können. Die Sorge, Wasser und Gras für die Pferde zu finden, war unser ständiger Begleiter. Mit der Tatsache, dass wir auf Ganzkörperduschen oder gar eine Badewanne für mindestens zwei bis drei Wochen verzichten würden müssen, hatten wir uns abgefunden. All die Annehmlichkeiten der Zivilisation waren für uns schon lange nicht mehr selbstverständlich.

6.1 Armand

Die Tage vergingen, sie glichen einander vollkommen. Der trockene Busch, der salzige, unfruchtbare Boden und die eintönige, flache Landschaft trugen dazu bei, mich von meinen eingefahrenen Denkmustern zu befreien. Dinge, die vor einigen Wochen noch alltäglich waren, die im normalen Leben kaum Beachtung fanden, begann ich zu hinterfragen.

Plötzlich begeisterte mich das Erlebnis, auf einem Stuhl an einem Tisch zu sitzen. An das lauwarme Wasser hatte ich mich einigermaßen gewöhnt. Wie gut aber unser kaltes Hochquellwasser in Wien schmeckte, daran dachte ich nun bei jedem Schluck von dieser Brühe, die entweder die Geschmacksrichtung Schlamm oder Chlor besaß. Ein kleiner Funke von Wehmut überkam mich, wenn ich an die abwechslungsreiche österreichische Küche dachte.

Gaben mir die Entbehrungen ein Gefühl von Unabhängigkeit? Ich konnte es nicht sagen. Das Wichtigste hier war die Anpassung, nicht die Anschaffung von Dingen, die man glaubt, unbedingt besitzen zu müssen. Sich demütig der Natur zu unterwerfen, war unabdingbar. In der ausgedehnten weiten Steppe waren wir nichts weiter als ohnmächtige Zwerge. Unsere Bedürfnisse reduzierten sich auf die elementarsten Dinge des Lebens. Nahrung besorgen, Wasser finden, mit der nächtlichen Kälte und der sengenden Sonne tagsüber zu Rande kommen. Wir konnten uns hundertprozentig aufeinander verlassen, und wir mussten es auch. Wenn nur ein Glied in der Kette ausfiel, war unser Unternehmen zum Scheitern verurteilt. Wir brauchten einander, jeder hatte seine Funktion. Die Bindung zu unseren Pferden war stärker denn je.

So trostlos sich die Landschaft auch darstellte, sie ließ den Himmel mächtiger erscheinen, als ich ihn je wahrgenommen hatte. Wie aus dem Nichts bildeten sich seidene Fäden, die sich kringelten, bis sie zu kleinen Wölkchen geworden waren. Gebannt blickte ich auf die verschiedenen Figuren und Formationen, die ineinander verschmolzen und neue Gebilde erschufen. Manchmal erkannte ich darin vertraute Gesichter oder Tiere. Die Sonne vermochte es, die Aquarelle in den leuchtendsten Farben darzustellen, bevor sie diese wieder unbarmherzig verdampfen ließ. Wie ein Schwamm sog ich das Schauspiel in mich auf. Ich verspürte das Gefühl inneren Friedens, fern aller Eitelkeiten. Ich hatte die innere Abenteuerreise angetreten. Bisher hatte ich dieses Gefühl nur gekannt, wenn ich selbst Musik gemacht hatte. Die Natur war jetzt gleichzeitig Gesetzgeber und Vollzugsorgan. Einzig und allein die Urheberin von Licht, Schatten und Geräuschen. Störfaktoren, wie die Information des täglichen Weltgeschehens oder das ununterbrochene Bombardement der Werbung, waren nicht mehr existent.

Unser nächstes Ziel, der Ort Mokubilo, rückte näher, aber er musste immer noch zwei Tagesreisen entfernt liegen. Es hatte noch kein dringender Ansporn bestanden, Setswana zu lernen, da die Menschen, die entlang der Asphaltstraße lebten, gute Englischkenntnisse besaßen. Aber in diesem abgelegenen Landesteil war es üblich, Setswana zu sprechen. So hatten wir, oder zumindest ich, nur die wichtigsten Worte eingeübt. Esther war im Umgang mit Sprachen immer gewandter, aber auch eifriger im Lernen gewesen als ich. Als Schauspielerin war ihr Gehirn trainiert, sich Texte einzuprägen. Mein Gedächtnis dagegen war geschult, Melodien festzuhalten, was mir hier allerdings nicht sehr von Nutzen war. Während ich mich am Himmel erfreute und meinem inneren Frieden nachspürte, lernte Esther Vokabeln auswendig.

Äußerst selten stießen wir auf Menschen. Aber wenn uns jemand begegnete, ließen wir uns die Richtigkeit unseres nächsten Zielpunktes bestätigen. Dazu genügte es in der Regel, zuerst „Dumela“ – „Hallo“, dann „Mokubilo“ und danach „Sala sentle“ – „Lebe wohl!“ zu sagen. Erwidert wurde diese unbeholfene Fragestellung nach dem richtigen Weg mit dem typischen in die Länge gezogenem „ . . .eeh“. Dies wurde mit einer Armbewegung – immer geradeaus – bestätigt.

An einer Gabelung trafen wir auf eine Gruppe Männer, die in einem gemütlichen Kreis zusammensaßen und sich unterhielten, während wir des Weges kamen. Esther begann mit der bewährten Fragestellung. Mit großen Augen sahen sie entgeistert in unsere Richtung, ohne zu reagieren. Esther wiederholte noch einmal „Mokubilo“ und hob ihre Stimme unmissverständlich am Ende des Wortes, um zu betonen, dass es sich hier um eine Frage handelte. Noch immer starrten uns die Männer zugeknöpft an. Sie hatten keinen blassen Schimmer, was Esther meinte. Neuerlich versuchte sie es. Diesmal zeigte sie mit ihrem Arm in Richtung Kreuzung und akzentuierte ihre Armbewegung, indem sie jeder Silbe einen Weg zuordnete.

„Mo-ku-bi-lo?"

Aber auch dieser Versuch schlug fehl. Ich bemerkte, dass Esther innerlich kochte und wie sie sich bemühte, ihre Gereiztheit im Zaume zu halten. Ihr erschien es unfassbar, dass man sie nicht verstand. Eile und Ungeduld sind bei den Afrikanern verpönt. Ihrer Meinung nach ziehen die Weißen sogar am Gras, damit es schneller wächst.

Nach einer kurzen Gedankenpause und mit einem gequälten Lächeln kam Esther das kleine Wort „Kwa", über die Lippen. Wie von der Tarantel gestochen rissen alle gleichzeitig die Arme in die Höhe und deuteten auf den mittleren Pfad. Dieses Zauberwort hieß bloß „Wo ist ...", aber es verursachte den Blitz der Erleuchtung. Die Männer freuten sich riesig, uns die richtige Auskunft geliefert zu haben. Die finsteren, ratlosen Gesichter hatten sich augenblicklich in strahlende verwandelt. „Ke itumetse!" – „Vielen Dank!" –, und weiter ging die Reise auf dem richtigen Weg.

Mokubilo wäre laut GPS leicht vor Dunkelheit zu erreichen gewesen, da sich die Pfade aber wie wilde Flussläufe durch den Busch schlängelten, waren wir gezwungen, ein Nachtlager in weiter Steppe aufzuschlagen. Die armen Pferde mussten die Nacht über ohne Wasser und ohne Gras auskommen.

Von den Viehhirten hatten wir erfahren, dass die Blätter der Mopanebäume sehr nährstoffreich waren, aber bitter schmeckten, und daher von den Rindern nicht gefressen wurden. Roland begann, in Ermangelung von Gras sich über diese schmetterlingsförmigen Blätter herzumachen.

Armand tat es ihm nach. Nur Bucki konnte sich mit dieser Mahlzeit nicht anfreunden. Mit gesenktem Kopf sah er zu und zog die Augenbrauen hoch, als würde er sich über die kulinarischen Entgleisungen seiner Kollegen wundern. Wir konnten nichts tun, außer hoffen, dass sie diese Nacht und den nächsten Tag bis Mokubilo durchstehen würden. Erschöpft und mit leeren Feldflaschen ritten wir am nächsten Tag in den Ort ein. Unsere großartigen Pferde hatten sich zwei Rasttage redlich verdient.

Von Mokubilo aus ging es dann weiter Richtung Nata. Dieser Ort lag wieder an der Hauptstraße und war das Tor zum fruchtbaren Norden Botswanas. Die Abkürzung durch die Savanne am Rande der Makgadikgadi Pans entlang würde uns mehr als 200 Kilometer ersparen.

Eingedeckt mit Lebensmitteln und Mais, machten wir uns am übernächsten Morgen auf den Weg.

Die Makgadikgadi Pans sind ungefähr so groß wie Portugal. In früheren Zeiten waren diese Salzpfannen von einem riesigen See bedeckt. Man schätzt, dass sie seit 10.000 Jahren ausgetrocknet sind. Nur in der Regenzeit füllen sich die Pfannen. Dann sprießt Gras, und ausgedehnte Wildherden sowie Tausende Wasservögel bevölkern für kurze Zeit die sonst lebensfeindliche Landschaft.

Einige Tage verliefen ohne nennenswerte Vorkommnisse. Ich hielt es nicht für möglich, aber das Gebiet wurde noch trockener, der Sand erschien schneeweiß, der Bewuchs, falls welcher vorhanden war, hatte einheitlich die Farbe Gelb, und der Himmel kontrastierte in Tiefblau. Nur ab und zu erschienen kleine Wölkchen am Horizont, sonst stach die Sonne mit unverminderter Heftigkeit herunter und dörrte den Boden erbarmungslos aus. Nichts gab es, was hätte verdunsten können. Trotz Sonnenbrille war die intensive Sonneneinstrahlung nur mit zusammengekniffenen Augen zu ertragen. Die Farben Grün und Rot fehlten gänzlich. Wenn die Grillen kurzzeitig ihr ohrenbetäubendes Zirpen einstellten, blieb eine gespenstische Stille zurück, welche die Landschaft noch grotesker erscheinen ließ. Da wir dem Winter entgegensteuerten, erreichten die Tagestemperaturen kaum noch 25 Grad. Die trockene Hitze war angenehm und leicht zu ertragen. Doch abends fiel die Temperatur auf den Gefrierpunkt.

Am dritten Tage erreichten wir gegen Mittag einen Veterinär- Kontrollposten direkt an den Pans. Zwei Beamte versahen den Dienst. Eine gute Gelegenheit, die Pferde zu tränken. Man hieß uns willkommen und gewährte unseren Pferden Wasser. Überraschenderweise wollte Armand nicht trinken. Er roch am Wasser, nahm aber nichts auf. Er wirkte apathisch. Ich maß noch einmal seine Temperatur. Das Thermometer zeigte 40 Grad. Ich konnte es zunächst gar nicht glauben, aber das Gerät funktionierte durchaus korrekt.

Weitergehen würde für Armand bei dieser Körpertemperatur ohne Wasseraufnahme den sicheren Tod bedeuten. Nachdem er auch noch zu husten begann, waren Esther und ich alarmiert. Was mochte mit ihm los sein? Am Morgen waren sein Verhalten und seine Temperatur normal gewesen. Wir standen vor einem Rätsel.

Als wir die Beamten baten, uns noch etwas länger zu beherbergen, meinte der Ältere von den beiden: „Ihr könnt gerne dableiben, aber wir haben nicht sehr viel Wasser, wir haben nur dieses eine Fass, und das muss bis Ende der Woche reichen.“

„Wann bekommt ihr neues Wasser?“

„Alle sieben Tage kommt ein Lastwagen und bringt einen vollen Container."

„Das heißt, ihr seid die ganze Zeit über hier alleine?"

„Ja, seit zwei Jahren versehen wir hier unseren Dienst."

„Wie weit ist es bis zum nächsten Telefonsignal?"

„Ungefähr 50 Kilometer von hier ist die Hauptstraße nach Nata, und direkt an der Kreuzung befindet sich eine weitere Veterinär-Kontrollstelle. Ab da gibt es auch Telefonsignal."

Wir zogen uns zurück und besprachen, wie wir vorgehen wollten.

„Okay, wenn der Mond aufgeht, reite ich mit Roland zur Hauptstraße und versuche, einen Transporter zu organisieren", sagte Esther, „ich werde die ganze Nacht durchreiten müssen, das ist die einzige Chance, die wir haben."

Da das Wasser knapp war, konnten wir Armand auch nicht kühlen, um seine Temperatur auf diese Weise zu senken. Sein Zustand wurde immer kritischer. Er hustete unaufhörlich, sein Herz raste und er schwitzte. Offensichtlich hatte er Schmerzen, seinen Kopf hielt er tief, und seine Augen waren nur halb geöffnet. Immer wieder bot ich ihm Wasser an. Aber er trank nicht.

Esther spritzte Penicillin und ein fiebersenkendes Mittel. Die Temperatur blieb dennoch konstant. Es wurde Abend, und Armands Zustand war unverändert. Noch dazu war kalter Wind aufgekommen. Einer der Beamten stellte uns eine gemauerte Rundhütte zur Verfügung, damit Armand nicht dem eisigen Wind ausgesetzt war. Wozu die Hütte sonst diente, wusste ich nicht. Sie war leer, mit einem Blechdach gedeckt, und Armand hatte darin bequem Platz. Unter normalen Umständen hätte ich Armand nicht dazu bewegen können, durch die viel zu enge Tür zu schlüpfen.

Aber in seinem elenden Zustand ließ er alles mit sich geschehen. Er vertraute mir und war sicher, dass ich nur sein Bestes wollte. Sein Körper war völlig nass geschwitzt. Eine riesige Schweißpfütze hatte sich unter ihm gebildet, und der Schüttelfrost war so heftig, dass die ganze Hütte bebte. Ich stellte eine Schüssel mit Wasser bereit, aber Armand trank noch immer nicht. Auch seine Verdauung funktionierte nicht richtig. Vielleicht litt er an einer Kolik, aber eindeutig festzustellen war das nicht. Die letzten Pferdeäpfel hatte ich am Morgen bemerkt.

Ich kochte Bohnen und ließ die beiden Männer an unserer Mahlzeit teilhaben. Wir informierten die Beamten über unseren Plan, und Esther versprach Wasser zu organisieren, um deren Vorrat wieder aufzufüllen. Später im Zelt klärten wir noch die Details der Rettungsaktion.

„Wenn du innerhalb von 24 Stunden nichts von mir hörst, musst du etwas unternehmen“, meinte Esther.

„Du wirst es alleine schaffen müssen“, sagte ich resigniert. „Meine Chancen, von hier aus etwas unternehmen zu können, sind gleich null, aber vielleicht fällt mir noch etwas ein.“

Gegen drei Uhr morgens leuchtete der Mond am hellsten. Esther packte nur das Notwendigste, um Gewicht zu sparen und schnell vorwärts zu kommen. Dann ritt sie los. Ich schlief ein wenig, Bucki kaute am dürren Gras, und der bedauernswerte Armand stand triefnass und hustend in seiner Hütte.

Nach Sonnenaufgang nahm ich wieder Armands Temperatur. Sie war etwas gesunken, lag aber immer noch bei 39,5 Grad. Da ich annehmen musste, dass die Krankheit zusätzlich eine Kolik ausgelöst haben könnte, führte ich ihn den ganzen Vormittag auf dem Gelände herum.

Armands Enthusiasmus hielt sich in Grenzen. Er blieb immer wieder stehen und rührte sich nicht von der Stelle. Mit einem Stock trieb ich ihn an, damit seine Verdauung in Gang käme. Endlich, nach einigen Stunden, ließ er die erhofften Pferdeäpfel fallen. Es handelte sich eher um Fladen als um Äpfel, aber es war besser als gar nichts. Vorerst zufrieden stellte ich ihn wieder in die Hütte zurück.

Ich fragte mich, wie es Esther und Roland in der Zwischenzeit wohl ergangen war. Ich machte mir Sorgen. Seit zwölf Stunden war Esther nun weg. Ich hatte zwar Vertrauen zu Esther, aufgrund ihres Scharfsinns und ihres Durchhaltevermögens hatte sie schon so manches Problem gemeistert, und auch Roland war zuverlässig und stark, aber dennoch beschlichen mich Angst und Sorge. Wie sollten die beiden nach einem anstrengenden 25-Kilometer-Marsch weitere 50 Kilometer bewältigen? Keine Menschenseele wohnte in dieser verlassenen Gegend. Wenn ihnen etwas zustieß, waren sie ganz auf sich alleine gestellt. Ich versuchte mich abzulenken, indem ich mich Armand widmete. Zwischendurch baute ich das Zelt ab und packte unsere Sachen, weil ich jederzeit mit der Ankunft des Transporters rechnen musste. Andauernd blickte ich auf die Uhr. Nichts geschah! Rein gar nichts. Ich saß hier in der Salzwüste fest, mit zwei Pferden, wovon eines schwer krank war, dem gesamten Gepäck und mit zwei Männern, deren Aufgabe es war, die Zeit totzuschlagen. Bucki soff den beiden netten Beamten der botswanischen Veterinärbehörde das Wasser weg, und Armand wiederum war nicht zu bewegen, auch nur einen Schluck zu nehmen. Ich selbst hatte schon Hemmungen, meine eigene Wasserflasche zu füllen.

Armands Zustand war erbarmungswürdig. Das Fieber

war wieder auf über 40 Grad gestiegen. Wenn Esther es nicht schaffte, waren wir geliefert. Das Wasser in dem grünen Standcontainer würde höchstens noch einen Tag reichen. Als die Dämmerung einsetzte, hatte ich meine Hoffnungen fast begraben und ernsthaft begonnen mir zu überlegen, was ich tun würde, wenn jegliche Hilfe ausbliebe. Da blitzten plötzlich am Horizont zwei Lichter auf. Mein Herz begann rasend zu pochen, ich starrte den beiden leuchtenden Punkten entgegen. Manchmal verschwanden sie hinter Hügeln, und mit ihnen auch meine Zuversicht. Bald aber blinkten sie wieder auf. Ja, kein Zweifel, die Lichter näherten sich.

Langsam kroch der LKW auf dem holprigen Weg heran. Ich wurde immer sicherer. Es konnte nur der Laster sein, den Esther organisiert hatte. Nach einer halben Ewigkeit, wie es mir schien, war die Rettung endlich da!

Die beiden Männer öffneten das Tor und ließen den 7,5 Tonnen schweren Viehtransporter einfahren. Esther hatte es geschafft. Jetzt war ich an der Reihe zu handeln und dafür zu sorgen, dass die Pferde so schnell wie möglich aufgeladen wurden. Doch wie brachte man ein Pferd, noch dazu ein krankes, auf eine Ladefläche in fast zwei Meter Höhe? Eine Art Rampe musste her, ein Sandhügel, eine Senke oder Ähnliches. Mit der Taschenlampe suchte ich nach einem geeigneten Objekt und dirigierte den Transporter zu einer Sanddüne. Zuerst wurden aber die Wassercontainer abgeladen. Die Freude der Beamten war groß, Esther hatte ihr Versprechen gehalten.

Die Behelfsrampe war um einen halben Meter zu niedrig. Zwischen der Ladefläche und der Rampe klaffte eine Lücke von 50 Zentimeter. Wenn ich Bucki dazu brachte, aufzuspringen, dann würde Armand folgen, überlegte ich. Ich nahm Bucki also am Führstrick, und gemeinsam übersprangen wir das Hindernis. Als hätte Bucki gewusst, wie wichtig es war, jetzt zu funktionieren, sprang er ohne zu zögern auf die Ladefläche. Wenn er verweigert hätte und abrupt stehen geblieben wäre, würde ich mich jetzt unter der Hinterachse des Lasters wiederfinden. Jetzt war Armand an der Reihe. Ich konnte mir nicht vorstellen, dass dieses schwache Pferd so ein Hindernis überwinden konnte, aber ich hoffte und betete. „Komm, du schaffst es", feuerte ich ihn an. Und tatsächlich, mit seinen letzten Kraftreserven sprang Armand auf den Laster zu seinem Gefährten Bucki.

Jetzt hieß es, keine Zeit zu verlieren, jede Minute war wichtig. Überstürzt verabschiedete ich mich, warf unser Hab und Gut auf die Ladefläche, stieg zu meinen Gefährten hinauf und gab das Zeichen zur Abfahrt.

Der Fahrer war ein wahrer Künstler im Aufspüren von Bodenwellen. Ich fragte mich, wo dieser Mann seine Fahrprüfung abgelegt hatte. Mit präziser Zielsicherheit gelang es ihm, jedes Loch auf dem Boden ausfindig zu machen. Bucki tänzelte auf dem glatten Untergrund der Ladefläche hin und her und schaffte es so, die heftigen Schaukelbewegungen auszutarieren.

Armand allerdings hatte nicht die Kraft dazu. Einige Male fiel er hin und rappelte sich mühevoll wieder auf. Einmal stürzte er so unglücklich, dass er sich an einem Eisenträger die Unterlippe aufriss und blutete. Ich wurde ebenso durchgeschüttelt wie er. Der eisige Wind pfiff mir um die Ohren. Zwei ganze Stunden dauerte diese Höllenfahrt. Ich versuchte die beiden zu beruhigen und betete, dass Armand diese Tortour überleben würde. Überhaupt ertappte ich mich dabei, dass ich für einen Atheisten ziemlich oft betete. Um neun Uhr hatten wir endlich das Veterinär-Gate erreicht, wo Esther ungeduldig wartete: „Ich dachte, ihr kommt nie mehr.“

Rasch luden wir Roland zu den anderen Pferden auf. Und weiter ging es auf asphaltierter Straße. Wenigstens schaukelte der Wagen nicht mehr. Wir kauerten in Decken gehüllt zwischen sechs Pferdebeinen auf der Ladefläche, und Esther berichtete, wie es ihr ergangen war. Sie hatte um die Mittagszeit endlich Telefonsignal gehabt und rief sofort Rob Jackson in Gaborone an, um ihn um Rat zu fragen. Dieser meinte, sie solle sich Armands Zahnfleisch ansehen. Wenn es dunkelrot sei, sollten wir das Mittel gegen Bilary spritzen, das er uns in Ramatlabama gegeben hatte.

Bei diesen Worten fuhr sie plötzlich hoch: „Hast du nicht Armands Zahnfleisch auf seine Farbe geprüft?“ Esther hatte dem Fahrer einen Zettel mit der Nachricht an mich mitgegeben, aber diesen hatte ich nie erhalten. Bevor ich noch etwas sagen konnte, war Esther schon bei Armand und leuchtete ihm mit der Taschenlampe ins Maul. Das Zahnfleisch war nicht dunkelrot, es war dunkelviolett und stank fürchterlich. Esther tobte und verwünschte den Fahrer wegen seiner Nachlässigkeit.

Aber es half nichts, wir konnten im Moment nichts tun, nur hoffen, dass Armand durchhielt. Der Wagen fuhr mit hohem Tempo auf der Asphaltstraße, der kalte Wind pfiff uns um die Ohren, es war stockdunkel.

„Wir müssen gleich da sein, hoffentlich ist es nicht zu spät“, schrie Esther, um den Lärm auf der Ladefläche zu übertönen.

Während sie Armand streichelte und das Blut von seiner Unterlippe tupfte, redete sie unaufhörlich weiter, berichtete, wie sie an den Transporter gekommen war und wie ihr ein gewisser Peter Robson den Tipp gegeben hatte, dass in Nata Sanctuary eine Koppel für Pferde vorhanden sei.

„Das heißt, wir sind auf dem Weg dorthin."

„Genau, es kann sich nur noch um Minuten handeln, es soll direkt an der Straße liegen." Armand tat mir über alle Maßen leid. Schwankend und zitternd stand er da. Er konnte sich kaum mehr auf den Beinen halten.

Endlich erblickten wir die Lichter von Nata Sanctuary. Auf der gegenüberliegenden Straßenseite befand sich eine Art Schottergrube. Wieder suchte ich einen geeigneten Sandhügel und wies den Fahrer an, so knapp wie möglich an die Rampe heranzufahren. Roland machte einen Satz und befand sich sicher auf dem Sand, Bucki desgleichen. Dann kam Armand. Ich feuerte ihn an. Abermals mobilisierte er all seine Kräfte und sprang. Der Sprung gelang, aber seine Beine versagten ihm den Dienst. Er überschlug sich zweimal. Am Ende des Sandhügels rappelte er sich mühsam wieder auf. Bei dem Sturz hatte er sich ein Cut an der Schulter zugezogen. Armand kämpfte und stand ein weiteres Mal auf.

Trotz später Stunde gewährte man uns Einlass gewährt, die Pferde wurden in eine kleine Koppel geführt und versorgt. Aber Armand trank weder Wasser noch fraß er Mais. Er legte sich hin und verdrehte die Augen, sodass man nur noch das Weiße erkennen konnte. Dieses starke Pferd war zu einem Häufchen Elend verkommen. Traurig streichelte ich über seinen Kopf. Die Verletzungen des Transports schienen oberflächlich zu sein. Obwohl Esther es für zu spät und daher sinnlos erachtet hatte, gab sie ihm die Spritze, zu der Rob ihr geraten hatte, und dazu noch einmal ein kreislaufstärkendes Mittel. Doch die Chancen standen schlecht. Armands Zustand war erbärmlich. Wir hatten jede Hoffnung aufgegeben. Armand würde wohl die Nacht nicht überstehen. Wir mussten uns nun damit abfinden. Schweren Herzens nahmen wir Abschied von unserem treuen Gefährten. Er atmete schnell, das Fieberthermometer zeigte 40,5 Grad. Zu viel Zeit war verstrichen, das Virus hatte sich ungehindert ausbreiten können, die anstrengende Fahrt hatte ihm zusätzlich die Kräfte geraubt. Verzweifelt gingen wir zu Bett, mit der schrecklichen Vorahnung, dass er irgendwann in der Nacht seinen letzten Atemzug machen würde.

Draußen war es bereits hell, als wir erwachten, die Sonne schien. Das muntere Gezwitscher der Vögel erschien uns unwirklich und unbegreiflich. Wir wagten es nicht, das Zelt zu öffnen und hinüber zur Koppel zu gehen. Erst nach einer langen Weile überwand ich mich, zog am Reißverschluss des Ausgangs und steckte meinen Kopf hindurch:

„Er steht, er ist aufgestanden!“, rief ich ungläubig.

Esther kroch über meine Beine hinweg und zwängte sich durch den schmalen Spalt. Beide rannten wir zur Koppel. Unglaublich, aber wahr, das erhoffte Wunder war eingetreten. Armand stand wirklich vor dem Wassereimer und trank. Die Farbe des Zahnfleisches war wieder rosa gefärbt und die Temperatur, die ich sofort maß, war auf 38 Grad gesunken. Wir waren komplett aus dem Häuschen. Er war zwar nicht gesund, aber er lebte.

6.2 Nata

Armands Genesung schritt nur langsam voran. Wir mussten uns also auf einen längeren Aufenthalt im Nata Sanctuary einrichten, was nicht allzu schwer fiel, da alle Annehmlichkeiten eines guten Campingplatzes vorhanden waren. Nach einigen Tagen fühlten wir uns heimisch.

Peter Robson, der Mann, der Esther den Laster besorgt hatte, lebte im fünf Kilometer entfernt gelegenen Nata und betrieb die einzige Autowerkstatt weit und breit. Ein gutes Geschäft, denn alle Trucks mussten hier durch. Peter arbeitete auch mit der „Nata Lodge“, dem vornehmsten Safarihotel in dem Gebiet, zusammen und übernahm Aufträge der unterschiedlichsten Art, bis hin zum Menschenretter, wenn sich wieder einmal ein verrückter Tourist in den Pans hoffnungslos verirrt hatte oder ohne Wasser hinausgefahren war. Peter Robson war ein Bär von einem Mann, ein Raubein, ein richtiger Abenteurer und Aussteiger, der es sich gut gehen ließ und seine Freiheit liebte. Irgendwie erinnerte er mich an Bud Spencer. Peter war stets durstig. Und für saftige Steaks und zahllose Biere rettete er gern verirrten Touristen das Leben.

Seine Frau Sue, die als Lehrerin in einer Schule am Rande der Pans arbeitete, sah er nur an den Wochenenden. Trotzdem, oder gerade deswegen schien diese Beziehung gut zu funktionieren. Am Wochenende nahm Peter immer kurz Abschied vom Abenteurerdasein und spielte den liebevollen Ehemann, der seine zierliche Frau bekochte und sich gerne ihrem Regiment unterwarf. Die quirlige irische Lady brachte den 130-Kilo-Mann dann auf Trab, was ihn nicht zu stören schien. Sie versuchte Woche für Woche ein wenig Ordnung in das Haushaltschaos zu bringen, das Peter in ihrer Abwesenheit verursacht hatte. Kistenweise wurden Bierdosen und Flaschen entsorgt, die sich in sieben Tagen angesammelt hatten, und Berge von Geschirr wurden abgewaschen. Aber Peter liebte sein Chaos, sein vorübergehendes Singledasein, seine zwei Kinder, seine Frau und sein Leben, so wie es war.

Es war an einem herrlichen Grillabend, zu dem Peter uns eingeladen hatte, da kamen wir auf die Idee, ihn für die Huntersroad anzuheuern. Er und sein Fahrzeug schienen wie geschaffen dafür, uns auf dieser Strecke durch den Busch zu unterstützen. Als wir ihm den Vorschlag unterbreiteten, leuchteten seine Augen auf.

„Ihr habt Glück, ich kenne diese Gegend, aber ihr müsst auch wissen, dass es dort von Elefanten und Löwen nur so wimmelt.“ Peter überlegte kurz, dann meinte er: „Ich muss ein Team zusammenstellen. Ich werde Simon mitnehmen, er ist mein Partner in der Werkstatt. Ein starker Bursche aus Simbabwe. Er ist fleißig und verlässlich, ich kenne ihn schon sehr lange. Ich schließe einfach die Werkstatt für zwei, drei Wochen, momentan tut sich ohnehin nicht viel.“

Die Steaks waren medium gegrillt und fertig zum Anrichten, als ein weißhaariger, älterer Mann sich unbemerkt näherte.

„Hallo, Bottles“, rief Peter freudig.

Sues Gesichtsausdruck nach zu urteilen, war sie nicht gerade begeistert über das Erscheinen dieses Mannes. Bottles war ein alter Freund von Peter oder besser gesagt, ein alter Saufkumpane. Er war ein wahrer Meister der Selbsteinladung. Er kreuzte auf, schlemmte und verschwand dann wieder für einige Wochen. Er trug einen weißen Bart und mit seinem ebenso weißen, schütteren Haar wirkte er 20 Jahre älter als Peter; und den Namen Bottles hatte er sich durch seinen heftigen Alkoholkonsum erworben. Jahrelang hatte er als Bankbeamter gearbeitet.

„Irgendwann ist mir das Büroleben dann doch zu trocken geworden“, prustete Bottles lachend hervor, wenn man ihn darauf ansprach. Peter brauchte Bottles nicht dazu überreden, uns als dritter Mann zu begleiten. Er drängte sich förmlich auf.

„Ich bin schon sehr gespannt auf Simon, zumindest besteht unser Serviceteam zu zwei Drittel aus Alkoholikern", flüsterte Esther mir zu.

Simon lernten wir einige Tage später kennen. Was für ein Lichtblick in der Backup-Crew, dachten wir. Der aus Simbabwe eingewanderte Mechaniker war stets mit einem Tetrapack unterwegs, worin ich Milch vermutet hatte. Allerdings war der Inhalt ein anderer: In Botswana wird das traditionelle Maisbier, „Hwahwa" genannt, in der praktischen Pappschachtel verkauft. In abgelegenen Gebieten wird dieses milchig aussehende Gebräu von den Bauern selbst hergestellt und sorgt dann, im Überfluss genossen, für zahlreiche Alkoholleichen. Unsere Begleitcrew hatte sich also passend formiert.

Armand erholte sich nur langsam. Die meiste Zeit lag er im Schatten. Sein Atem war flach, stellte auch der sambische Tierarzt fest, der regelmäßig auftauchte, um nach dem kranken Pferd zu sehen. Selbst in seiner freien Zeit besuchte uns der staatliche Veterinär auf dem Campingplatz, ohne seine Dienste in Rechnung zu stellen. Er nahm eine Blutprobe und untersuchte sie. Um noch eine zweite Meinung seiner Analyse einzuholen, war es notwendig, eine weitere Probe zu Rob Jackson zu senden. In einer Kühltasche wurde sie per Linienbus nach Gaborone gesendet. Rob bestätigte die Vermutung, dass es sich bei der Erkrankung Armands um Bilary handelte. Außerdem dürfte noch eine Lungenentzündung im Spiel gewesen sein, was die eingeschränkte Atemfunktion erklärte.

Rob meinte, wenn wir Glück hätten, sei die Krankheit

in einigen Wochen ausgeheilt, sie könne aber auch einige Monate dauern. Er besorgte Medizin und Impfstoffe, die er wieder mit dem Linienbus nach Francistown schickte.

Schließlich suchten wir noch einmal Peter Robson auf. Denn wir wollten die Chance nicht ungenutzt lassen, doch noch mit Armand unser Ziel zu erreichen. Peter machte einen Vorschlag: „Ich kenne einen Millionär, einen Amerikaner, der in Kasane ein Grundstück besitzt und früher einmal Pferde dort gehalten hat. Ich werde versuchen, ihn zu kontaktieren und ihn bitten, Armand einzustellen, während wir die Huntersroad bezwingen."

Gesagt, getan. Nachdem wir Armand zu dem Amerikaner gebracht hatten und ihn dort in guten Händen wussten, mussten noch einige Vorbereitungen getroffen werden, bevor wir uns in die Wildnis aufmachten. Gemeinsam mit Peter wurden die Route und grob die Treffpunkte der Übernachtungsplätze festgelegt. Da eine Verständigung über Mobilfunk in dieser Gegend nicht möglich sein würde, war eine genaue Planung von Nöten. Peter besaß ebenfalls ein GPS-Gerät, das zwar nur ab und zu funktionierte, aber zur Not würde es helfen, meinte er.

6.3 Huntersroad

Zeitig am Morgen des dritten Tages brachen wir auf. Unser erstes Ziel war ein markanter Baum, den Peter uns beschrieben hatte, 30 Kilometer östlich von Nata,.

Außerhalb von Nata bogen wir in den geheimnisvollen Busch ein. Wir hatten nur Proviant für den Tag und die wichtigsten Utensilien wie Verbandszeug, Medizin und Karten dabei. Alles andere würde uns Peter zum verabredeten Zeitpunkt am verabredeten Ort nachbringen.

Herrlich, endlich einmal ohne Packpferd unterwegs zu sein, unbekümmert galoppieren zu können, ohne Sorge, dass das Gepäck verrutschten könnte.

Wir passierten einen Rangerposten, der den Eingang zur Huntersroad markierte. Aus riesigen Elefantenknochen hatten die Ranger eine Art Schranke gebastelt. Ein Beamter begrüßte uns und bemerkte schroff, dass es verboten sei hier zu reiten; es sei zu gefährlich: „100.000 Elefanten tummeln sich momentan im Dickicht, sie ziehen alle Richtung Norden zu fruchtbareren Gebieten." Wir bedankten uns für die Warnung und zogen weiter. Das dürre, aber hohe Gras verriet, dass sich hier nach der Regenzeit das Paradies für die Tiere des Waldes und der Steppe befinden musste. Die Landschaft stellte sich viel abwechslungsreicher dar als der trockene Süden. Hohe Bäume, Buschwerk und überall Tierspuren, die wir mittlerweile schon zu deuten wussten.

Ständig begleitete uns das vertraute Konzert der Zikaden, unterbrochen durch den Gesang der verschiedensten Vögel. Wie eine Symphonie, bald piano, bald forte, manchmal im Largo, dann wieder allegro und dazwischen Pausen, in denen sich die Spannung steigern konnte. Ich hörte nicht die Stimmen des Waldes, wie sie waren. Ich vernahm Geigen, Celli und Trompeten. Der Wind fuhr zart in die Blätter der Bäume und ließ die Harfe erklingen, und die emsigen Webervögel intonierten das Trillern der Piccoloflöte. In der Ferne mischten sich die ersten Elefantenrufe drohend wie Wagners Tuben harmonisch ein. Und wenn wir galoppierten, ertönte ein Schlagzeug im Rhythmus der Hufe, und das Symphonieorchester verwandelte sich plötzlich in eine swingende Bigband.

Kein Motorengeräusch störte die Idylle – bis Peter mit

seiner Crew auftauchte. Leider mit zweistündiger Verspätung! Die Pferde hatten nicht gefressen, weil sie zu durstig waren. Sie brauchten aber die Ruhezeit und den Weidegang, damit sie am nächsten Tag wieder fit waren.

Esther stellte Peter heftig zur Rede. Der nahm es gelassen. Ohne ein Wort der Entschuldigung öffnete er die Kühlbox und köpfte eine Flasche Bier. Bottles und Simon standen wegen Esthers Donnerwetter zunächst da wie Schuljungen, die man beim Schwänzen erwischt hatte, aber Peter war immerhin der Chef, und so schlossen sie sich ihm an.

Doch Esthers Schelte war nicht an Peter abgeprallt. Tags darauf stand das Trio auf die Minute genau parat. Peter war eben kein Mann großer Worte, er entschuldigte sich auf seine Art. Er wusste, welche Verantwortung er übernommen hatte, und dass unser Leben davon abhing, dass er seine Sache richtig machte. Für Esther, die gewohnt war, Kontroversen verbal auszutragen, eine neue Erfahrung, mit der sie erst lernen musste, zurechtzukommen.

In den nächsten Tagen entpuppten sich die drei als Safariprofis. Peter hatte einen 200-Liter-Container auf seinem Pick-up montiert. Mittels Schwerkraft konnten so die Wassereimer der Pferde bequem gefüllt werden. Bis ins kleinste Detail hatte er vorgesorgt und überraschte uns immer wieder mit praktischen Erfindungen.

Für besondere Erheiterung sorgte er, als er uns mit stolz geschwellter Brust seine Buschtoilette präsentierte. Auf einem kleinen Barhocker hatte er an Stelle der Sitzfläche eine Klobrille montiert. Um zu demonstrieren, dass dieses Ding auch funktionierte, schnappte er den Campingspaten, eine Rolle Toilettenpapier und eine mehrere Tage alte

Zeitung. Dann klemmte er das Gestell unter den Arm, um unweit des Camps hinter einem Busch zu verschwinden. Es dauerte keine zwei Minuten, da lugte Peter freudestrahlend hinter dem Busch hervor. Um die Zikaden zu übertönen, brüllte er: „Es funktioniert, es ist perfekt, einfach genial!"

Esther fand seine Erfindung unnötig. Ihrer Ansicht nach war es viel zu zivilisiert und passte nicht zum Habitus eines richtigen Abenteurers, aber sie ließ ihm die Freude.

Ich jedenfalls probierte den Buschlokus aus und fand die Erfindung absolut tauglich. Sein Geschäft bequem verrichten zu können, ohne befürchten zu müssen, dass lästige Ameisen oder gar Schlangen störten, fand ich durchaus sinnvoll.

Penibel gingen wir in der Suche des richtigen Schlafplatzes vor. Mindestens drei Feuerstellen mussten rund um das Lager so platziert sein, dass der Lichtkegel Pferde und Zelte die ganze Nacht über hell erleuchten konnte. Dies hatte den Zweck, Löwen vom Camp fern zu halten. Hyänen hingegen waren neugierig, sie fühlten sich vom Feuerschein magisch angezogen, würden aber keine größere Gefahr für die Pferde und uns darstellen. Brennholz gab es in Hülle und Fülle. Die Elefanten hatten ganze Arbeit geleistet. Roland und Bucki wurden über Nacht an einer kurzen Leine angebunden. Sie bekamen nur so viel Bewegungsfreiheit, um das Gras zu erreichen und sich auf den Boden legen zu können.

Das Abendessen verlief sehr bodenständig. Peter war ein leidenschaftlicher Buschkoch und Genießer. Im Lichtschein glänzten seine Backen vom Fett, der Saft der Riesensteaks rann aus seinen Mundwinkeln und tropfte in den Bart. Vornehm streckte er beim Abnagen der Knochen seine beiden fettigen kleinen Finger zur Seite und zauberte schließlich mit der Gebärde eines großen Magiers sogar richtige Rotweingläser hervor. Fachkundig öffnete er den Cabernet Sauvignon, ließ Esther einen Blick auf das Etikett werfen und goss eine Probe zum Vorkosten in ihr Glas. Mit einem Hinweis auf seine irische Herkunft sprach er einen Toast aus, und wir stießen auf ein gutes Gelingen des Unternehmens an.

Es wurde ein unterhaltsamer Abend. Jeder wusste eine lustige, spannende Geschichte zum Besten zu geben. Die haarsträubendsten stammten immer wieder von Bottles. Wenn er den Bogen überspannte und zu stark übertrieb, wies Esther ihn zurück, was den alten Mann keineswegs zu stören schien. Bottles interessierte es nicht, ob seine Geschichten aufmerksam verfolgt wurden oder nicht, es war ihm wichtig, sich reden zu hören.

Simon, Peters rechte Hand, war genau das Gegenteil. Er sagte nicht viel und zog sich immer ein wenig zurück. Außerdem vertrug er, seines sensiblen Magens wegen, kein Fleisch und ernährte sich ausschließlich von Mais. In fester Form von Maisbrei und in flüssiger von Maisbier. Als Esther meinte, dass sie seinen Maisbrei vorzüglich fand, verschwand Simon kurz und erschien anschließend mit zwei Holzstöckchen wieder. Innerhalb von nur wenigen Minuten stellte er einen Kochlöffel und eine Art Quirl her. Geschickt schnitzte er mit seinem Messer die Kochutensilien zurecht und überreichte sie ihr:

„Um einen guten ‚Mealie Pap‘ herzustellen, braucht man das richtige Werkzeug. Ihr seid noch lange auf Reisen, ihr könnt das sicher gut gebrauchen.“ Der wortkarge Simbabwer hatte ein großes Herz, und wir mochten ihn gut leiden, trotz seines permanenten Alkoholspiegels.

Sehr früh schon an diesem Abend waren alle müde.

Nachdem die Reihenfolge der Nachtschichten festgelegt worden war, krochen die anderen ins Zelt. Ich hatte mich freiwillig gemeldet, die ersten vier Stunden der Nachtwache zu übernehmen. Ich entschied mich meist für die erste Schicht, von acht bis zwölf, oder die letzte, von vier bis acht. Esther hingegen bevorzugte die mittlere Etappe. Langsam wurde es still. Ab und zu hustete noch jemand, doch bald schlummerte die Gruppe fest und tief. Nur das Kaugeräusch von Roland und Shambok ertönte beharrlich. Eine geheimnisvolle Atmosphäre lag über dem Camp. Zu wissen, dass sich im Busch riesige Elefantenherden herumtrieben und dass dort, wo sich Giraffen, Gazellen, Springböcke und dergleichen befanden, auch Löwen oder Leoparden anzutreffen waren, bescherte mir doch ein aufgeregtes Kribbeln im Bauch.

Plötzlich vernahm ich ein tiefes Brummen, das kontinuierlich lauter wurde. Ich erhob mich vorsichtig von meiner Decke am Feuer und begann, die Herkunft dieses bedrohlichen Geräusches zu orten. Ich blickte um mich. Es verstummte aber wieder, und ich horchte angestrengt in die dunkle Nacht. Als ich meine bequeme Stellung wieder eingenommen hatte, setzte es wieder ein und schien immer näher zu kommen, dann wieder Stille. Merkwürdig fand ich, dass die Pferde nicht reagierten. Roland lag entspannt auf dem Boden, und Bucki kaute an seinen letzten Halmen. Mein Herz klopfte so laut, dass ich befürchtete, jemanden damit zu wecken. Ich wollte aber erst Alarm schlagen, wenn ich sicher war, dass Gefahr drohte. Nach einer Weile beruhigte ich mich wieder, schraubte die rote Signalmunition in den Abschussstift und startete vorsichtig einen Rundgang. Da war es wieder! Es kam aus der Richtung von Peters Zelt, genau dort, wo der Lichtkegel endete. Mit meiner Taschenlampe leuchtete ich in die Dunkelheit. Das Gras hinter dem Zelt stand hoch, und ich konnte nicht sehen, ob sich darin etwas verbarg. Schritt für Schritt, die Taschenlampe hin und her schwenkend, bewegte ich mich weiter. Jetzt bestand kein Zweifel mehr, das tiefe Knurren von Löwen war mir von der Farm in Südafrika noch gut in Erinnerung. Ich machte noch ein paar vorsichtige Schritte, bis ich unmittelbar an Peters Zelt stieß: Augenblicklich verpuffte meine Aufregung – der Löwe hieß Mister Peter Robson, der schnarchte, dass der Boden erzitterte. Zwischendurch redete er unverständlich Worte im Schlaf, dann röchelte er wie eine alte Diesellok, und wenn er sich von einer Seite auf die andere wälzte, drohte das Zelt einzustürzen.

Die Spannung hatte sich gelegt, aber ich war auf der Hut und fortwährend in Bewegung, was sein Gutes hatte, denn dadurch spürte ich die Kälte nicht. Die Temperatur war auf rund fünf Grad Celsius gesunken. Immer wieder musste ich die Glut der Feuerstellen anfachen und Holz nachlegen. Dann galt es wieder, die Knoten der Pferde zu kontrollieren und nachzusehen, ob sich die kurzen Leinen nicht verheddert hatten. Die Stunden vergingen wie im Flug. Kurz vor Mitternacht bereitete ich Tee für Esther zu, und pünktlich um zwölf weckte ich meine Frau.

Die letzte Schicht hatte diesmal Peter. Um acht Uhr riss mich seine tiefe Stimme aus meinem Erschöpfungsschlaf. Die Sonnenstrahlen drangen schon durch das Blätterdach, und der Geruch der Spiegeleier, die in Peters riesiger Gusspfanne brutzelten, stieg mir in die Nase. Der Tee dampfte und die Tautröpfchen an der Außenhaut des Zeltes funkelten wie kleine Kristalle. Ein Morgen wie im Paradies! Bottles quälte sich mühsam aus seiner Behausung. Ich musste bei seinem Anblick an den Großvater-Gartenzwerg, der im Garten meiner Eltern stand, denken und wandte mich rasch zur Seite, damit er mein Lachen nicht bemerkte. In einiger Entfernung hatte Simon bereits sein Meditationsritual hinter sich gebracht und bereitete hingebungsvoll dünnen Maisbrei mit viel Zucker zu.

Nachdem wir uns gestärkt hatten, brachen wir das Lager ab und machten uns auf den Weg. Am Beginn der Huntersroad trafen wir nur vereinzelt auf Tiere. Manchmal erblickten wir eine Giraffe in der Ferne, ein anderes Mal eine Gazelle oder ein Äffchen. Aber je weiter wir in den Norden vordrangen, desto häufiger wurden die Sichtungen. Riesige Herden der seltenen Säbelantilopen und Hunderte von Zebras kreuzten unseren Weg. Meistens grasten sie sorglos und friedlich in der Landschaft, ohne von uns Notiz zu nehmen.

Als einmal überraschend eine Giraffe aus dem Gebüsch auftauchte, zog es Roland vor, mit mir das Weite zu suchen. Die Größe dieser Tiere war dem stolzen Herdenführer nicht geheuer. Als ich ihn nach einem wilden Galopp wieder zum Stehen gebracht hatte, zitterte er wie Espenlaub. Ich beruhigte ihn, und bei der nächsten Giraffe nahm er es schon gelassener.

Wenig später verriet lautes Knacken im Geäst Elefanten. Wir wappneten uns für einen ähnlichen Fluchtversuch, aber als die ersten Dickhäuter wuchtig aus dem Gebüsch traten, reagierten unsere tapferen Helden fast gelangweilt. Ich sah an ihren Ohren, dass sie zwar Witterung aufgenommen hatten, aber sie blieben ruhig. Wahrscheinlich waren sie aufgrund der zahlreichen Riesenäpfel auf der Strecke an den Geruch gewöhnt.

Riesige Bullen und Mütter mit ihren entzückenden Babys, ich zählte manchmal mehr als 20 Stück, hinterließen Spuren der Verwüstung. Überall wo diese urzeitlich anmutenden Geschöpfe durchzogen, blieben Schneisen zurück, nicht einmal die dicksten Baumriesen blieben unversehrt. Kleinere Gewächse wurden umgestoßen, wie Zahnstocher niedergetrampelt und von den großen schälten die wuchtigen Tiere die Rinde ab. Wo ich hinblickte, standen Baumskelette. In manchen Gegenden schien der Wald sich auch nicht mehr erholen zu können. So weit das Auge reichte, ragten zwei Meter hohe Baumstümpfe geisterhaft aus der vertrockneten Erde.

Seit dem Artenschutzabkommen und dem Handelsverbot für Elfenbein 1989 hat sich die Elefantenpopulation im südlichen Afrika stark vermehrt. Zu stark, meinen betroffene Farmer. Der Schaden, den die Dickhäuter in Anbaugebieten neuerdings anrichten, ist enorm. So stehen den Interessen der Farmer, welche die Elefanten als Landplage bezeichnen, jene der Tierschützer gegenüber.

Doch durch den Landstrich, den wir durchritten, konnten die grauen Riesen ungehindert ziehen. Keine Farmen, keine Menschenseele bewohnte dieses riesige Gebiet. Westlich von uns befand sich der Chobe Nationalpark, und östlich davon breitete sich der zu Simbabwe gehörende Hwange National Park aus, mit über 14.000 Quadratkilometer das größte Wildschutzgebiet Simbabwes.

Nach einigen Tagen erreichten wir die Grenze des ehemaligen Rhodesiens. Hie und da fanden wir eine rostige alte Tafel, die darauf hinwies, dass man sich bereits auf dem Staatsgebiet der Republik Simbabwe befand. Ein Erdwall von einem halben Meter Höhe, der zwischendurch immer wieder im natürlichen Gelände verschwand, schien den Grenzverlauf darzustellen. Es war schön zu sehen, wie für die Tiere keine politische Einteilung galt. Sie zogen ungehindert von einer Seite auf die andere. Nicht so für die Menschen. Simon meinte: „Viele Menschen leiden Hunger – ohne Aussicht auf Besserung. Es fehlt an allem, aber speziell Zucker und Benzin sind Mangelware. Die Inflationsrate beträgt 250 Prozent. Unser Präsident Robert Mugabe, der ehemalige Freiheitskämpfer, der vor 25 Jahren seinem Volk eine bessere Zukunft versprach, hat sich bereichert und sein Land mutwillig ruiniert. Damit hat er das Land gegenüber anderen Staaten vollständig isoliert. Bei seinem Amtsantritt war Simbabwe der größte Produzent von Tabak, Baumwolle, Rindfleisch und Maismehl in Afrika. Die Landwirtschaft konnte nicht nur spielend die Bevölkerung ernähren, sondern ein Großteil wurde sogar exportiert. Heute veröden die Felder, und fünf Millionen Menschen hungern."

Obwohl der Himmel auf beiden Seiten die gleiche Farbe hatte und auf den Wiesen das gleiche Gras wuchs, zog die Politik eine krasse Trennlinie. Ich stieg vom Pferd und verrichtete demonstrativ mein Geschäft in Simbabwe, während Esther in Botswana wartete.

Unsere Begleitcrew war am Morgen aufgebrochen, um einen geeigneten Nachtplatz ausfindig zu machen. Irgendwo in zirka 30 Kilometer Entfernung würden wir wieder auf Peter, Bottles und Simon treffen.

Die ganze Zeit über redeten wir kaum. Ich ließ die einzigartige Natur auf mich wirken. Es gab kein Streben nach Bestätigung, keinen Termin, der wahrgenommen werden musste, und keine Verpflichtungen. All die Errungenschaften der zivilisierten Welt hatten aufgehört zu existieren. Neid, Hass und Gier fanden in einer anderen Welt statt, die mit dieser hier nichts zu tun hatte. Einzig und allein den Gesetzen der Natur waren wir unterworfen. Wer war ich hier? Künstler, Musiker, Saxophonist? So weit entfernt von dem, was mich ausgemacht hatte, fand ich allein den Gedanken daran absurd. Wir trieben auf unseren Pferden wie kleine Punkte im Universum. Manchmal hatte ich das Gefühl, wir traten auf der Stelle und die Landschaft ziehe mit all den Tieren an uns vorüber.

Bevor wir den Pferden und uns eine Rast gönnten, inspizierten wir jedes Mal die Umgebung. Dann sanken wir ins Gras und schwärmten von dem Glück, das wir erleben durften. Ich lernte eine neue Seite an Esther kennen. Das Loslassen und sich einer Tatsache zu unterwerfen, war nie ihre Stärke gewesen. Jetzt aber schien dieses Bedürfnis, alles kontrollieren zu wollen, von ihr gewichen zu sein. Wir saßen in einem Boot. Wir waren beide Ruderer auf hoher See. Das Schicksal meinte es gut mit uns. Wir stärkten uns mit Biltong und genossen das Wasser, das immer noch angenehm kühl von der Nacht die Kehle hinunterrann. Ein paar Buschböcke stoben panisch davon, sonst war es ruhig.

Als wir wieder sattelten und aufsaßen, bemerkte ich Spuren im Sand. Ich fragte Esther, was sie davon hielt. Wir waren uns einig, dass es sich um Löwenspuren handelte. Leopardentritte waren um vieles kleiner, und Geparden würden Abdrücke ihrer Krallen hinterlassen. Aber in dem hohen Gras war nichts zu sehen. Die flüchtenden Buschböcke fielen mir ein, allerdings jagten Löwen tagsüber in der Regel nicht, und das Wild hatte sehr wahrscheinlich unseretwegen das Weite gesucht. Dennoch, es waren Raubkatzen in der Nähe. Immer wieder stießen wir auf die Spuren. Der Zahl nach zu schließen, handelte es sich nicht um ein einzelnes herumstreunendes Tier, sondern um ein ganzes Rudel. Aufmerksam suchten wir mit dem Fernglas das hohe Gras nach ungewöhnlichen Bewegungen ab, doch die Löwen zeigten sich nicht.

Peters Idee war es, Klopapier an die Dornensträucher zu hängen, um uns bei Weggabelungen die Richtung zu weisen. Dadurch war die Position unserer vorausfahrenden Begleiter leicht zu bestimmen und das Camp gut zu finden. Ich sammelte das Papier zur weiteren Verwertung wieder ein, und pünktlich zum verabredeten Zeitpunkt trafen wir am Zeltplatz ein.

Das Feuerholz lag bereit, und der Zeltaufbau war bereits im Gange. Das Team war mittlerweile um eine Person angewachsen. Peter hatte in Nata Wasser besorgt und seine Frau Sue abgeholt. Es musste also Wochenende sein. Wir hatten jedes Zeitgefühl verloren. Wenn die Sonne aufging, begann der Tag, und wenn sie hinter dem Horizont verschwand, brach die Nacht an.

Esther weckte mich um vier Uhr morgens zur Ablöse der Nachtwache. Sie hatte kurz zuvor das Gras rascheln gehört und eine Bewegung wahrgenommen. Auch die Pferde witterten etwas. Sie fraßen nicht, sondern spitzten nervös die Ohren und standen wie versteinert da. Alarmiert schlüpfte ich in meine Kleider und begann meine Schicht. Zuerst überprüfte ich die Sicherheitsknoten der Pferde. Dann machte ich einen Rundgang und legte gleich auch Holz nach. Das Camp erstrahlte nun hell im Feuerschein. Kein Lufthauch war zu spüren. Nur das Knistern des Feuers und natürlich Peters Schnarchkonzert durchbrachen die Stille der Nacht.

Als der Morgen graute, stellte ich wie gewohnt das Teewasser auf das Feuer und schickte mich an, die Pferde zum morgendlichen Grasen loszubinden. Gerade hatte ich Buckis Knoten gelöst, da machte dieser einen Satz und rannte wie von der Tarantel gestochen in den Busch. Roland zerrte an der Leine und wollte seinem Kollegen folgen. Aber das Halfter und die Leine hielten stand. Ich drehte mich um und hielt den Atem an: In etwa 100 Meter Entfernung steuerte ein riesiger Elefantenbulle auf das Camp zu. Seine Stoßzähne mussten gut einen Meter lang sein. Roland zerrte wie rasend an der Leine. Bucki war außer Blickweite. Der Bulle kam näher und näher, den Rüssel wie ein Periskop hoch in die Luft gestreckt. Die Ohren wedelten an dem massigen Kopf, als wollte sich der Gigant jeden Augenblick in die Lüfte erheben. Mir rutschte fast das Herz in die Hose. Was, wenn dieser aggressive Bulle über das Camp trampelte?

Ich hatte diesen Gedanken noch nicht zu Ende gedacht, da machte der graue Riese plötzlich 30 Meter vor dem Zelt, in dem Esther schlief, einen Schwenk um 90 Grad und preschte ins Dickicht davon. Minuten später hörte ich noch die Äste knacken.

Ich hatte keine Zeit, meine Erleichterung auszukosten, denn ich musste zuallererst einmal Roland besänftigen. Ich tätschelte seinen Hals und flüsterte ein paar leise Worte in sein Ohr. Er wieherte, um mit Bucki Kontakt aufzunehmen, und nicht weit entfernt erwiderte dieser den Ruf des Herdenbosses. Ein Zeichen, dass alles in Ordnung war. Ich band Roland los und führte ihn in das saftige Gras. Bucki kam hoch erhobenen Kopfes aus dem Gebüsch hervor und gesellte sich wieder zu seinem Kollegen, als wäre nichts geschehen.

Der Rest der Mannschaft hatte tief geschlafen und nichts von dem Vorfall mitbekommen. Ausgeruht schlüpfte einer nach dem anderen aus dem Zelt, und bald versammelten wir uns um ein deftiges Frühstück.

Auf der Hälfte des Weges nach Kasane lag der kleine Ort Pandamatenga, in dem sich die Safari-Lodge „Touch of Africa“ befand. Dort wollten wir einige Tage bleiben und den Pferden ihre verdiente Ruhepause gönnen. So schickten wir auch unser Backup-Team nach Hause. Erst in einer Woche würden wir ihre Hilfe wieder benötigen, um die restlichen 100 Kilometer nach Kasane zu bewältigen.

Der Eigentümer dieser luxuriösen Lodge war ein Landsmann. Der aus Österreich stammende leidenschaftliche Jäger Franz hatte viele Jahre als Bauingenieur in Südafrika gearbeitet, bis er sich seinen Traum verwirklicht und in Botswana diese Lodge gebaut hatte. Gemeinsam mit seiner jungen Frau Mandy hatte er den Hotelbetrieb erst kürzlich eröffnet.

Franz und ich verstanden uns auf Anhieb. Seit wir den afrikanischen Kontinent betreten hatten, war Franz der erste Österreicher, den wir trafen. Der kleine drahtige Salzburger hatte vor nicht allzu langer Zeit außerdem eine Jagdfarm in Simbabwe erstanden. Die vorigen Besitzer waren enteignet und von dem Regime Mugabe aus dem Land geworfen worden, und Franz hatte die Gelegenheit genützt, das Anwesen günstig zu erstehen. Da er uns das Jagdanwesen unbedingt zeigen wollte, folgten wir ihm über das Wochenende zu einem Ausflug nach Simbabwe.

Die Einreiseformalitäten entpuppten sich auch für uns als bequem, denn Franz wusste, wie man die Grenzbeamten „positiv motivierte“. Da er die Grenzer stets mit kleinen Aufmerksamkeiten und freundlichen Worten bedachte, öffneten sich für ihn im Nachbarland Tür und Tor.

Das prunkvolle Herrschaftshaus lag eingebettet in einem wunderschönen tropischen Garten. Schlacht- und Wirtschaftsräume zur Weiterverarbeitung der Jagdbeute sowie Präparation der Trophäen dehnten sich neben Gästehäusern und Unterkünften für die Angestellten auf einem weiten Areal aus. Dazu gehörte ein riesiges Jagdgebiet mit einem feudalen Schloss, das sich wunderbar in die Landschaft einfügte. Beobachtungsplattformen und Schießstände vervollständigten das Anwesen. Zwar standen die Gebäude seit geraumer Zeit ungenutzt und wirkten daher etwas heruntergekommen, aber Franz war wild entschlossen, alles wieder in neuem Glanz erstrahlen zu lassen, um damit reiche amerikanische oder europäische Jagdfanatiker anzulocken. Sein Ziel war es, ihnen eine unvergessliche Großwildjagd wie in alter Kolonialzeit anzubieten.

Überschwänglich schilderte er seine Pläne und seine Jagderlebnisse, ergänzt durch eine allgemein philosophische Unterweisung über die Jägerei und seine ganz persönliche Anschauung derselben. Meine Begeisterung hielt sich sehr in Grenzen, da ich noch nie die geringste Lust verspürt hatte, Tiere nur zur Befriedigung diverser Eitelkeiten zu töten, wiewohl ich keine moralischen Bedenken habe, Tiere der Nahrungsaufnahme wegen zu töten und zu verspeisen. Als Franz bemerkte, dass weder Esther noch ich seinen Enthusiasmus teilten, beschränkte er sich darauf, uns nochmals richtiges Jagdverhalten zu erklären und darzulegen, dass er es als seine Pflicht erachtete, das Gleichgewicht in der Natur vernünftig zu regulieren. „Jagen und Töten von Tieren gelten als elementare Rechte des Menschen. Es ist ein unverzichtbares Kulturgut“, schloss er seine Ausführungen.

Unser heftiger Protest dürfte ihn zutiefst verwundert haben, denn er zuckte fassungslos die Achseln, als Esther ihre Einwände lauthals verkündete. Wie eine beleidigte Leberwurst wandte er sich schließlich ab.

Von der Beobachtungsplattform aus entdeckte ich plötzlich zirka 100 Meter entfernt eine Pavianherde, die gemütlich durch die Steppe trottete, um Nahrung zu suchen. Ich fragte Franz, ob es denn möglich sei, auf diese Entfernung ein Tier zu treffen, und erwartete einen Vortrag über Reichweiten und Geschossverhalten. Statt einer Antwort packte er sein Gewehr und legte an. Sein Sohn, der uns begleitet hatte, wollte ihn noch zurückhalten, aber wenige Sekunden später knallte ein ohrenbetäubender Schuss. Der Anführer der Paviangruppe, ein riesiges Männchen kippte mit einem markerschütternden Schrei um, der Rest der Herde suchte kreischend das Weite. Entsetzt standen wir da. Franz stotterte unbeholfen: „Die ... Paviane ... sind hier eine Landplage, sie vertreiben das ganze Wild – von den Schäden am Haus gar nicht zu sprechen."

Das Tier lebte noch. Als wir näher kamen, sahen wir, wie es schwer atmete und röchelte. So war meine Frage schauerlich beantwortet worden. Selbst ein geübter Schütze traf auf diese Entfernung nicht zuverlässig. Franz hielt in etwa 15 Meter Entfernung von dem angeschossenen Tier inne, stützte sich auf einem Knie ab, legte abermals an, zielte und versetzte dem Tier den Gnadenschuss. Das zirka 30 Kilogramm schwere Männchen zuckte kurz auf, als wollte es flüchten, aber die Bewegung war nur durch den Einschlag mitten ins Herz verursacht worden. Blutüberströmt lag das stolze Tier im Staub. Seine sanften grünen Augen starrten ins Leere, das Maul war geöffnet, sodass seine langen Eckzähne Furcht einflößend zum Vorschein kamen. Ich spürte Traurigkeit und Wut, während ich seine menschenähnliche Hand mit den fragilen, langen Fingern betrachtete.

Später, beim abendlichen Grill war Franz ganz kleinlaut. Er hatte sich nicht nur eine Blöße gegeben, sondern Unrecht getan. Sein schlechtes Gewissen stand ihm ins Gesicht geschrieben. Emsig machte er sich am Grill zu schaffen, um peinlichen Fragen auszuweichen. Seinen Angestellten hatte er befohlen, den leblosen Körper des Pavians als Lockmittel für Leoparden an einen Baum zu hängen. Wir hätten dann die Möglichkeit, von der Plattform aus die besonders scheue Großkatze zu beobachten. Ich erblickte darin einen weiteren Versuch, von dem Vorfall abzulenken. Der Leopard ließ sich nicht anlocken. Er ist nämlich ein geschickter Jäger, der tötet, um zu überleben, und dadurch den Fortbestand seiner Gattung sichert.

Schließlich kamen einige Hyänen heran und taten sich an dem Pavian gütlich. Das Ereignis trübte unser Verhältnis zu Franz erheblich. Aber der unglückliche Jäger spielte weiter den großzügigen Gastgeber, als wäre nichts geschehen.

Am nächsten Tag, zurück in Pandamatenga, gesellte sich ein junger Bursche um die 30 zu uns an den Mittagstisch. Er war Engländer, groß gewachsen und gutaussehend. Förmlich stellte er sich vor: „Mein Name ist James, aber nicht Bond.“ Er hatte von uns gehört und wollte uns persönlich kennen lernen. Sein vorzügliches Benehmen passte nicht so recht in das Klischee eines Abenteurers, aber er war in der Tat einer und ebenso verrückt wie wir. James war ein Wanderer. Er hatte sich zum Ziel gesetzt, die Welt zu Fuß zu umrunden. Zehn Jahre sollte sein Unternehmen dauern. Bei der Rettung einer Wasserschildkröte in Südafrika hatte er sich jedoch am Bein verletzt und musste operiert werden. Das alles hinderte den smarten Engländer aber nicht daran, seinen Weg fortzusetzen. Um sein Knie zu schonen, hatte er sich ein Fahrrad besorgt, was ihm das Weiterkommen erleichterte.

Vorsichtig fragte er, ob er mit uns weiterreisen könnte, da es für ihn alleine mit dem Fahrrad zu gefährlich sei. Es sprach nichts dagegen! Wir würden einen Mann mehr für die Nachtwachen haben und außerdem Gelegenheit, unseren Erfahrungsschatz auszutauschen. Sein gepflegtes Äußeres verriet absolut nicht, dass er seit Jahren auf Achse war und nur das Notwendigste mit sich trug. Dieses jedoch umfasste, wie es sich für einen ordentlichen Briten geziemt, auch eine Notfallkrawatte für besondere Anlässe. James besaß den typisch trockenen britischen Humor, den er hervorragend einzusetzen verstand.

Am Abend vor unserer Abreise veranstalteten Freunde des Gastgebers noch eine Geburtstagsfeier, bei der Franz auf die glorreiche Idee verfiel, sich als Adolf Hitler zu verkleiden. Er hielt dies für einen witzigen Einfall. Aber da sein bester Freund sich schwarz schminkte und als Jesse Owens auftrat, hatte die Performance wenigstens den Touch einer Mel-Brooks-Inszenierung. Trotzdem schämte ich mich, Österreicher zu sein, allerdings sieht man in Teilen Afrikas die Dinge offenbar ein wenig anders.

Nun begann der letzte Abschnitt der Huntersroad. Die Pferde hatten sich inzwischen erholt und waren guter Dinge. Fünf großartige Reittage kämpften wir uns mit James über die Straße der urzeitlichen Riesen, das sogenannte Elefant-Valley. Der Korridor, den die Elefanten auf ihrem Zug durchwandern, ist sehr eng. Aus allen Richtungen treffen die riesigen Dickhäuter hier zusammen, um in großen Herden zu ihren Weidegründen in das Okawango-Delta oder in die umliegenden Nationalparks zu ziehen.

Es verging keine Minute, in der wir nicht Antilopenherden, Giraffen oder Elefanten erblickten. Wir waren so mit unserer Umgebung verschmolzen, dass wir uns als Teil der Natur fühlten und nicht als Eindringlinge inmitten von Tierherden. Immer wieder stießen wir auch auf die Spuren von Löwen, die den Herden bis zu ihrer Reviergrenze folgten. Mit ihrem nächtlichen Gebrüll gehörten sie genauso zu diesem Kosmos wie der lachende Ruf der Hyänen oder das Heulen der Schakale. Wenn wir dann abends erschöpft zum vereinbarten Treffpunkt mit unserem Begleitteam zusammentrafen, fanden die Tage einen würdigen Ausklang bei saftigen Steaks, Würstchen und gekühlten Getränken.

Am letzten Tag unserer Reise auf der Huntersroad wiesen uns eine wahre Flaggenparade von Klopapierstreifen den Weg nach Kasane. Von allen Sträuchern wehten sie als Begrüßung, bis wir das blühende Städtchen erreichten.

7 Kasane

Der Grenzort Kasane war uns mit seinen Orangen und Zitronenbäumen bereits vertraut. Wir konnten es kaum erwarten, Armand, den Fünften in unserem Bunde, wieder zu sehen. Immerhin hatte der Wallach drei Wochen Regenerationszeit gehabt, um wieder fit zu werden.

Aufgeregt ritten Esther und ich die Einfahrt zu der herrschaftlichen Villa entlang. Armand empfing uns wiehernd, aber unsere Erwartungen wurden bitter enttäuscht. Durch die vielen Spritzen hatte sich an seinem Hals ein faustgroßes Ödem gebildet und verhärtet.

Wir ließen Roland und Shambok in die Koppel zu ihrem Herdenmitglied. Armand musste sich wieder integrieren, denn Shambok hatte in der Zwischenzeit die zweite Stelle nach Roland eingenommen. Nachdem die Rangordnung wieder hergestellt war und Armand sich mit dem dritten Platz abgefunden hatte, bildeten sie eine harmonische Herde.

Etwas außerhalb von Kasane fanden wir eine wunderbare Gelegenheit, unser Domizil aufzuschlagen und wieder einmal richtig ausschlafen zu können.

Allerdings machte uns zunehmend der langsame Genesungsprozess Armands zu schaffen. Da wir Armand so nicht mit auf die Reise nehmen konnten, erwogen wir den Kauf eines Ersatzpferdes. Bevor wir uns aber um ein neues Pferd kümmern konnten, mussten wir ein geeignetes Heim für ihn finden. Da fiel uns Ponchi wieder ein, die erholsamen Rasttage in ihrem Haus, die Grillnächte und die angeregten Gespräche. Da sich Ponchis Tochter, die kleine Prinzessin, sehnlichst ein Pferd gewünscht hatte, beschlossen wir, ihr Armand zu schenken. Auf dem großzügigen Gelände in Mahalapye würde er wieder zu Kräften kommen und der Kleinen große Freude bereiten.

Auf unsere Nachricht hin besorgte sich Ponchi sogleich einen Pferdanhänger und holte Armand ab. Esther vergoss bittere Tränen. Ich war ebenso traurig. Armand war unser Liebling gewesen, ein Schmeichler und Tröster. Nur das Wissen, dass er zu Menschen kam, die gut für ihn sorgen würden, machte den Trennungsschmerz erträglich.

Nachdem Armand sein neues Zuhause im Herzen Botswanas bezogen hatte, drängte für uns die Zeit, ein neues Pferd zu organisieren. Dazu knüpfte Esther Kontakte mit Besuchern des „Old House", ein von einem Deutschen geführtes Lokal in der Stadt. Schon am nächsten Tag, als ich gemütlich auf der Terrasse der Kubu-Lodge saß und über den gepflegten Rasen auf den Chobe River blickte, kam ein Mann mit dunkler Sonnenbrille an meinen Tisch und stellte sich als Graham vor. Er habe im „Old House" zufällig gehört, dass wir Ausschau nach einer Unterkunft in Sambia hielten und auf der Suche nach einem Pferd für unsere Reise wären.

„Ihr könnt gerne bei mir wohnen, bis ihr ein geeignetes Pferd gefunden habt. Wenn ihr mal über der Grenze in Sambia seid, erübrigt sich auch das Problem mit der Einfuhr. Ich kenne einige Leute in der Nähe, die Pferde besitzen. Das kriegen wir schon hin", meinte er.

Mit seinem Angebot bewies er jene außerordentliche Gastfreundschaft, die uns auf diesem Kontinent so oft begegnet war. Der Himmel hatte uns diesen Mann geschickt. Graham war, wie man so schön sagt, „Privatier". Seine ererbte Tabakfabrik und die Paprikaplantage zur Gewinnung von natürlichen Farbstoffen hatte er verpachtet. Von den Mieteinnahmen konnte sich der sportliche Mitvierziger alles leisten, was sein Herz begehrte. Aber er war kein Verschwender und lebte eher bescheiden als überzeugter Single in seinem Häuschen am Sambesi. Ab und zu besuchte er Partys, aber er war eher der Natur zugewandt und verbrachte seine Zeit am liebsten in Gesellschaft seiner drei prachtvollen Richback-Hunde oder mit Angeln.

Ein neues Land und ein neues Abenteuer lockten. Was würde in Sambia auf uns zukommen? Die gespannte Erwartung machte die Trennung von Armand weniger schmerzlich.

Zeitig am Morgen zogen wir Richtung Kazungula, dem nahe gelegenen Grenzort am Sambesi. Graham hatte unser Gepäck bereits abgeholt und war damit mittlerweile wahrscheinlich auch schon bei sich zu Hause.

Die Prozedur der Ausfuhr war schnell erledigt. Viele Schaulustige bestaunten unsere Pferde, als wir auf die Fähre warteten. Zunächst sträubten sich die Pferde, auf das Boot zu gehen, aber schließlich gelang es uns, sie vom Sattel aus auf das schnaubende Ungetüm zu treiben. Als wir nach zehn Minuten das sambische Ufer erreicht hatten, setzten die Pferde beim Rausgehen behutsam einen Huf nach dem anderen, immer darauf bedacht, nicht zwischen die weit auseinander klaffenden Bohlen des Fußbodens zu geraten. Wie wir drei Wochen später erfahren sollten, war die voll besetzte Fähre einige Tage nach unserer Überquerung gesunken, es hatte zahlreiche Todesopfer gegeben.

Die Grenzformalitäten der Einreise gestalteten sich einmal mehr formlos und zügig. An der Grenzstation herrschte reges Treiben. Händler mit ihren Bauchläden und bunt gekleidete Frauen hasteten umher und verhökerten Schmuck, unnötiges Plastikzeug oder lauwarme Getränke. Männer in dunklen Anzügen und mit Aktenkoffern prägten das Bild ebenso wie Bettler, Touristen oder Polizisten. Die zahlreichen Wechsler ließen sich durch die Anwesenheit der Polizisten nicht im Mindesten in ihren Schwarzgeschäften stören. Wahrscheinlich waren die Polizisten sowieso am Gewinn beteiligt und verdienten sich damit ein kleines Zubrot. Eines wurde mir jedenfalls klar: Allein indem wir einen Grenzfluss überquert hatten, offenbarte sich uns eine gänzlich andere Welt. Wir waren in „Schwarzafrika“ angekommen.

8 Sambia

Wir befanden uns nun im dritten Land unserer Entdeckungsreise, zirka 1500 Kilometer von unserem Ausgangspunkt entfernt. Mir kam es vor, als wären wir schon eine Ewigkeit unterwegs gewesen. Die Gedanken an die Heimat verschwammen immer mehr. Ich war so an das Leben im Busch gewöhnt, dass es mir schwer fiel, mir vorzustellen, wie ich früher in meinem Beruf als Musiker eine Phrase eingeübt, einen Soundcheck absolviert, Noten geordnet oder gar an einer Fernsehsendung teilgenommen hatte!

Wir hatten den Punkt von Grahams Anwesen auf unserem GPS markiert. Kurz nach der Grenze bogen wir rechts ab, um nicht auf der stark befahrenen Hauptstraße reiten zu müssen. Ein kurzes Waldstück, dann lag der mächtige Fluss vor uns. Auf einer saftig grünen Wiese, die alle Hufgeräusche verstummen ließ, bewegten wir uns dahin wie auf einem weichen Teppich, der uns zu Ehren ausgerollt worden war. Zur Rechten lag der Sambesi, dessen Fließgeschwindigkeit das gleiche Tempo aufwies wie der Schritt unserer Pferde.

Wortlos blieben einige Fischer stehen, als wir vorüberzogen. Das Grunzen der Flusspferde drang vom Sambesi herüber an mein Ohr. Die wunderbare, parkähnliche Landschaft ließ mich die Hektik der Grenze vergessen, und langsam begann ich zu realisieren, dass wir uns in einem anderen Land befanden.

Im Gegensatz zu Botswana, das nur kurzzeitig britisches

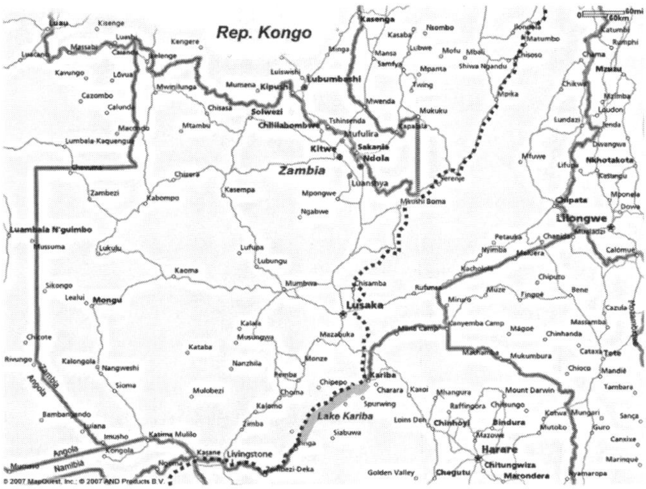

Abbildung 4: Sambia

Protektorat war, hat Sambia eine lange koloniale Geschichte. 1891 nahm Cecil Rhodes das Land in Besitz, nannte es Nordrhodesien und führte es der Britischen Kronkolonie zu. Erst 1964, als das kupferreiche Land ausgebeutet war, erlangte es seine Autonomie und heißt seitdem Sambia. Da Sambia ein Binnenland ist, war der Einfluss der Kolonialmächte nicht so prägend wie bei Ländern, die an der Küste lagen. Das größte Problem für die Fremdherrschaft war der Transport der Güter. Bis heute hat sich die Situation nur unwesentlich verbessert. Außerhalb der Hauptstadt Lusaka und einiger anderer größerer Städte gibt es kaum Verkehrsverbindungen. So leben in Sambia eine Vielzahl von Völkern, die fast autonom von Königen regiert werden, mit unterschiedlichen Lebensstilen,

Bräuchen und Kunsthandwerken. Offizielle Landessprache ist Englisch, aber es werden außerdem mehr als 70 verschiedene Regionalsprachen gesprochen.

Den Ausschlag, durch Sambia zu reiten, gab in erster Linie die friedfertige Einstellung der Bevölkerung und die politisch stabile Lage. Sambia gilt als Einwanderungsland und beherbergt zahlreiche Flüchtlinge aus Angola, dem Kongo oder Ruanda.

Die Aussicht, dass sich uns dank der Pferde die Möglichkeit bot, in Gebiete vorzudringen, die bisher noch nie ein Weißer betreten hatte, erfüllte mich mit prickelnder Spannung. In Botswana hatte selbstverständlich noch jeder gewusst, was ein Pferd war. Selbst in Gebieten, die weit ab der Hauptstraße lagen, existierte ein funktionierendes Bildungssystem, und insgesamt war Botswana ein nach westlichen Maßstäben entwickeltes Land. Aber wie würde man hier reagieren?

Unser nächster Übernachtungsort sollte sich jedenfalls als ein sehr zivilisierter erweisen. Die Landschaft änderte sich. Wir ritten auf einer geschotterten Straße zwischen abgeernteten Maisfeldern und Tabakfeldern. Grahams Ländereien waren so weitläufig, dass es noch eine ganze Stunde dauerte, bis das Wirtschaftsgebäude in Sichtweite kam.

Graham bewohnte nur ein kleines Häuschen, das durch eine Wiese vom großen Fluss getrennt lag. Alle anderen Gebäude dienten der Bewirtschaftung und waren verpachtet. Der Wohnbereich umfasste eine Küche, einen Schlafraum, Dusche und WC. Die Einrichtung war einfach und praktisch. Auf unnötigen Schnickschnack legte er keinen Wert.

Kurz nachdem wir eingetroffen waren, rollte Grahams Geländewagen auf das Anwesen. Er hatte für unsere Pferde zwei Säcke Weizenkleie besorgt, Futter, von dem wir wussten, dass unsere hungrigen Gesellen es besonders gerne fraßen. Nur mussten die Rationen gut dosiert werden, weil das Futter im Pferdemagen aufquellen und dadurch zu Koliken führen konnte.

Ich mischte je drei Hände voll mit Wasser und kredenzte den Brei Roland und Shambok, die sich wie wild darauf stürzten, so als hätten sie wochenlang nichts zu fressen bekommen.

Danach zeigte uns Graham den Platz für unser Zelt. Ein wunderschöner Ort, unter einem ausladenden, purpurrot blühenden Baum.

Nachdem wir unser Lager aufgeschlagen hatten, feuerte Graham den Grill an, und mit einem Gläschen Rotwein beschlossen wir den Tag. Roland war an der Zehnmeterleine angebunden, graste genüsslich einige Meter entfernt, und Bucki düngte friedlich Grahams Rasen.

Am nächsten Morgen kroch ich aus dem Zelt und streckte mich der aufgehenden Sonne entgegen. Shambok stand nicht weit von mir entfernt. Als ich mich ihm zuwandte, gab er merkwürdige Glucksl aute von sich. Es klang wie menschlicher Schluckauf, nur lauter. Ich trat näher an ihn heran und traute meinen Augen nicht. Shambok hatte den Futtersack, den ich verschlossen in eine Ecke gestellt hatte, aufgespürt, denselben durchgebissen und die ganze Nacht über Weizenkleie vertilgt. Sein Bauch war sichtlich angeschwollen, und wenn er gluckste, zuckte sein ganzer Körper. Dabei bog er seinen Rücken durch, als hätte er eine Spannfeder verschluckt. Ich dachte natürlich sofort an eine Kolik und machte mir Sorgen, obwohl ich mir das Lachen verkneifen musste ob der eigenartigen Bewegungen und Geräusche, die er von sich gab.

Wenn ich die Kleie abrechnete, die er im Rasen verstreut hatte, blieben immer noch 20 Kilo dieser seltenen Köstlichkeit, die er verspeist hatte. Gott sei Dank war er außerordentlich robust, und die Kolik blieb aus. Wir verpassten ihm sofort eine strenge Nulldiät, damit sich seine Verdauung wieder normalisieren konnte.

Der sensible Verdauungstrakt von Pferden ist so gebaut, dass sie nicht erbrechen können. Stallpferde haben daher auch teilweise verlernt, nur das zu sich zu nehmen, was ihnen gut tut. In unseren Breiten kommt es des Öfteren vor, dass sich im geschnittenen Heu Blumen oder Gräser befinden, die ein im Offenstall gehaltenes Pferd auf der Weide nie zu sich nehmen würde. Dies kann zu Vergiftungen oder Koliken, und im schlimmsten Fall sogar zum Tod führen. Meine Unaufmerksamkeit hätte die Reise vorzeitig beenden können, denn auf ein weiteres Pferd hätten wir nach dem Verlust von Armand keinesfalls verzichten können.

Ein neuerliches Missgeschick passierte mir am nächsten Tag. Graham nahm mich mit in das nahe gelegene Livingstone, um Einkäufe zu erledigen und Geld für den Kauf des neuen Pferdes abzuheben. Ich war nur einen kurzen Moment unachtsam, da nützte ein Dieb die Gelegenheit, und das Kuvert der Bank wechselte augenblicklich seinen Besitzer. Es ging so schnell, dass ich nicht reagieren konnte und der Dieb sich unerkannt aus dem Stab machte. Ich ärgerte mich über mich, umso mehr, als mich Graham kurz zuvor noch darauf aufmerksam gemacht hatte, gut aufzupassen.

Livingston war ein Schmelztiegel für Touristen aus aller Welt. Vor allem Rucksacktouristen frequentierten in dem geschäftigen Ort Herbergen aller Preisklassen. Die beliebteste nannte sich „Fawlty Towers".

Auch James, der Weltwanderer begegnete uns hier wieder. Dutzende Fahrradfahrer, die durch Afrika radelten, Wanderer mit dem Ziel, Kapstadt zu erreichen, oder Motorradfreaks, die durch die Sahara zurück nach Europa unterwegs waren, tummelten sich im „Fawlty Towers". Lauter Leute, die wir bereits von verschiedenen Internetforen kannten.

James fühlte sich mittlerweile wieder fit genug, seinen langen Marsch fortzusetzen. Für ihn war der Weg das Ziel, wie übrigens für die meisten Abenteurer, die wir auf unserem Ritt durch Afrika trafen.

Wir nahmen also ein weiteres Mal von dem sympathischen Engländer Abschied, mit der Gewissheit, dass wir in irgendeiner Ecke der weiten Welt wieder aufeinander stoßen würden.

Am nächsten Tag suchten wir den Pferdetrainer auf, den Graham kannte und der in der Nähe einen Poloclub managte. Polo war bei den umliegenden weißen Farmern, den Angestellten im Entwicklungsdienst und den Lodge-Betreibern ein beliebter Sport, dem sie jedes Wochenende frönten.

Charles stellte uns insgesamt acht Pferde zur Auswahl. Alle waren sehr ansprechend, standen gut im Futter und schienen perfekt trainiert zu sein. Wir entschieden uns für eine Vollblutstute mit dem klingenden Namen „Regal Colour". Charles bot noch den Service, das Tier frisch zu beschlagen und in den nächsten Tagen den Hufschmied bei Graham vorbeizuschicken, um auch Roland und Bucki neu zu beschuhen. Der Widerrist der „Neuen" schien mir etwas hoch zu sein, was bedeutete, dass eventuell Probleme mit dem Sattel auftreten könnten. Aber sowohl Charakter wie auch Physiologie im Allgemeinen machten einen guten Eindruck. Pferde von der Klasse, die wir gewohnt waren, konnten wir sowieso nicht bekommen, also urteilten wir einfach nach Sympathie.

Nach jeder Rast das Equipment wieder auf Vordermann zu bringen, war bereits Routine geworden. Das Lederzeug wurde eingefettet, und alle technischen Geräte wurden auf ihre Funktionalität überprüft, bevor wir Graham verließen und uns gut gewappnet auf den langen Marsch durch Sambia machten. Die Temperaturen wurden merklich höher. Nicht umsonst werden in Sambia die Monate September und Oktober „suicide months" genannt.

Es wurde ein schöner Ritt, den wir nun wieder zu dritt absolvierten. „Regal Colour" machte sich einigermaßen gut. Allerdings standen Roland und Shambok der Stute skeptisch gegenüber. So richtig nahmen die Herren die neue Dame nicht in die Herde auf. Es gab zwar keine Kämpfe um die Vorherrschaft, doch von einem harmonischen Miteinander konnte keine Rede sein. Wenn wir rasteten, stand sie immer im Abseits. Allerdings schien ihr das auch nicht viel auszumachen, sie graste friedlich und ließ sich widerstandslos einfangen und satteln.

Die Chundu-Lodge war eine außergewöhnliche Hotelanlage. Das harmonisch in den Dschungel eingebettete Hauptgebäude versteckte sich unter riesigen Schattenbäumen. In zehn Meter Höhe spannten sich Hängebrücken, über die man zu den geschmackvollen Chalets gelangen konnte. Wir hatten vor, auf der Rasenfläche hinter dem Haupthaus unser Zelt aufzuschlagen. Die freundliche Managerin aber machte spontan den Vorschlag, für denselben Preis, den der Zeltplatz gekostet hätte, uns eines der Chalets zur Verfügung zu stellen. Es hatte sich auch in Sambia bereits herumgesprochen, dass ein Paar aus Europa mit Pferden von Südafrika nach Kenia unterwegs war. Gerne nahmen wir das Angebot an, wieder einmal in guten Betten schlafen zu können.

Am Abend machten wir Bekanntschaft mit dem Besitzer der Lodge, der uns spontan zu einem Grillabend einlud, um mehr über unser Vorhaben zu erfahren. Der gut aussehende ältere Herr wusste selbst auch außerordentlich interessant über die Mentalität der Sambier zu erzählen und breitete vor uns und den anderen Hotelgästen eine Fülle spannender Geschichten aus. Zusammen mit dem „Chief Sekute“, dem regierenden Stammeskönig der eingeborenen Bevölkerung, engagierte er sich auch im sozialen Bereich. „Seit in Livingston ein Supermarkt eröffnet wurde, steigt die Todesrate von Frauen“, meinte er. Esther schaute mich fragend an, während der Hotelmanager kurz innehielt. Ich zuckte die Schultern. Der Manager fuhr eifrig fort: „Früher verwendeten die Frauen zum Wasserholen Eimer. Sie verweilten in der Regel nur einige Sekunden im Fluss. Der neu eröffnete ‚Shoprite‘ in Livingstone verkauft im Sonderangebot verschraubbare Kanister und wirbt damit, wie praktisch diese sind. Das sprach sich bei den Frauen schnell herum. Die Vorteile waren einleuchtend. Es kann kein Schmutz nachträglich ins Wasser gelangen und beim Transport wird nichts verschüttet. Aber die Kehrseite der Medaille ist, dass das Einfüllen des Wassers deutlich länger dauert als bei einem Eimer und dass die dabei entstehenden Glucksgeräusche

Krokodile anlocken. Für die lernfähigen Raubechsen sind die Frauen eine leichte Beute. Unfälle sind daher an der Tagesordnung. Dazu kommt, dass die politischen Umwälzungen im benachbarten Simbabwe dazu geführt haben, dass Tausende Krokodile von den aufgelassenen Zuchtfarmen zurück in den Fluss gewandert sind. Diese Tiere sind nicht nur unglaublich gefährlich, sondern auch das natürliche Gleichgewicht ist aus den Fugen geraten."

Der Manager hatte seine Hilfe angeboten, und den wichtigsten Vertretern der Einheimischen ein Drei-Tage-Programm vorgeschlagen, um ihre Frauen zu schützen. Am ersten Tag sollten die Männer in den Wald gehen und einige Bäume fällen. Am zweiten Tag sollten sie die Stämme entästen und zuspitzen, um sie dann am dritten Tag im Abstand von 30 Zentimeter kreisförmig in einer seichten Stelle in den Boden des Flusses zu rammen. Dann wären die Frauen vor den gefährlichen Bestien sicher. Kurz berieten die Männer, dann meldete sich der Sprecher: „Und was bezahlst du uns dafür?"

Ungläubiges Murmeln seitens der Zuhörer unterbrach die Schilderung.

„Für einen Großteil der Afrikaner gibt es keinen rationalen Zusammenhang zwischen Ursache und Wirkung, alles was passiert, wird einer höheren Macht zugeschrieben", ergriff der Mann wieder das Wort. „Der Hexenglaube ist stärker als der Einfluss der unzähligen Kirchen, die hier Missionsarbeit verrichten."

Eine Grundvoraussetzung für die weit verbreitete Hexenphobie sei die Eifersucht und die Missgunst der Menschen. Das sei zwar keine besondere Eigenschaft der Afrikaner, jedoch dieses Gefühl entfalte in Afrika oftmals zerstörerische Wirkung. Wenn sich ein Mann in Europa ein schönes

Auto kaufe, werde auch dort der Nachbar neidisch. Also kaufe sich der ein noch schöneres, um es dem Nachbarn zu zeigen. Wenn in Afrika aber ein Nachbar auf einmal eine viel bessere Ernte habe als alle anderen, münde dieser Umstand nicht in einen solchen Wettbewerb, da die meisten Menschen glauben, jeder dürfe nur so viel besitzen, wie es seiner sozialen Stellung entspreche. Ein Bauer dürfe nicht mehr haben als alle anderen Bauern auch. Käme also ein Landwirt durch eine gute Ernte zu mehr Geld als die anderen, so habe er diesen Reichtum mithilfe böser Mächte von der Gemeinschaft gestohlen und müsse daher gestoppt werden. Es wird geköpft, was zu schnell nach oben schießt. Viele Menschen, die ihre Dörfer verlassen hatten und in der Stadt zu ein bisschen Geld gekommen waren, wollten deshalb ihre Heimat nicht mehr besuchen, aus Angst vor dem Neid und der Rache der Bewohner. In Afrikas Gesellschaften zählen ererbte Führung, Alter oder Geschlecht viel mehr als Leistung, Arbeit oder erlerntes Wissen.

Eine Sozialbeziehung, in der sich diejenigen, die nichts haben, von denjenigen aushalten lassen, die etwas haben, ist auf das Verhältnis Afrikas zum Rest der Welt zu übertragen. Es gibt also einen fatalen Zusammenhang zwischen der Hexenfurcht, der Zerstörungskraft des Neides und der daraus resultierenden bremsenden Wirkung für die Gesamtwirtschaft. Da Afrika arm ist und somit in der Rangordnung der Weltmächte niedriger steht als zum Beispiel Europa oder Amerika, erwarten die Afrikaner, dass sie von den Reichen und Mächtigen versorgt werden. Und da sich die internationale Gemeinschaft mal mehr, mal weniger auf diese Erwartung einlässt, entsteht in Afrika fast keine Initiative. Deshalb brauche sich, nach Meinung unseres Erzählers, die Welt auch nicht zu wundern, dass Afrika heute trotz der vielen Milliarden an Entwicklungshilfe wirtschaftlich schlechter dastehe als vor 40 Jahren.

9 Aufgeben nicht möglich

Früh am nächsten Morgen ritten wir weiter, mit ungewissem Ziel. Wegen der tiefen Schluchten mussten wir die Lebensader, den Sambesi, für einige Tage verlassen. Zirka 20 Kilometer kämpften wir uns durch den Busch. Je weiter wir uns von dem Fluss entfernten, desto trockener wurde die Landschaft. Die Laubbäume hatten ihre Blätter abgeworfen, knisternd setzten die Pferde einen Schritt nach dem anderen auf den dichten Laubteppich. Die botswanische Ebene war nun einer gebirgigen Landschaft gewichen.

Das ständige Erklimmen steiler Hügel und das darauf folgende Bergab-Reiten verlangten den Pferden und uns viel ab. Oft mussten wir absteigen und die Tiere an der Leine führen. Um die Mittagszeit waren wir bereits so erschöpft, dass wir eine längere Pause einlegen mussten. Der Schweiß rann in Bächen über mein Gesicht, tropfte von der Nase und vom Kinn hinunter. Entkräftet und komplett durchnässt, flüchtete ich in den Schatten und sank auf einen Baumstamm. Auch die Pferde sahen müde aus und suchten überall nach Wasser, aber es gab nur dürre Gräser. Unsere Wasserrationen reichten zwar, dennoch drohten die Pferde auszutrocknen. Die Zeit schritt unaufhaltsam voran. Wehmütig dachte ich an den Sambesi. War es wirklich eine gute Idee gewesen, den Fluss zu verlassen? Hätten wir nicht besser versuchen sollen, die Schluchten zu bewältigen? Laut GPS befand sich in nicht allzu großer Entfernung ein Flussbett. Der heiß ersehnte Fluss war auch bald gefunden, aber von Wasser gab es keine Spur. Nur das ohrenbetäubende Gekreische der Zikaden beherrschte die Luft. Kein Vogelgezwitscher, das üblicherweise die Nähe eines Flusses anzeigte, war zu hören. Keine Touristen, keine Lodge mit gekühlten Getränken, keine Anzeichen, dass sich je ein Mensch außer uns hierher verirrt hatte, überall trockenes, lebensfeindliches Land.

Zum Umkehren war es bereits zu spät. Ohne Wasser für die Pferde wäre ein solches Manöver zu riskant gewesen. Außerdem wären wir in die Dunkelheit geraten, was ein Vorwärtskommen im dichten Busch unmöglich gemacht hätte. Die unzähligen Zuläufe, die wir durchquerten, waren staubtrocken.

An einem größeren Bachbett überließ ich Esther die Pferde und machte mich zu Fuß auf den Weg flussabwärts. Ich musste Wasser finden!

Und dann, nach nur zwei Biegungen und kaum fünf Gehminuten später, stieß ich plötzlich auf das Paradies. Ich konnte es kaum fassen. Unter einem Felsvorsprung entdeckte ich eine Pfütze von knapp einem Meter Durchmesser. Einige Frösche platschten erschrocken in die stinkige grüne Brühe, als ich näher trat, aber es war Wasser. „Wasser, ich habe Wasser gefunden!" Wir hatten eine Oase mitten im sambischen Urwald entdeckt. Ein paar Tage später, und es wäre auch diese Pfütze verdampft gewesen.

Unseren drei Tieren war die Qualität des Wassers genauso egal wie uns selbst. Ich packte den Wasserfilter aus und machte mich ans Werk. Das Unterfangen, aus dieser schleimigen Brühe trinkbares Wasser zu zaubern, stellte unseren Filter allerdings vor größere Probleme. Nach drei- oder viermaligem Pumpen tröpfelte nur zaghaft reines Wasser in meine Flasche. Das bedeutete, Filtergehäuse öffnen und mit der dafür vorgesehenen Bürste den Keramikeinsatz reinigen. Danach wieder zusammenschrauben, ein paar Mal pumpen und das Spiel von vorne beginnen. Es dauerte gute zwei Stunden, bis unsere Wasserflaschen für den nächsten Tag gefüllt waren und etwas Kochwasser bereitstand. Trotzdem waren wir überglücklich. Dass dies oder ähnliche Situationen ab jetzt zu unserem Alltag gehören sollten, konnte ich zu jenem Zeitpunkt nur schwerlich ahnen.

Am nächsten Tag gegen sieben Uhr freuten wir uns über die angenehme Temperatur, aber kaum zwei Stunden später heizte die Sonne die Luft derart auf, dass es mir vorkam, als wäre ich permanent einem elektrischen Haarföhn ausgesetzt. Immer wieder überquerten wir staubtrockene Zuflüsse, die zum Sambesi führten, dann wieder galt es, hohe felsige Hügel zu überwinden. Gegen Mittag gaben wir auf. Bei dieser Bruthitze kamen wir nicht weiter.

Während der Rast suchte ich eine sandige Stelle im Fluss und begann zu graben. Nach zirka 40 Zentimeter stieß ich auf eine Felsplatte. Nach weiteren Fehlversuchen spürte ich endlich, wie der Sand in einem halben Meter Tiefe feuchter wurde. Noch eine kleine Schicht schabte ich ab, dann sickerte Wasser hervor. Langsam füllte sich das künstliche Becken.

Dieses Verfahren hatte ich mir in Kenia von Frauen abgeschaut, die in einem ausgetrockneten Samburu-Zufluss nach Wasser gruben. Die gefüllten Container auf ihren Köpfen balancierend, legten sie nach dieser Arbeit einen mehrere Kilometer langen Marsch in ihre Dörfer zurück. Der lange Weg war notwendig geworden, weil die Touristen-Lodge, die sich in der Nähe ihres Heimatdorfes befand, den gesamten Wasserbedarf für ihre Gäste abgezweigt hatte.

Das in Livingstone gekaufte Biltong ging zur Neige, und die Nahrungsvielfalt reduzierte sich auf Bohnen in Tomatensauce.

„Regal Colour“ machte uns Sorgen. Beim Kauf der Stute war uns schon aufgefallen, dass sie an einer Augenentzündung litt. Wir hatten den Züchter darauf aufmerksam gemacht, er aber hatte uns beschwichtigt: „Es handelt sich nur um eine Reizung, wegen des beim Polospielen aufgewirbelten Staubes. Nach einigen Tagen geht das vorbei.“ Doch das Auge der Neuen war komplett mit Eiter verklebt, und der Zustand schien von Tag zu Tag schlimmer zu werden.

Mit klarem Trinkwasser reinigte ich das Auge und verabreichte eine antibakterielle Salbe aus dem Medizinsack. Doch es war keine Besserung zu bemerken. Immer wieder tränte das Auge, und eine Eiterspur zog sich über das Gesicht der Stute. Auch die erhoffte Integration in die Herde funktionierte nicht einwandfrei. Immer noch stand sie abseits, und Roland mied den Umgang mit der Pferdedame. Shambok hielt sich an Roland. Irgendetwas stimmte nicht mit diesem Pferd. Vom reiterischen Standpunkt her besaß sie immerhin einige Qualitäten. Sie ging zügig, und ihre Bewegung war gesäßschonend. Das war es aber auch schon.

Da sie an den ebenen Untergrund des Polofeldes gewöhnt war, stolperte sie oft unverhofft. Wir dachten, dass sie sich an Wurzeln, Steine und andere Unebenheiten gewöhnen würde, aber wir wurden enttäuscht. Vielleicht, so sagten wir uns, war ihre Sehkraft auch aufgrund der Entzündung am Auge eingeschränkt, und die Stute bewegte sich deshalb so ungeschickt durch die Wildnis. Jedenfalls tauften wir sie um: „Trine“ – der Name drückte eine gewisse Tollpatschigkeit aus und passte viel besser zu diesem Pferd.

Jeder Tag kostete enorm viel Kraft. Die Zeitplanung hatte sich allmählich so eingespielt, dass wir schon ab elf Uhr vormittags nach Wasser und einer Übernachtungsmöglichkeit Ausschau hielten. Die Routinearbeit wurde immer beschwerlicher, die Temperaturen stiegen unaufhörlich. Fünf Tage lang hatten wir nun keine Menschenseele mehr gesehen. Wir schmachteten in einer Hölle, manchmal schafften wir nur fünf Kilometer, bevor wir erschöpft unseren nächsten Übernachtungsplatz bezogen.

Wieder ging es steil bergauf. Scharfe Steine und riesige Felsbrocken ließen uns im Schneckentempo vorwärts kriechen. Die meiste Zeit führten wir die Pferde an der Leine, da sie mit den Hufeisen keinen Halt auf den glatten Felsen fanden. Ohne unser Gewicht konnten die Pferde besser ausbalancieren, aber das Packpferd konnten wir nicht entlasten. Deshalb hatten wir den geschickten Shambok ausgesucht, bei solch schwierigen Passagen das Gepäck zu tragen.

So bahnten wir uns den Weg durch das Dickicht. Da schnellte ein Ast vom vor mir gehenden Shambok zurück und traf Trine direkt am linken Auge. Jetzt war auch noch ihr gesundes Auge lädiert. Die Pupille des entzündeten Auges hatte die Farbe verloren und war komplett weiß geworden. Ich hatte den Verdacht, dass Trine auf einem Auge bereits blind war, sodass ich nun die Funktion des Blindenhundes für mein Pferd übernehmen musste.

Esther redete nicht viel, was bei ihr ein schlechtes Zeichen war. Vor einigen Tagen schon hatte sie über Bauchschmerzen geklagt. Sie hatte dies allerdings auf eine Magenverstimmung und ihre beginnende Periode zurückgeführt. Aber nun saß sie ganz verkrümmt im Sattel. Auf der nächsten Anhöhe stieg Esther vom Pferd und sank ins Gras. Die Hitze und der Schmerz trieben ihr die Schweißperlen auf die Stirn, und sie verwünschte den Tag, an dem wir uns zu dieser Reise entschlossen hatten. Ich machte mir große Sorgen um sie: Wenn Esther über Schmerzen klagte, dann musste es sich um etwas Ernstes handeln.

„Du schaffst es! Wenn wir am Sambesi sind, legen wir ein paar Rasttage ein", versuchte ich sie zu trösten; aber sie nahm meine Worte kaum wahr. Esther vermutete eine Blasenentzündung und schluckte Antibiotika und Schmerzmittel aus der Notfallapotheke am Überlebensgürtel. Ihr Zustand besserte sich langsam. Mühsam quälte sie sich in den Sattel. Bevor wir weiterritten, kontrollierte ich die Hufe unserer Gefährten. Shambok hatte ein Eisen an einem der Hinterhufe verloren, und die leidgeprüfte Trine hatte überhaupt nur noch eines behalten. Also ein Problem mehr.

Meine Nerven waren ziemlich strapaziert, Esther war kaum ansprechbar. Wir befanden uns mitten im Busch, kein Telefonsignal, kein Mensch weit und breit. Auf fremde Hilfe konnten wir nicht hoffen. Esther stöhnte leise vor sich hin und hielt sich wie ein Embryo im Sattel. Bucki lahmte wegen des verlorenen Eisens. Im Moment gaben wir nicht das Bild einer stolzen Reitertruppe ab. Roland und ich fühlten uns wenigstens halbwegs fit. Meine Hosenbeine hielt nur noch ein kleiner Stoffstreifen an den Kniekehlen fest. Die Vorderseite war völlig durchgescheuert. Aus den Löchern leuchteten die sonnenverbrannten Kniescheiben wie rote Ampeln hervor. Die Dornen hatten mein Hemd in einen zerrissenen Lappen verwandelt. Ich fühlte mich kraftlos, dennoch war ich immer noch um einiges besser dran als Esther.

Endlich, auf dem höchsten Punkt des letzten Hügels, kam der Sambesi ins Blickfeld! Wie ein fließender Stein aus Lapislazuli mit goldfarbenen Pyriteinschlüssen lag er majestätisch unter uns. Nur noch einige hundert Meter, dann hatten wir es geschafft. Grüne Wiesen und Wasser im Überfluss. Schon alleine der Klang des Wortes gab mir Kraft, und ich ließ mir den Namen des Flusses, „Sam-be-si", langsam auf der Zunge zergehen. Ich sprang vom Pferd und rannte den Hügel hinunter, dem Flussufer entgegen. Am Uferrand befanden sich kleine Becken, in die man gefahrlos eintauchen konnte. Wir fühlten uns wie im siebten Himmel und spürten, wie das Wasser uns vom Staub und Schweiß der letzten acht Tage befreite.

Wir blieben eine Stunde an diesem idyllischen Platz, und dann brachen wir wieder auf. Allerdings den Plan, am Fluss entlangreiten zu können, mussten wir aufgeben. Unüberwindliche Schluchten zwangen uns wieder zurück ins trockene Hinterland. Die Information, dass ein gewisser Herr McDonald, ein pensionierter Pilot der südafrikanischen Fluggesellschaft, sein Anwesen gerade in eine Touristen-Lodge umbaute, hatten wir vom Manager der Chundu-Lodge bekommen. Esther hatte eine Ruhepause dringend nötig, und die Pferde mussten unbedingt neue Hufeisen bekommen. In diesem steinigen Gebiet war ein Fortkommen sonst unmöglich. Es würde nicht allzu lange dauern, bis die Hornschicht der Hufe abgeschliffen war, und nichts würde dann ein Pferd dazu bringen, sich auch nur einen Schritt von der Stelle zu bewegen.

Mehrere Stunden verstrichen, und immer noch entdeckten wir keine Anzeichen einer menschlichen Behausung, geschweige denn eines weißen Mannes, der sich hier im „Nirgendwo“ angeblich ein Wochenendhäuschen hingestellt hatte. Es war bereits später Nachmittag, und unsere Reisemoral war wieder an einem Tiefpunkt angelangt. Schwerfällig schleppten wir uns weiter. Auch die Pferde, die sich daran gewöhnt hatten, ab Mittag zu rasten, gingen unwillig. Die blinde Trine zog es manchmal vor, wie ein sturer Esel stehen zu bleiben. Wenn ich eine Sekunde nicht aufpasste, drohte ich aus dem Sattel gerissen zu werden.

Um sicher zu gehen, den Sambesi noch vor Dunkelheit zu erreichen, bogen wir an einer lichten Stelle in den Busch ab. Wieder galt es, eine Anhöhe zu bezwingen. Und wieder ging es steil bergab. Die Sonne stach durch das löchrige Blätterdach wie durch ein Brennglas. Ich ging mit Trine vor. In diesem Fall war die Sehbehinderung des Pferdes sogar ein Vorteil. Das gute Tier konnte die Gefahr nicht abschätzen und sprang über jede Felsspalte, was die anderen dazu ermunterte, es ihr nachzutun. Wir hatten nun den Busch verlassen, und die Landschaft wurde zunehmend grüner und flacher. Ich konnte das Wasser förmlich riechen.

10 Die McDonalds

Keine 500 Meter flussaufwärts, direkt am Ufer auf einer Anhöhe, stand ein Gebäude. Es wirkte wie eine mittelalterliche Burg. Das konnte nur das Haus der McDonalds sein. Endlich. Im selben Augenblick stieg das Stimmungsbarometer. Die Sonne färbte sich orange und ließ das Gebäude auf dem Felsplateau wie ein Schloss erstrahlen.

Eine grüne Ebene erstreckte sich entlang des Flusses.

Kühe hatten dafür gesorgt, dass das Gras, wie durch einen Rasenmäher getrimmt, eine einheitliche Schnittlänge von fünf Zentimeter aufwies. Direkt am Ufer lagen saftig grüne Schilfbänke. Die Erleichterung und der Anblick dieses überwältigenden Farbenspiels trieben mir Tränen in die Augen. Jetzt galt es nur noch, die Anhöhe zum Haus zu erklimmen. Esther blieb im Sattel, ich stieg ab. Alle mobilisierten ihre letzten Kräfte, dann ging es steil bergauf. Als hätte ich Bleigewichte an den Beinen, setzte ich schwerfällig einen Fuß vor den anderen. Einige Meter noch, dann war es geschafft.

Lässig an ein Geländer gestützt, ein Whiskyglas in Händen, begrüßte uns ein junger Mann: „Hi guys, how is it?“

Der Mann stellte sich als Gary vor, hatte einen Dreitagebart, trug eine Baseballmütze mit Schirm nach hinten und ein T-Shirt mit der Aufschrift „I think I'll have another firkin beer!“[2]

---

[2]Firkin: altes englisches Hohlmaß (40,914 Liter)

Humpelnd kam Gary näher und streckte seine Hand zum Gruß aus. Ich bemerkte, dass sein Bein verbunden war, und fragte: „Wo liegt das Problem?“

„Ach, das ist nur ein kleiner Gichtanfall, ein paar Whisky, und die Schmerzen sind erträglich.“

Ich besann mich meiner Reiseapotheke und sagte: „Ich kann dir ein Geschäft vorschlagen. Wie wär's mit einem Glas Scotch on the Rocks gegen ein paar Gichttabletten?“

Er strahlte, humpelte zum Haus und kam Sekunden später mit zwei Gläsern Red Lable mit Eis zurück. Die McDonalds waren nach Lusaka gefahren, um Einkäufe zu machen. Der aus Südafrika stammende Gary war eine Art Privatsekretär oder Mädchen für alles. In Abwesenheit seiner Chefs verwaltete er das Haus und überwachte den Bau der drei kleinen Gästehäuschen, die halb fertig an der linken Seite des Felsvorsprungs standen.

„Darf ich vorstellen, Blossom“, sagte Gary, als sich eine kugelrunde Affendame emporreckte und ihm einen dicken Schmatz auf die Wange knallte. Gary erwiderte diese überschwängliche Liebkosung mit einem intensiven Zungenkuss. Esther verzog das Gesicht, was Gary ermutigte, seine behaarte Gefährtin abermals zu küssen.

Esther platzte förmlich heraus: „Wie lange bist du hier schon allein?“ Die Frage „Wie lange seid ihr schon zusammen?“ hatte sich Esther offensichtlich gerade noch verkniffen, wir kannten Gary erst zehn Minuten.

„Vor einer Woche sind sie weggefahren. Ich schätze, dass sie innerhalb der nächsten Tage wieder auftauchen werden.“

„Wir haben ein Problem. Wir brauchen dringend Hufeisen. Wäre es möglich, den Hausherrn zu kontaktieren und ihn zu bitten, uns Hufeisen aus Lusaka mitzubringen?“

„Ich glaube, das lässt sich machen. Einmal am Tag schalte ich das Funkgerät ein", sagte Gary und tätschelte dabei Blossoms Ohr. Plötzlich sprang das dicke Ungetüm über den Tisch und hinunter auf den Boden und biss Esther ohne Vorwarnung so heftig in die Waden, dass sie blutete. Esther schrie auf und versetzte dem Tier einen Tritt.

„Das tut man aber nicht, komm zu Herrchen", grinste Gary amüsiert. „Blossom duldet keine Konkurrenz. Am besten, du nimmst dir einen Stock und hältst sie damit auf Abstand. Es ist eine ihrer Eigenarten, deshalb haben wir ihr die Eckzähne abgeschliffen."

Esther griff sich den Bambusstab, der in einer Ecke stand. Blossom hatte Respekt davor, saß etwas abseits und mimte das niedliche Äffchen. Aber sobald Esther den Stock nur kurz ablegte, um sich eine Zigarette anzuzünden, riss die eifersüchtige Affendame das Maul auf und nahm sofort die Angriffsstellung ein.

Der Platz auf der Terrasse war wunderschön. In beiden Richtungen konnte man den Sambesi kilometerweit überblicken. Vom gegenüberliegenden Ufer aus Simbabwe war das Grunzen der Flusspferde nicht zu überhören.

Da wir ohne Zustimmung der McDonalds nicht im Haus schlafen konnten, bauten wir unser Zelt an der Lagune auf.

Die Krokodile in dem flachen Wasser waren klein, höchstens einen Meter lang, und daher keine ernstliche Gefahr für die Pferde.

Nach dem Abendessen, Gary hatte sich für uns unheimlich ins Zeug gelegt, konnte er eine Funkverbindung zu den McDonalds herstellen und unsere Bitte weiterleiten. Zwar würden sie Hufeisen und Nägel besorgen können, aber ihre Rückkehr war frühestens in einer Woche zu erwarten. Wir mussten uns also so lange gedulden. Unter diesen Voraussetzungen keine schlimme Angelegenheit.

Beim Kochen wechselten wir einander ab. Jeder versuchte den anderen zu übertreffen. Eines Abends bereitete ich eine „Bouillabaisse aux Sambesi“ zu, wofür ich stundenlang in der Küche verbrachte, um den grätenreichen Barsch zu filetieren, den Gary gefangen hatte, Gemüse zu schnipseln und Gartenkräuter zu putzen. Einige Tropfen Sherry, die Garys Vernichtungsaktion auf wundersame Weise entgangen waren, ein paar Butterflöckchen und Schlagsahne gaben der Köstlichkeit den letzten Schliff. Gary legte sogar ein Tischtuch auf.

Nach getaner Küchenarbeit musste die Suppe nur noch kurz ziehen. Ich legte also eine Pause ein und gesellte mich zu Esther und Gary auf die Terrasse. Plötzlich riss uns lautes Geschepper aus der vorabendlichen Festmahl-Stimmung. Die Affendame hatte sich ungeniert über mein kulinarisches Meisterwerk hergemacht. Weil der Deckel aber so heiß war, war sie erschrocken und hatte den Topf von der Herdplatte gestoßen. Der gesamte Inhalt hatte sich auf den Steinboden ergossen. Ich verscheuchte das Untier mit den übelsten Schimpfwörtern des Wiener Dialekts. Die Fischsuppe und damit auch Garys letzter Sherry waren dahin. Ich musste kurzfristig umdisponieren und bereitete eine „Potage aux Haricots“ zu – Bohnensuppe aus der Dose.

Endlich kamen die McDonalds. Im Gepäck hatten sie Lebensmittel, Baumaterialien und unsere Hufeisen samt Nägeln. Mit leuchtenden Augen beförderte Gary die neuen Bierkästen in die Vorratskammer. Frau McDonald machte einen sehr vornehmen Eindruck, irgendwie passte sie nicht in die Wildnis, aber ihr Mann, der Pilot, war ein ausgefuchster Abenteurer und Visionär. Er glaubte fest daran, in einigen Monaten Touristen in dieses abgelegene Juwel locken zu können. Nur, dazu hätte Blossom verschwinden müssen, und dies lag nicht im Sinne der Hausfrau, Blossom war der unumstrittene Liebling von Frau McDonald.

Der nächste Morgen begann arbeitsreich. Erstmals auf dieser Reise beschlug ich unsere Pferde selbst. Roland bekam zwei neue Eisen vorne, Bucki hinten und Trine auf allen Vieren. Mein Hufschmied hätte für diese Arbeit höchstens 40 Minuten benötigt, aber mich kostete sie den ganzen Vormittag. Ich schnitt und schliff die Hufe. Die Eisen waren entweder zu groß oder zu klein. Jedes einzelne Hufeisen musste kalt an den Fuß angepasst werden, da es keine Möglichkeit gab, das Material zum Glühen zu bringen. Zudem hatten die Nägel nicht die richtigen Maße. Nichts passte zusammen. Nach dem dritten Huf funktionierte es jedoch immer besser, und unsere Kameraden ließen die Tortur gelassen über sich ergehen.

Endlich waren wir bereit zur Weiterreise. Trines Augenentzündung hatte sich zwar leider nicht wesentlich gebessert, aber sonst waren fast alle Wehwehchen aus der Welt geschafft. Mir war klar, dass wir die nächste Etappe nur überstehen konnten, wenn es noch mehr Menschen von der Sorte McDonald geben würde.

11 Die weißen Götter

Entlang des Flusses waren extrem felsiges Gelände, tiefe Schluchten und steile Hänge zu überwinden. Das ewige Bergauf und wieder Bergab raubte uns die Kräfte und das Hinterland war ebenso unwegsam. Die Distanz des ersten Tages lag bei zehn Kilometer, nicht einmal ein Drittel unserer durchschnittlichen Tagesstrecke. Am nächsten Tag besserte sich die Lage auch nicht. Unzählige Zuflüsse hatten im Laufe der Jahrtausende tiefe Gräben gegraben. Nur wenige von ihnen führten Wasser, die meisten waren saisonal trocken. Die riesigen Felsbrocken allerdings ließen erahnen, welche Wassermassen während der Regenzeit hier in den Sambesi fließen mussten. Manchmal war es notwendig, eine seichte, schwach bewachsene Stelle zum Überqueren der Wasser führenden Zuflüsse oder Lagunen zu suchen und mit den Pferden durchzuwaten. Die Gefahr, auf gefährliche Krokodile zu stoßen, war groß, daher waren wir sehr vorsichtig in der Wahl des Überquerungspunktes und mussten manchmal Umwege von einigen Kilometer in Kauf nehmen.

Die Menschen, deren Lebensader der große Fluss war, lebten vom Fischfang. Sie schienen glücklich und zufrieden. Nur spärlich wurden Feldfrüchte angebaut. Die Leute waren nicht gewöhnt daran, dass man den Boden beeinflussen konnte, um eine reichere Ernte daraus zu gewinnen. Für diese Menschen war Gott allein für das Wachstum der Pflanzen verantwortlich. Es war nicht gerecht, Wasser vom

Fluss zu holen und die Pflanzen damit zu gießen. Gott oder die Götter würden sich rächen, wenn der Mensch beginnen würde, die Natur zu beeinflussen. Gott würde Tod und Krankheit schicken, wenn man ihm ins Handwerk pfuschte.

In Sambia schwanken die Zahlen der Anhänger von Naturreligionen offiziell zwischen 1 und 26 Prozent. In den Gebieten, die wir entlang des Sambesi und später am Lake Kariba durchritten, muss der Anteil der Naturreligionen aber wesentlich höher gewesen sein. Von christlichen Missionen war weit und breit nichts zu spüren. Der Glaube an Naturgötter war allerorts vorherrschend. Jeden Tag nach Sonnenuntergang begann der Busch zu leben. Immer wenn ein anstrengender Tag zu Ende gegangen war und wir todmüde am Feuer saßen, erklangen exotische Gesänge, die uns für die Plackerei tagsüber entschädigten. Das war das Afrika, wie wir es uns vorgestellt hatten.

Allmählich wurde die Landschaft flacher. Wir konnten nun direkt am Flussufer reiten und kamen gut voran. Die grüne Landschaft, die etwas kühleren Temperaturen und die Freundlichkeit der Menschen stimmten uns fröhlich. Auf einer weiträumigen Lichtung, wo der Sambesi einen Seitenarm bildete, schlugen wir unser Nachtlager auf. Sofort wurden wir von unzähligen Neugierigen umringt. Als jedoch ein Nil-Waran auftauchte, verlagerte sich die Aufmerksamkeit auf den Uferrand. Im Nu kreisten ihn die Kinder, angefeuert von den Erwachsenen, ein und bewarfen ihn mit Steinen, bis er sich nicht mehr rührte. Obwohl die Riesenechse als sehr klug und ausgesprochen scheu gilt, hatte sie keine Chance. Die Eingeborenen töteten sie unbarmherzig, weil sie die Fische im Fluss dezimierte, oder vielleicht auch nur, weil sie ein Unglücksbote war.

Der Kadaver blieb achtlos liegen. Das Tier maß gut einen Meter und sah aus, als wäre es dem Film „Jurassic-Park" entsprungen.

Bis zum Einbruch der Dunkelheit besuchten uns immer wieder Abordnungen des Dorfes. Höflich fragten sie, ob sie kurz bei uns Platz nehmen dürften, um zu erfahren, was uns in ihr Gebiet verschlagen hatte, woher wir kamen und wohin uns unsere Reise führte. Diese Delegationen bestanden aus drei bis fünf Männern, von denen immer nur einem erlaubt war, Fragen zu stellen, die er dann mittels Übersetzer weitergab. Kaum zog sich eine Gesandtschaft mit dem Argument zurück, nicht länger stören zu wollen, erschien die nächste, welche genau dieselben Fragen stellte. Selbstverständlich gab es auch immer die gleichen Antworten. Ich hatte den Eindruck, dass es nicht darum ging, diverse Informationen zu erhalten, sondern dass es sich um ein Buhlen um Status innerhalb der Dorfgemeinschaft handelte. Jedes Detail unserer Reise musste mittlerweile im Umkreis von einigen Kilometer bekannt gewesen sein, aber die Schar der ehrwürdigen Alten, Häuptlinge, Chiefs, Polizeioffiziere, und wie sie sich alle vorstellten, riss nicht ab.

Am nächsten Morgen vor Sonnenaufgang machten wir uns abmarschbereit. Einige Tage ging es jetzt im selben Trott dahin. Dann mussten wir für eine Etappe den Fluss wieder verlassen. Querfeldein ritten wir mithilfe des GPS durch einen Spätherbstwald.

Nach einigen Stunden näherten wir uns einem kleinen Dorf. Da geschah etwas Merkwürdiges:

Aus allen Hütten sahen wir Gestalten schleichen und in den Wald huschen. Ein junger Mann versteckte sich hinter einem Baum, aber seine Neugier war offensichtlich stärker als die Angst. Ich ritt schnurstracks auf den Baum zu, und als der Junge bemerkte, dass er entdeckt war, stieß er einen schrillen Schrei aus und rannte splitternackt davon. Ich zählte zwölf Hütten. Alle waren leer, es war mucksmäuschenstill ringsum. Wir mutmaßten, dass wir die ersten Weißen waren, die sie je zu Gesicht bekommen hatten. Womöglich dachten sie, wir würden Tod und Verderben bringen. Vielleicht gab es Geschichten dieser Art, die sich aus früher Kolonialzeit erhalten hatten und die man sich von Generation zu Generation weitererzählte? Für einen Moment beschlich mich das heroische Gefühl eines Entdeckers, andererseits war ich beschämt, als Eindringling offensichtlich Furcht und Schrecken verbreitet zu haben.

Noch durch ein weiteres Dorf ritten wir an diesem Tag, und auch dieses war wie ausgestorben. Selbst die abgemagerten Hunde, die normalerweise in Rudeln auftraten und ihre Anwesenheit mit lautem Gebell unterstrichen, schienen wie vom Erdboden verschluckt. Was mochte in diesen Menschen wohl vorgegangen sein? Da es zu diesen Dörfern keine Verkehrsverbindungen gab, waren sie vom Rest der Welt völlig abgeschnitten und lebten vielleicht schon seit Jahrtausenden ohne Beeinflussungen von außen.

Als wir am nächsten Abend wieder den Fluss erreichten, war alles so, wie wir es gewohnt waren. Menschen strömten massenweise herbei, Kinder lachten und starrten uns mit ihren großen Augen staunend an. Die Jüngsten unter ihnen begannen zu weinen, und Mütter trösteten sie oder brachten sie außer Reichweite. So wie man bei uns in vergangenen Zeiten Geschichten über den schwarzen Mann erzählte, und dies als erzieherisches Druckmittel verwendete, geschah das hier offenbar mit dem weißen Mann, „der dich holt, wenn du nicht brav bist.“

In einer Ebene, die mich an den Norden Deutschlands erinnerte, fanden wir ein hübsches Plätzchen an einem kleinen Zufluss. Ringsum befand sich meterhohes Gras, das sich bis zum Sambesi erstreckte, der 500 Meter entfernt lag. Kühe und Ziegen weideten auf diesem flachen Stück, und einige Hütten aus Stroh lagen verstreut dazwischen. Kleine Rauchsäulen kräuselten sich in der glasklaren Luft. Keine Anzeichen von Zivilisationsmüll verunstalteten die Landschaft. Bunt gekleidete Frauen, schwer beladen mit Bündeln von Schilfgras oder mit Wassereimern, die sie geschickt auf ihren Köpfen balancierten, verweilten in einiger Entfernung, um uns Fremde zu begutachten. Die Männer hingegen, allesamt Fischer, kamen sofort näher, um uns willkommen zu heißen. Sie waren freundlich, aber zurückhaltend. Interessiert beobachteten sie Esther, die sich durch deren Anwesenheit nicht abhalten ließ, das Zelt aufzustellen. Ich versorgte indes die Pferde.

Leider musste ich feststellen, dass Trine zu ihrer Augenverletzung noch eine bedrohliche Beule am Widerrist bekommen hatte. Als ich ihr das Gepäck abnahm, kam eine nässende Wunde zum Vorschein. Ich versorgte die Verletzung mit Blauspray, um einer Entzündung vorzubeugen und die Fliegen davon abzuhalten, ihre Eier darin abzulegen. Auch an den Vorderbeinen hatte sich Trine verletzt. Mit den Hufeisen hatte sie sich ihre Fesseln aufgeschunden. Sie entwickelte sich tatsächlich zum Problempferd. Das linke Auge, das durch den zurückschnellenden Ast in Mitleidenschaft gezogen war, hatte sich gebessert, aber das andere war weiterhin weiß, tränte und eiterte. Anschließend rieb ich alle drei Pferde mit der Zeckentinktur ein. Nachdem die Hufe kontrolliert und ausgekratzt waren, führte ich Roland zu einer geeigneten gefahrlosen Stelle am Bach, um Wasser zu saufen. Es erstaunte mich immer wieder, dass alle nur an dem Ort tranken, den ich für sie ausgesucht hatte.

Der Schleier der afrikanischen Nacht senkte sich rasch über die paradiesische Landschaft. Ich machte Feuer für das Abendessen, und Esther setzte ihre Tagebuchaufzeichnungen fort. Die Zikadengesänge verstummten langsam und gingen nahtlos in ein Konzert von Fröschen und Kröten über.

Wir saßen gemütlich am Lagerfeuer und ließen uns die letzten Reste von Garys Biltong und eine Dose Bohnen schmecken. Der Teekessel dampfte, und das Kreuz des Südens strahlte über uns. Endlich waren wir alleine. Die Angst vor bösen Flussgeistern hatte alle Menschen in ihre Behausungen getrieben.

Plötzlich wurde die romantische Stimmung durch ein Geräusch unterbrochen. Es war ganz in der Nähe und hörte sich an, als wäre ein größerer Gegenstand ins Wasser gefallen. Sofort packte ich meine Taschenlampe und rannte in die Richtung, aus der das Geräusch kam.

Alle drei Pferde standen im Trockenen. Ich konnte nichts Verdächtiges feststellen. Ich ließ den Lichtkegel der Lampe am Ufer entlanggleiten. Und dann sah ich die Bescherung. Zwei feuerrote Augen blitzen mir entgegen. Ein Krokodil lag bewegungslos, kaum zehn Meter entfernt, am gegenüberliegenden Ufer. Die Größe konnte ich nicht feststellen, da es zu dunkel war und der Körper im Schilf verborgen. Aber da es keine Scheu davor gehabt hatte, ein 600 Kilogramm schweres Pferd anzugreifen, musste es sich um ein ausgewachsenes Kaliber handeln. Bucki stand mit großen

Augen hinter mir und kaute an einigen Halmen. Sein Kopf war nass gespritzt, aber er hatte keine Verletzungen. Im letzten Moment dürfte der Wallach die Gefahr erkannt haben und zurückgewichen sein. Es war unglaubliches Glück, dass er den Angriff unverletzt überstanden hatte. Weshalb wir gedacht hatten, dass sich in diesem Seitenarm keine Krokodile aufhielten, ist mir bis heute ein Rätsel. Wahrscheinlich, weil die Menschen tagsüber so sorglos sich und ihre Wäsche gewaschen hatten und sogar selbst in den Fluss gestiegen waren?

Unser nächstes Ziel war der Lake Kariba. Dieser künstlich geschaffene See ist einer der größten der Welt. Bei einer Länge von 280 Kilometer beträgt die Wasserfläche 5580 Quadratkilometer. Etwa 100 Menschen verloren bei den Bauarbeiten ihr Leben, und 57.000 Menschen mussten umgesiedelt werden, als der Stausee gefüllt wurde. Aber auch Tiere wurden in andere Gebiete verfrachtet. Durch die Operation „Noah“ konnten zwischen 1960 und 1961 zirka 6000 Tiere gerettet werden, die durch das steigende Wasser zu ertrinken drohten.

Drei oder vier Tage würde es dauern, um den See zu erreichen. Wir ritten quer durch den Sambesi-Schilfgürtel. Das mehr als zwei Meter hohe Gras verstellte komplett die Sicht. Nur ein kleiner Fußweg erlaubte das Durchkommen. Wie durch einen grünen Tunnel bewegten wir uns langsam vorwärts. Als es etwas lichter wurde und einige Tümpel zum Vorschein kamen, beschlossen wir, an diesem Platz zu nächtigen.

Den ganzen Tag über hatten wir nur wenige Menschen getroffen. Meistens Frauen, die mit dem Sammeln von Feuerholz beschäftigt waren. Riesige Reisigbündeln schleppten sie einige Kilometer weit durch den dichten Busch bis zu ihren Hütten. Sie waren an diese mühselige Arbeit gewöhnt. Ohne Schuhe balancierten sie die schweren Lasten auf ihren Köpfen, und dennoch wirkten ihre Bewegungen anmutig und würdevoll. Zudem hatten die meisten Frauen auf dem Rücken zusätzlich ihre Babys gewickelt.

Feuerholz war eindeutig Frauensache, nie hatte ich bisher Männer diese Arbeit verrichten sehen. Auch Männer mit Wassereimern waren die Ausnahme. Nachdem ich meist Frauen die Feldarbeit verrichten sah und die Kindererziehung ebenfalls Frauensache war, fragte ich mich, ob den Männern hier eigentlich nur die Funktion des Zeugers blieb. Was so verlockend klang, hatte meiner Meinung nach enorme Nachteile. Hier herrschte ja die Vielehe. Doch das Bild vom Hahn im Korb trog, denn der Mann verliert an Wichtigkeit, wenn er mehrere Frauen hat. Es reichte einer jeden vollauf, ihn ab und zu bei sich zu haben (für mehr war er eh nicht zu gebrauchen).

Traditionellerweise besaß jede Frau ein Haus, während der Mann oft keines hatte und als ewiger Besucher von einer Frau zur anderen zog. Auch wenn nominal alles ihm gehören sollte, so hatte er in den häuslichen Bereichen grundsätzlich gar nichts zu sagen. Und wenn man weiß, welch zentrale Bedeutung Heim, Herd und Familie in Afrika haben, dann ist es mit der Dominanz des Mannes nicht weit her.

Trine hatte sich überanstrengt. Sofort nach dem Absatteln legte sie sich in die pralle Sonne. Ich bewegte sie dazu, wieder aufzustehen, und führte sie an ein schattiges Plätzchen, wo sie sich ausruhen konnte. Ihre Wunde am Widerrist war schlimmer geworden. Durch die Reibung der Pferdedecke unter dem Packsattel und die übermäßige Schweißabsonderung hatte sich die Wunde entzündet. Roland und Bucki machten sich indes sofort daran, die Schilfhalme an den kleinen Tümpeln abzuknabbern, was immer ein gutes Zeichen für ihr Wohlbefinden war.

Es dauerte nicht lange, da kamen auch diesmal wieder die ersten Begrüßungsdelegationen. Professionell fertigten wir fünf Begrüßungskomitees ab, beim sechsten warf Esther das Handtuch, und wir baten die freundlichen Leute, morgen wieder zu kommen. Selbstverständlich würden wir diesen Platz dann schon verlassen haben.

Die kommenden Tage waren entsetzlich anstrengend. Die Hitze setzte uns und den Pferden stark zu. Dazu kam, dass Trine Probleme machte und die Anzahl der Menschen, die uns begleitete, unaufhörlich stieg.

Der Ort Maamba bestand aus einer Ansiedlung von einigen Hütten und kleinen Läden, in denen das Angebot an haltbaren Lebensmitteln etwas sortenreicher war. Hier gab es Corned-Beef, zwar sauteuer, aber wir konnten es uns leisten. Als ich mich in dem knapp zwei mal zwei Meter kleinen Lokal umschaute, entdeckte ich eine Art Trink-Yoghurt.

„Das ist „Maheo", erklärte die junge Dame in ihrem bunten Wickelkleid, „dünner Maisbrei in verschiedenen Geschmacksrichtungen." Wir hatten uns seit Tagen nur von Bohnen, Bohnen und noch einmal Bohnen, ergänzt ab und zu von Sardinen, ernährt. Mein Gaumen lechzte nach Abwechslung. Ich verlangte eines mit Erdbeergeschmack. Und als ich den ersten Schluck auf der Zunge zergehen ließ, konnte ich mich nicht mehr beherrschen. Ich leerte diese süße Köstlichkeit, die wirklich Ähnlichkeit mit Trink-Yoghurt hatte, in einem Zug. Mein Gaumen schmachtete förmlich nach Zucker und Fruchtgeschmack. Ich bestellte noch eine weitere Geschmacksrichtung und leerte diese ebenso ohne abzusetzen. Danach kaufte ich den Laden regelrecht leer. „Maheo“ war fantastisch, einfach himmlisch. Ich stopfte die kleinen Fläschchen emsig in die Satteltaschen. Wenn ich an das reichhaltige Angebot in den Supermärkten zu Hause dachte, kam mir meine Reaktion lächerlich vor. In Zukunft würde ich diese Vielfalt an Waren freilich mehr zu schätzen wissen als bisher.

12 Hungerbäuche und Espresso

Wir waren wieder an eine Hauptstraße gelangt. Sie führte nach Sinazongwe und rechts ab zum Lake Kariba. Der Sambesi war außer Sichtweite, wir ritten durch trockene Landschaft. Tiefer, dünner Sand erschwerte das Vorwärtskommen. Die Sonne brannte unbarmherzig auf uns herab. Ab und zu bot ein Baum Schatten, sonst gab es nur kleine Dorngewächse und Akazien.

Oft begegneten wir Kindern mit großen Bäuchen. Ich erinnerte mich an Medienberichte und Bilder aus der Sahelzone, die vor einigen Jahren um die Welt gegangen waren. Diese Kinder hier litten wahrscheinlich an Protein-Energie-Unterernährung. Ihre Nahrung bestand ausschließlich aus Maisbrei. Dieses Merkmal einer Fehlernährung war speziell bei Kleinkindern zu beobachten, während bei Halbwüchsigen die Bäuche wieder normale Ausmaße hatten. Mit einer Mischung aus Zorn und Scham dachte ich an mein wohlschmeckendes „Maheo“, das sich in meinen Satteltaschen befand und dem alle möglichen Vitamine, Zucker und Kalzium beigemengt waren. Nur die wenigsten konnten sich dieses nahrhafte Produkt der Lebensmittelindustrie leisten.

Nun wurde die Luft merklich feuchter. Wir erkundigten uns, ob es hier irgendwo ansässige Weiße gäbe. Nach mehrmaligem Fragen bekamen wir immer wieder dieselbe Antwort: „Crocodile farm, near-by.“ Und tatsächlich, bald näherten wir uns einem Schild mit der Aufschrift

„Zongwe Crocodile Farm 2 km". Da wir schon wieder mehr als eine Woche im Busch unterwegs waren, hofften wir auf einige Tage der Ruhe. Wir folgten einem geschotterten Zufahrtsweg, der von dichtem, grünem Buschwerk gesäumt war, und erreichten ein großes, elektrisch gesichertes Eingangsportal. Ein bewaffneter Mann in einer khakifarbenen Uniform schlenderte gemächlich aus seinem Wachhäuschen und grüßte in einwandfreiem Englisch.

„Wir würden Ihrem Chef gerne einen Besuch abstatten", sagte Esther höflich.

Es dauerte nicht lange, da öffnete sich das Tor. „Zwei Kilometer, dann links abbiegen – Sie werden erwartet", rief der Beamte.

Sofort stieg unsere Stimmung, die in den letzten Tagen wegen der vielen Menschen, die uns pausenlos verfolgt hatten, am Tiefpunkt gewesen war. An beiden Seiten des Weges plätscherte Wasser. Becken kamen zum Vorschein, große, mittlere und kleine Krokodile tummelten sich darin, oder sie lagen mit geöffneten Mäulern gelangweilt an den Uferrändern. Dann änderte sich die Landschaft, und es erschienen hohe Bäume, Palmen und saftige Wiesen. Was für ein Paradies!

Als wir zu dem weiß getünchten, mit Reet gedeckten Haupthaus abbogen, gab der dichte Bewuchs erstmals den Blick auf den See frei, der durch die Büsche glitzerte. Zum ersten Mal seit einer Woche vernahm ich wieder Vogelgezwitscher, welches die fast kitschige Postkartenszenerie mit Leben erfüllte.

Wir befanden uns auf einer Anhöhe. Fünfzig Meter ging es steil bergab, und unten breitete sich der Lake Kariba türkisblau vor uns aus. Wasser, soweit das Auge reichte. Die Sonne zog einen schmalen silbrigen Streifen quer durch den See. Kleine Inseln schwammen wie grüne Hütchen auf dem glatten Wasserspiegel. Dichter, undurchdringlicher Urwald wucherte an den Ufern. Kein Hotel, keine Motorboote, nur üppige Natur. Ich spürte das unbändige Verlangen, mich augenblicklich in das kühle Wasser zu stürzen.

Eine junge, hübsche Italienerin namens Maria hieß uns freundlich willkommen, als wären wir alte Bekannte. Ihr glattes, dunkelbraunes Haar glänzte in der Sonne, ihre Augen waren von einer dunklen Designerbrille verdeckt, und ein monströses Metallkreuz hing an einem Lederband von ihrem Hals. Der sonnengebräunte Körper der Fünfundzwanzigjährigen wies Idealmaße auf.

Maria zollte unserem Vorhaben gehörigen Respekt. Ihr erst kürzlich angetrauter Mann war geschäftlich verreist, und auch ihr Schwiegervater, Johann Joorges, Chef des gesamten Unternehmens, würde erst in ein paar Tagen zurückkehren.

Die Männer waren mit der Führung der Krokodilfarm betraut, die angeblich eine der größten der Welt war. Der Onkel wiederum betrieb einen der bedeutendsten Fischereibetriebe am Lake Kariba. Er war der Krokofarm benachbart.

Maria hatte es sich zur Aufgabe gemacht, den Tourismus in diesem Landstrich anzukurbeln. Dass schon vor Fertigstellung der Lodge Gäste zu Besuch kamen, freute sie besonders.

„Wir haben genug Platz, ich möchte einige Räume als Guesthouse vermieten. Sie sind noch nicht ganz fertig, aber bald", erzählte Maria.

„Das ist ein ausgesprochen schönes Plätzchen", meinte ich bewundernd.

„Ja, es ist herrlich, es ist unser Paradies, darf ich euch einen Espresso anbieten?"

Espresso, italienisch, von einer Italienerin serviert, was konnte es Besseres geben? Der Löskaffee, den ich mitführte, konnte da bei weitem nicht mithalten.

Nachdem uns Maria in original italienischen Espressotassen den besten Kaffee der Welt serviert hatte, bezogen wir einen gemütlichen Platz auf dem Rasen unter den hohen Bäumen mit Aussicht auf den See.

„Wenn ihr mit eurer Arbeit fertig seid, gibt's Spaghetti carbonara, grünen Salat, Rot- oder Weißwein."

Meine Augen leuchteten. Wir hatten unsere „McDonalds" gefunden. Das Glück ließ keine Wünsche offen, wir befanden uns an einem idealen Regenerierungsort, als wären wir auf Kur.

Unwillkürlich fielen mir die Kinder mit den Hungerbäuchen ein. Noch nie war mir die Härte des Lebens so vor Augen geführt worden wie in den letzten drei Wochen. Ich konnte mich glücklich schätzen und dankbar sein, dass ich in Österreich geboren worden war. All die Möglichkeiten, die mir geboten wurden, mein Talent und meine Ausbildung, ich konnte mir bei Gott nichts darauf einbilden. Ich hatte bloß die besseren Karten. Aber war ich glücklicher als die Menschen jenseits des Elektrozaunes? Die vielen lachenden Männer, Frauen und Kinder, die uns gutherzig begegnet waren, waren sie unglücklich? Nein, keineswegs, den Eindruck hatte ich nicht.

Sie schienen zufrieden mit dem, was sie hatten. Besitztum war hier nicht der Gradmesser des Glücks. Die Prioritäten lagen woanders. Im Schoße der Großfamilie, ob Alt oder Jung, alle waren sie gut aufgehoben, bis jemand mit Versprechungen kam und mit der Brechstange versuchte, ihnen klarzumachen, dass unser System das bessere war. Hier begegnete man den Alten mit Würde, sie wurden nicht auf das Abstellgleis manövriert. Je älter sie waren, desto mehr Achtung und Respekt brachte man ihnen entgegen. Einsamkeit war hier ein Fremdwort. Aber zugleich auch Privatsphäre. Im Unterschied zu uns empfanden sie kein Verlangen nach Intimität.

Maria lud uns ein, einige Tage zu bleiben. Genauer gesagt, so lange wir wollten. Sie würde eine Besichtigung der Krokodilfarm organisieren, und wenn ihr Mann zurück war, könnten wir eine Fischertour mit dem Boot unternehmen.

Als am nächsten Abend Marias Schwiegervater und ihr Mann eintrafen, gab es eine Willkommensfeier, zu der wir eingeladen wurden. Die Belegschaft des Fischereibetriebes und der Krokodilfarm sowie Nachbarn und Farmer aus der Umgebung schwangen ihr Tanzbein zu nostalgischen Melodien. Das Repertoire des DJ, der mächtig Schwung in die leicht illuminierte Gesellschaft brachte, endete Anfang der siebziger Jahre. Auch deutsche Polkaklänge und Wiener Walzer erklangen. Ich fühlte mich um Jahrzehnte zurückversetzt.

Ein fulminantes Grillgelage bildete den Höhepunkt der gelungenen Feier. Alle waren überaus interessiert an unserer Reise, jeder wollte mit uns ins Gespräch kommen. Esther amüsierte sich bis in die frühen Morgenstunden, ich warf das Handtuch kurz nach Mitternacht, mit dem Vorteil, dass mir im Gegensatz zu meiner Frau der morgendliche Kater erspart blieb.

Ein herrliches Frühstück mit frischem Gebäck, Marmelade, Schinken, Eier und frisch gepresstem Orangensaft wurde von Marias Küchenhilfe am nächsten Morgen in den Garten serviert.

Wie versprochen, fand dann die Besichtigung der Krokodilfarm statt. Die Zuchtstationen, wo bis zu vier Meter lange alte Kolosse ihren Lebensabend verbrachten, sowie die Legebatterien oder die Becken mit den Allerkleinsten, die kaum größer als Eidechsen waren, wurden uns vorgeführt. Ein Vorarbeiter erklärte fachkundig, welcher Teil der Haut zur Weiterverarbeitung exportiert wurde, und dass neuerdings das Fleisch in diversen Feinschmeckerrestaurants im Ausland großen Anklang fand. Kostproben dieses exotischen Fleisches hatten wir letztes Jahr im berühmten „Carnivore Restaurant" in Nairobi genossen. Es schmeckte hervorragend und ähnelte, je nachdem, womit die Echsen gefüttert worden waren, entweder dem Geschmack von Hühnchen oder von Fisch.

Eine strenge Qualitätskontrolle der Häute erfolgte in einer Umgebung von klinischer Sauberkeit. Die Arbeiter trugen wasserdichte Kleidung und Mundschutz. Das Töten der bis zu einem Meter langen Tiere erfolgte mittels eines fachmännischen Stiches in das Rückgrad, welches eine Lähmung zur Folge hatte. Danach wurden die Tiere kopfüber an einem Haken aufgehängt. Durch einen gezielten Schnitt am Kopfende blutete das Tier aus, bis es tot war. Sogleich begann das Häuten der Tiere. Dabei wurde genau darauf geachtet, das Leder nicht zu verletzen. Jeder noch so kleine Schnitt führte zu Qualitätseinbußen oder machte die Haut unverkäuflich.

Die Fischereiflotte der Familie Joorges war hauptsächlich auf „Capenta" spezialisiert. Dies ist ein kleiner Fisch von einigen Zentimeter Länge. Er ist an fast allen Märkten Afrikas in getrocknetem Zustand zu finden. Mit riesigen

Kränen, an denen das Capentanetz befestigt ist, fahren die Schiffe nachts auf den See. Mit starken Scheinwerfern werden die Fischschwärme zusammengetrieben. Am Morgen kommen dann Tonnen dieser kleinen Fische zur Trocknung in die Sonne. Der größte Teil dient als Nahrung für die Krokodile der Farm, der Rest wird mittels Salz konserviert und auf den Märkten zum Verkauf angeboten.

Johann Joorges sah sich freundlicherweise Trines Auge an und empfahl uns ein Medikament, das er auch den Krokodilen verabreichte. Eine durch Viren oder Bakterien hervorgerufene Krankheit der Krokodilaugen war in diesem Gebiet sehr verbreitet, und er meinte, Trines Augenentzündung sehe genauso aus wie die Krankheit, die seine Krokodile von Zeit zu Zeit befiel. Bei Nichtbehandlung führe sie zu Blindheit, und außerdem bestehe große Gefahr, dass das gesunde Auge angesteckt würde.

Er gab uns eine Tüte mit antibakteriellem, gelbem Puder. Ich verabreichte es Trine, die diese Behandlung im Auge natürlich nur ungern über sich ergehen ließ. Vor allem wollte sich die Dame nicht gerne ans Auge fassen lassen. Ich musste einen Trick anwenden. Ich legte eine Dosis auf meinen Handrücken, ähnlich einer Straße Kokain, und blies Trine das Puder direkt ins Auge. Nach einer kurzen Schrecksekunde hatte sich das Pferd daran gewöhnt. Sie vergoss im wahrsten Sinne des Wortes Krokodilstränen. Glücklicherweise trat bald Besserung ein. Das Auge bekam wieder Farbe und hörte auf zu eitern.

Roland und Bucki waren wohlauf, obwohl auch Roland sich bei der letzten Etappe eine Schürfstelle am Widerrist zugezogen hatte.

Unweit der Farm befand sich ein Ort, dessen Einwohner allesamt bei der Familie Joorges angestellt waren. Hübsche kleine Läden, gut gekleidete Menschen, eine Schule, ein Krankenhaus, kurzum eine Infrastruktur, die funktionierte. Ein Musterbeispiel an Entwicklungshilfe. Die Menschen waren gewöhnt zu arbeiten und dafür angemessenen Lohn zu erhalten. Reich werden konnten sie damit zwar nicht, aber der Lebensunterhalt war gesichert. Sie hatten eine Aufgabe, niemand litt hier Hunger. Das Erscheinen zweier Weißer auf Pferden war zwar eine Attraktion, aber die Aufregung hielt sich in Grenzen, sodass wir unbehelligt unsere Besorgungen für die Weiterreise erledigen konnten.

Die nächsten 150 Kilometer sollten uns in einiger Entfernung am Lake Kariba entlangführen und uns zur nächsten Station, dem Ort Chirundu, bringen, der am Oberlauf des Sambesi lag.

13 Die Fullers

Kaum waren wir an der Hauptstraße, holte uns der Alltag wieder ein. Täglich absolvierten wir zwischen 25 und 30 Kilometer. Wir quälten uns durch die Hitze und versuchten, stark bevölkerte Abschnitte zu umgehen, was sich als besonders schwierig erwies. Wir waren auf Wasser angewiesen, und wo Wasser war, waren auch Menschen. Hatten wir jedoch einen Brunnen erreicht, stürmten aus allen Richtungen Menschen auf uns ein. Mittlerweile ähnelte die Reise beinahe einem Spießrutenlauf, bei dem es galt, die Interessierten von den Verrückten auseinander zu halten und je nachdem freundlich, bestimmt oder abweisend zu reagieren.

In einem Dorf z. B. schloss sich uns ein in einen weißen Kittel gekleideter Mann an. Ich schätzte ihn um die 50. Eine dunkle Sonnenbrille im Porsche-Design zierte seine Nase und verlieh seiner Erscheinung ein seriöses Aussehen. Nach einer Weile stellte sich heraus, dass er nicht abzuschütteln war. Er hatte begonnen, unaufhörlich in einer Sprache auf uns einzureden, die wir nicht verstanden. Er ging entweder hinter uns oder überholte uns und spielte den Vorboten, indem er lautstark unser Kommen ankündigte. Selbst kurze Galoppstrecken, die wir einlegten, um ihn loszuwerden, oder Temperaturen von 35 Grad im Schatten hinderten den Mann nicht, uns auf den Fersen zu bleiben. Unser Vorsprung vergrößerte sich zwar bisweilen, aber nach einigen Minuten hatte er wieder aufgeschlossen. Machten wir eine Pause, setzte er sich ungeniert zu uns auf die Decke und wartete auf Wasser oder ein Stück Brot. Eine Unterhaltung war nicht möglich, da er nicht Englisch sprach. Wir versuchten ihm mit Händen und Füßen klarzumachen, dass er zurückgehen solle. Der gute Mann hatte keinen Tropfen Wasser bei sich. Wir hofften, dass er irgendwann wegen Überanstrengung und Wassermangels aufgeben würde, aber wir wurden eines Besseren belehrt. Er hatte eine Kondition, von der Spitzensportler nur träumen konnten, und schaffte es bis zum nächsten Rastpunkt, wo es eine mechanische Wasserpumpe gab. Dort labte er sich, vollführte einen Freudentanz um den Brunnen herum und machte unsere Hoffnungen zunichte.

Wir flehten die zahlreich an der Wasserpumpe versammelten Menschen an, sie mögen diesen Mann zurückhalten, wenn wir uns wieder auf den Weg machten. Sie sahen kein Problem in seinem Verhalten, sondern klärten uns vielmehr auf, dass er bloß von bösen Geistern befallen sei und wir uns nicht darum kümmern sollten. Er sei verrückt, aber nicht böse.

Nach weiteren 20 Kilometer war unsere Geduld schließlich zu Ende. Wir ritten im nächsten Ort schnurstracks zur Polizeistation und schilderten dem Beamten unser Problem. Zu unserem großen Erstaunen verstand er unser Anliegen. Er entschuldigte sich sogar für den Verrückten. Er hielt einen entgegenkommenden Pick-up auf, setzte den Mann auf die Ladefläche und schickte ihn dorthin zurück, wo er hergekommen war. Auf der Ladefläche hüpfte der Mann auf einem Bein, seinen Stock schwingend, schrie, predigte und spuckte, bis er außer Reichweite war. Die umstehende Menge lachte und klatschte in die Hände.

Die Tage vergingen und Chirundu und der uns vertraute Sambesi rückten wieder näher. Als wir in Chirundu einritten, grölten Jung und Alt wie auf einem Fußballfeld. Der Aufruhr über unser Erscheinen war verblüffend. Dies hinderte mich allerdings nicht daran, kurz anzuhalten und in einem Geschäft Maheo zu kaufen. Buntes Treiben erfüllte die Stadt. Mit Menschen überfüllte LKWs, anscheinend die einzigen Transportmittel in dieser Gegend, rasten über die holprigen Straßen und hüllten die Waren, die an den Marktständen angeboten wurden, in eine tiefe Staubschicht. Der aus Lautsprechern tönende Reggae à la Bob Marley vermischte sich mit den Stimmen der Marktschreier, die das verstaubte Gemüse anboten. Garküchen boten Grillwürste und Mais feil. Überall qualmte oder dampfte es. Die Luft war mit Holzkohle und altem Fett geschwängert. Eine notdürftig zusammengezimmerte Bruchbude mit dem hochtrabenden Namen „Beverly Hills Hotel“ zeigte „Zimmer mit Dusche“ an, und das Schild der überdimensionalen „Coca-Cola-Werbung“ darunter litt an extremer Schräglage. Auch das spärliche Gras an den Straßenrändern hatte die Farbe des grauen Sandes angenommen. Farbtupfer bescherten der staubigen Atmosphäre nur die bunten Gewänder der Frauen. Aber auch moderne junge Damen in Jeans und T-Shirts traten vereinzelt in Erscheinung. Auf dem Lande war es für Frauen unüblich und auch unpraktisch, sich nach der westlichen Mode zu kleiden. Selbst wenn die Klamotten aus Hilfslieferungen stammten, es war verpönt und schickte sich nicht. Der Wickelrock hatte Tradition. Er bewahrte die Identität der Frauen und gab ihnen Sicherheit. Diverse Hilfsorganisationen nehmen meist keine Rücksicht auf die Traditionen oder Gebräuche. Ob hochhackige Stöckelschuhe oder elektrische Heizdecken, was in den Industrieländern keine Verwendung mehr findet, landet irgendwo in Afrika. Seit Jahrzehnten wird Afrika mit unnützen Hilfsmitteln zwangsbeglückt.

Nachdem ich zu meiner großen Freude Maheo mit neuen Geschmacksnuancen erstanden hatte, suchten wir nach dem angepriesenen Campingplatz. Jugendliche ergriffen bereitwillig die Gelegenheit, sich als Touristenführer zu betätigen. Sie sahen sich bemüßigt, uns trotz eindeutiger Hinweistafel bis zum Eingang der Anlage zu leiten. Als sie für ihre Dienstleistung nur ein Danke ernteten, zogen sie enttäuscht ab.

Die gepflegte Anlage lag direkt am Sambesi, etwas außerhalb der geschäftigen Stadt. Die üppige Figur des indischen Inhaber-Ehepaares ließ darauf schließen, dass Kochen und Essen bei den beiden einen hohen Stellenwert besaß. Und wirklich: Die Hausfrau kredenzte frisch gefangenen Tilapia aus dem Sambesi, raffiniert zubereitet, mit Pommes Frites und frischem Salat. Eisgekühltes Sodawasser, das ich mit Weißwein mischte, ließ heimatliche Gefühle in mir wach werden. Das in Österreich so beliebte Traditionsgetränk, der „G'spritzte", erwies sich auch in Afrika als köstlicher Durstlöscher. Und das alles zu einem erschwinglichen Preis. Die klapprigen Plastikstühle mit der Aufschrift „Pepsi-Cola" konnten der stimmungsvollen Atmosphäre des Abends bei Kerzenschein nichts mehr anhaben. Wir berichteten über unsere Abenteuer, und die Hausfrau schilderte unter anderem ihre ganze Lebensgeschichte.

„Unsere besten Freunde sind die Fullers", meinte unser Gastgeber, als der Abend schon recht fortgeschritten war. „Sie bewirtschaften hier in der Nähe eine Bananenplantage.

Sie sind Pferdenarren und könnten euch wertvolle Tipps geben. Wenn ihr wollt, bitten wir sie an einem der nächsten Tage zu uns.“ Diesen Vorschlag nahmen wir gerne an.

Schon am folgenden Tag kamen die Fullers zu Besuch auf den Campingplatz. Herr Fuller war Mitte sechzig und von drahtiger Gestalt, mit muskulösen Armen und riesigen Händen, die so aussahen, als hätten sie schon viel schwere Arbeit geleistet. In dem ledergegerbten Gesicht funkelte ein listiges Augenpaar, das den Filou vergangener Tage verriet. Seine attraktive Frau musste etwas jünger sein als er. Beide wirkten sehr agil und wie ganz gewöhnliche Farmer, die sich hier niedergelassen hatten, um Geschäfte zu machen. Herr Fuller kannte die Gegend wie seine Westentasche. Er setzte seine Lesebrille auf und nahm sofort Zettel und Bleistift zur Hand, um einen Plan für unsere Weiterreise anzufertigen. Frau Fuller, deren grauer Haarnachwuchs darauf schließen ließ, dass ihr blondes Haar das Ergebnis einer Wasserstoffbehandlung war, überreichte uns ein Säckchen, in dem sich ein schwarzes Mineral befand. „Das ist ein wirksames Gegenmittel bei Schlangenbissen“, behauptete sie.

Bevor sich das ältere Ehepaar verabschiedete, meinte Herr Fuller: „Morgen kommt ihr zu uns, keine Widerrede!“ Seine Frau lächelte und zeigte ihre Zähne, an denen Lippenstift klebte.

Die Fullers holten uns am nächsten Abend ab. Das Menü, das die Küchenhilfe von Frau Fuller servierte, war vorzüglich. Und anschließend überreichte mir Frau Fuller voller Stolz ein Buch, das ihre Tochter geschrieben hatte, während Herr Fuller kaltes Bier und Whisky kredenzte.

Es war nicht irgendein Buch, sondern der amerikanische Literaturbestseller *Don't Let's Go to the Dogs Tonight* von Alexandra Fuller. Das von Sabine Roth übersetzte Buch ist auch in Deutsch unter dem Titel „Unter afrikanischer Sonne“ erhältlich.

Alexandra Fuller lebt seit einigen Jahren in Amerika. In dem Buch erinnert sie sich an ihre Kindheit und schildert die tragische Lebensgeschichte der Familie Fuller, die in den siebziger Jahren ihrer englischen Heimat den Rücken kehrt, um in Rhodesien, dem heutigen Simbabwe, eine Farm zu managen. Obwohl Mum und Dad in der Geschichte nicht besonders gut wegkamen, war Frau Fuller überaus stolz auf das preisgekrönte Werk ihrer Tochter. Herr Fuller behauptete, es nie gelesen zu haben. Je später der Abend, desto unverständlicher wurde die Artikulation des überaus freundlichen, aber doch irgendwie seltsamen Paares. Trotzdem würde mir das bewegte Leben, die Höhen und Tiefen des kämpferischen Ehepaares, das sich durch schwere Schicksalsschläge, den Krieg in Simbabwe, Ernteausfälle und den Verlust der Farm nicht kleinkriegen hatte lassen, noch lange in Erinnerung bleiben.

Der Zeitpunkt war gekommen, dem Fluss Lebewohl zu sagen. Wochenlang hatte er uns begleitet. Ob als reißendes Wildwasser an den Viktoria-Fällen oder als träge dahinfließende Lebensader bei den McDonalds, aufgestaut im Lake Kariba oder nun hier am Oberlauf – immer in unterschiedlichen Gestalten, aber immer das Wasser des Sambesi.

Fuller hatte gemeint, eine Genehmigung zur Einreise in den Nationalpark würden wir sicher nicht bekommen. Damit keine Krankheiten eingeschleppt wurden, war es nämlich domestizierten Tieren streng untersagt, den Park zu betreten. Wir mussten also weiter in den Norden vorrücken. Nachdem wir Chirundu verlassen hatten, begaben wir uns wieder in dichtes Buschgebiet. Wir folgten einer alten Straße aus kolonialer Zeit, die immer schmaler wurde und schließlich komplett unter dichtem Buschwerk verschwand. Der einzige Anhaltspunkt waren betonierte Grenzsteine, die ab und zu auftauchten und darauf hindeuteten, dass das Gebiet vermessen und vor langer Zeit als Hauptverkehrsstraße gedient haben musste.

Nach drei Tagen Reise waren wir in einer grünen Hölle gefangen. Es gab kein Vor und kein Zurück mehr. Wir kämpften uns von einem Orientierungsstein zum anderen. Als für längere Zeit keiner dieser Meilensteine mehr auftauchte, versuchten wir wenigstens die Richtung beizubehalten. Der anfangs breite Weg war wie vom Erdboden verschluckt. Also blieb uns nichts übrig, als einen Hügel zu erklimmen, um uns von dort aus eine Übersicht zu verschaffen: Es war nur eine undurchdringliche grüne Fläche bis zum Horizont zu sehen. Wo war die verdammte Straße? Esther wollte warten, während ich mich zu Fuß auf die Suche nach dem nächsten Stein machte. Eine Stunde irrte ich umher, nach allen Richtungen hielt ich Ausschau, bis ich unter dichtem Bewuchs die zirka ein Quadratmeter große betonierte Fläche entdeckte. Ich trug trockene Blätter und Holz zusammen und entzündete den Haufen, um die Stelle zu markieren. Grüne Blätter sorgten dafür, dass der Rauch über weite Strecken zu sehen war. Dann machte ich kehrt und ging zurück, um Esther zu holen. Mit meiner Panga bahnten wir uns den Weg durch den Urwald, und nach einigen hundert Meter waren wir wieder auf Kurs.

In der Ferne nahmen wir jetzt das Eisengerüst eines Strommasten wahr. Fuller hatte uns darauf hingewiesen, dass wir irgendwann auf die Hauptstromversorgungslinie stoßen würden, die nach Lusaka führte. Das war sie also. Nach Berichten Fullers waren die Stahlriesen erst kürzlich errichtet worden. Daher war der Urwald entlang dieser Linien gerodet, und Menschen nutzten sie für den Warentransport und als Weideflächen für ihr Vieh. So entstand in diesem unwegsamen Gelände eine Straße oder sogar ein neues Dorf.

Am folgenden Tag hatten wir den ersten Hochspannungsmasten erreicht. Die 250.000 Volt, die zwischen den einigen hundert Meter auseinander stehenden Masten durchflossen, erzeugten einen tiefen, brummenden Ton. Bizarr, dass die Menschen, die entlang der Stromleitung lebten, von dieser Errungenschaft der Technik nichts abbekamen, ja die meisten nicht einmal wussten, was elektrischer Strom war und wie man ihn nutzen konnte.

Nach einigen Stunden wurde die Schneise der Strommasten immer breiter, Wege kreuzten, die grüne Hölle hatten wir für diesmal hinter uns. Weite Mais- und Gemüsefelder kamen zum Vorschein. Unzählige Menschen arbeiteten auf den Feldern. Wenn sie uns erblickten, unterbrachen sie kurz ihr Tagwerk, winkten mit ihren bescheidenen Werkzeugen und setzten danach ihre Arbeit wieder fort. Wir befanden uns 25 Kilometer östlich von Lusaka, der Hauptstadt Sambias.

Die 1,3-Millionen-Stadt beherbergt die einzige Universität des Landes, einen internationalen Flughafen, Banken, internationale Schulen, Supermärkte, Boutiquen, Märkte und alles, was zu einer modernen Großstadt gehört.

14 Saxophon im Busch

Es war schon spät. Eine lange Herbergsuche war daher nicht geplant. Nach einigen hundert Meter tauchten ein großes Tor mit der Aufschrift „Khal Amazi“ und ein Wachhäuschen auf. Wir wussten, dass sich große Farmen meist im Besitz von ausländischen Konzernen befanden und dass die Verwalter oder Manager meist Weiße oder Inder waren. Ich tippte aufgrund des Namens der Farm auf Besitzer indischer Herkunft. Wir ließen uns zu dem Generaldirektor bringen.

„Sehr erfreut, mein Name ist Graig, willkommen auf Khal Amazi“, sagte der Mann mittleren Alters freundlich. Esther erzählte kurz unsere Geschichte.

„Ihr seid von Südafrika bis hierher geritten und wollt noch bis Kenia kommen?“, wiederholte er kopfschüttelnd, „das ist ja unglaublich. Erst einmal versorgen wir die Pferde, dann zeige ich euch einen Platz für euer Zelt. Ich glaube, am besten in unserem Garten. Meine Frau wird Augen machen! Wir haben nämlich hier auch Pferde.“

Später stellte uns Graig seine Frau Sue und die Kinder vor, die mittlerweile eingetroffen waren. Sue war eine attraktive, lebenslustige Blondine knapp über dreißig. Die beiden Töchter hatten das blond gelockte Haar ihrer Mutter und besuchten die „International School“ von Lusaka. Wenn sie alle zusammenstanden, gaben sie das Bild der perfekten Familie ab. Graig war ein überaus erfolgreicher, gebildeter und noch dazu gut aussehender Geschäftsmann, seine Frau managte das Büro der Firma, und die Kinder waren wohlerzogene Engel.

„Khal Amazi“ entpuppte sich als einer der größten Rosenproduzenten der Welt, Teil eines englischen Agrarkonzerns, der in großem Stil sowohl Tee als auch Obst und Gemüse erzeugt und exportiert. Graig Barnes und seine 2000 Mitarbeiter versendeten pro Woche 2,5 Millionen Rosen, fertig abgepackt, inklusive Strichcode und Fair-Trade-Etikett nach Europa zu diversen Blumengroßhändlern. Der Flughafen lag nur einige Kilometer entfernt. Einen Tag nach dem Schnitt finden sich Barnes' Rosen an diversen Autobahnraststätten Europas und in Kaufhausketten.

Die riesigen Gewächshäuser waren klimatisiert. Gepflanzt wurde so, dass es das ganze Jahr über keine Engpässe gab. Eine perfekte Logistik sorgte dafür, dass die Angestellten per Privatbusse eingesammelt, zur Arbeitsstelle gefahren und wieder zurückgebracht wurden. Obwohl die Mitarbeiter wussten, was mit diesen Rosen geschah und dass sie im Ausland begehrt waren, konnte sich keiner von ihnen so recht vorstellen, dass man einander im fernen Europa Blumen zum Geschenk machte oder die Wohnung damit schmückte. Die merkwürdigen Gepflogenheiten der Weißen bereiteten ihnen wenig Kopfzerbrechen, solange sie zu essen hatten.

An einem der nächsten Tage nahm mich Sue beiseite: „Graig hat morgen Geburtstag, wenn ich ein Saxophon auftreibe, würdest du für meinen Mann ein Überraschungsständchen spielen?“

Ich hatte in einem Gespräch mal erwähnt, dass ich von Beruf Saxophonist war. Als Sue mich jetzt darauf ansprach, erschrak ich beinahe, so lange war das alles vorbei. Ich hatte es fast vergessen. Insgeheim hoffte ich sogar, dass in Sambia kein Saxophon aufzutreiben war.

Aber am nächsten Tag überreichte mir Sue strahlend einen Instrumentenkoffer. „Ich habe das Saxophon von der Schule geborgt“, sagte sie, „aber ich habe versprechen müssen, dass du vor dem Schulorchester ein paar Lieder spielen wirst. Vielleicht im Duett mit der Musiklehrerin, sie spielt hervorragend Klavier.“

Mir blieb die Luft weg. Ich wusste weder, ob das Instrument funktionierte, noch ob ich mit meinen schwieligen Fingern und ohne Ansatz überhaupt einen vernünftigen Ton produzieren konnte.

„Klack“, der linke Verschluss des Koffers sprang auf, „klack“, der rechte. Ein passables Altsaxophon der Marke Yamaha kam zum Vorschein. Meine Hände zitterten, als ich das Rohrblatt befeuchtete, in das Mundstück einspannte und danach den Bogen aufsetzte. Esther stand fasziniert neben mir und beobachtete aufmerksam mein beinahe feierliches Gehabe. Ich setzte an, sog sambische Luft ein und schloss die Lippen. Zu meinem Erstaunen entlockte ich dem Instrument einen Ton, noch einen und noch einen. Eine Tonleiter, C-Dur, F-Dur und G-Dur. Es war alles da. Es funktionierte. Mir fiel ein Stein vom Herzen. Den ganzen Vormittag über spielte ich mit dem Saxophon. Ich ging sogar zu unseren Tieren und beglückte sie mit alten Jazzstandards.

Am nächsten Morgen, Graig saß in seinem Büro in seine Arbeit vertieft, schlichen wir zur Tür des „General Director Office“. Sue öffnete, ich stimmte „Happy Birthday“ an, Esther sang im Sopran und Sue schloss ihren Mann in die Arme. Die Überraschung war gelungen. Graig strahlte übers ganze Gesicht.

Am Abend war große Geburtstagsparty angesagt. Greg und Sue hatten zirka 20 gute Freunde zu Besuch, und auf Graigs Wunsch spielte ich für die Geburtstagsgesellschaft einige stimmungsvolle Songs. Ich machte mir keine Sorgen mehr darüber, am nächsten Morgen in der Schule zu versagen.

Graig und Sue Barnes hatten Stil. Der „Sundowner" wurde auf der Terrasse serviert, der Aperitif in der gut bestückten Bibliothek. Das Geburtstagsmenü, das im gediegen eingerichteten Salon eingenommen wurde, schmeckte vorzüglich. Geboten wurden internationale Spezialitäten, gemischt mit afrikanischen Gerichten. Stoffservietten, weiße Tischdecken und Silberbesteck waren aufgelegt, und zu jedem Wein gab es die passenden Gläser. Im Hintergrund tönte leise Mozart aus den Lautsprechern, und zum Dessert spielte Oscar Peterson. Der Unterschied zwischen dem kargen Reiseleben und dem, was hier geboten wurde, hätte größer nicht sein können.

Der nächste Tag war zunächst ausgefüllt mit dem Besuch an der Schule. Die „Leopards-Tale American International School" war eine private Eliteschule für Angehörige des Diplomatischen Corps sowie Kinder von ausländischen Geschäftsleuten, die in Lusaka wohnten. Über das Schulgeld, das mehrere tausend Dollar pro Monat ausmachte, sprach niemand. Unterrichtet wurde in Englisch. Von der Grundschule bis zum Abitur wurde den Kindern eine Ausbildung geboten, die sie in ihren Heimatländern nur schwer vorgefunden hätten. Besonderes Augenmerk wurde auf die körperliche Ertüchtigung gelegt. Es gab einen Fußballplatz, Tennis- und Basketballplätze, Sportschwimmbecken und vieles mehr. Aber auch der musische Zweig kam nicht zu kurz.

Im perfekt ausgestatteten Proberaum waren das Schulorchester und die Gäste bereits versammelt, und alle warteten auf den verrückten Saxophonisten, der mit Pferden durch Afrika ritt. Meine Ausgehhose und mein Sonntagshemd waren frisch gewaschen. Als ich eintrat, sprangen die Schüler auf und sprachen im Chor „Good morning, Sir“. Ich begrüßte sie, stellte mich vor und erzählte einige Anekdoten aus meinem Musikerleben. Besonderen Anklang fand die Geschichte, wie ich gemeinsam mit dem amerikanischen Präsidenten Bill Clinton gespielt hatte.

Zusammen mit der Pianistin wählten wir dann einige Stücke aus und legten los. Es war lange her, dass ich mit so großer Spielfreude bei der Sache war, obwohl ich „nur“ in einer Schule mitten im afrikanischen Busch spielte. Mittlerweile war sogar die Presse eingetroffen, und es wurden Interviews und Fotos gemacht.

Kurz war ich wieder in meine Welt eingetaucht. Aber ich musste mich besinnen, denn ich war nicht unterwegs, um Musik zu machen, sondern um mit den Pferden Kenia zu erreichen.

Auf einem Hügel in einem Vorort Lusakas befand sich das Anwesen von John und Linda, ein mit den Barnes befreundetes Ehepaar, das wir bei der Geburtstagsfeier kennen gelernt hatten. Sie schlugen uns vor, bei ihnen eine Mischlingsstute zu einem guten Preis zu kaufen. So könnte Trine als Reservepferd nur mitlaufen, und ihre Wunde würde endlich heilen. John und Linda waren begeisterte Polo-Reiter, und die Stute „Misty“ Spezialistin in dieser Disziplin. Aus einiger Entfernung betrachtet, konnte ich keinen Fehler an dem Pferd entdecken. Die Bewegungen waren geschmeidig und rund. Esther überließ mir den

Vortritt zum Proberitt. Konditionell einwandfrei, fand ich, angenehme Gänge, und auch charakterlich gefiel mir das Pferd außerordentlich gut. Nach mir ritt Esther einige Runden und zeigte sich ebenfalls begeistert. Das Geschäft wurde abgemacht. Wir bezahlten den Freundschaftspreis von 300 Dollar, und das Pferd wechselte den Besitzer.

Graig organisierte den Besuch eines Tierarztes, um die nötigen Impfungen vorzunehmen. Der Veterinär pflichtete uns bei, dass es besser war, Trine an der Leine mitlaufen zu lassen. Die Verletzung auf dem Widerrist würde längere Zeit zum Heilen brauchen. Da der Tierarzt schon einmal da war, baten wir ihn, auch nach Bucki zu sehen, der seit einigen Tagen kahle Stellen am Kopf, vor allem in der Gegend um die Nüstern, aufwies. Der Arzt diagnostizierte eine Pilzerkrankung und spritzte ein Mittel dagegen. Da diese Krankheit mit starkem Juckreiz verbunden war und Bucki bei jeder Gelegenheit mit seinem Kopf an Bäumen scheuerte, verabreichte er noch einen antibakteriellen Puder, der Linderung verschaffen sollte. Hübsch sah Bucki dadurch nicht aus, aber Hauptsache, er würde wieder gesund werden.

Weitere zwei Tage genossen wir die Freundschaft unserer Gastgeber Graig und Sue. Wir hatten uns unter ihrem Dach sehr wohl gefühlt, und noch nie war uns der Abschied so schwer gefallen wie dieses Mal. Graig empfahl uns noch eine Rosenfarm 20 Kilometer nördlich von Lusaka. „Ich werde euch ankündigen, so habt ihr morgen noch die Möglichkeit, die Zivilisation zu genießen, bevor ihr in den rauen Norden aufbrecht“, meinte er.

Dann zogen wir los.

15 Problempferd Trine

Einiges an unserem Reisealltag hatte sich verändert. Wir mussten jetzt zwei Pferde an der Leine mitführen. Nachdem wir das Gelände von Khal Amazi verlassen hatten, blieb Bucki immer wieder unvermutet stehen. Es gab ein heilloses Durcheinander, ähnlich wie zu Beginn unserer Reise in Südafrika, und Esther musste Acht geben, nicht aus dem Sattel katapultiert zu werden. Sie saß auf Bucki, und immer wenn sie am Zügel zog, blieb der Wallach stehen. Wir konnten uns keinen Reim daraus machen. Noch nie hatte er ein solches Verhalten an den Tag gelegt. Bald aber erkannten wir die Ursache. Sein Hals hatte sich durch die vielen Spritzen versteift, und es bereitete ihm Schmerzen, den Kopf zu strecken. Wir sattelten also um. Der neuen „Misty“ wurde der Sattel aufgelegt, und Bucki bekam das Packgestell samt Gepäck, dann erst setzten wir die missglückte Abreise fort.

Misty erwies sich als überaus lernfähig. Nach einem angenehmen Ritt hatten wir am Abend die Rosenfarm von Gregs Freunden erreicht. Schon von weitem stieg mir der vertraute Rosenduft in die Nase. Und kaum hatten wir das Begrüßungszeremoniell hinter uns gebracht, saßen wir auch schon bei einem üppigen Abendessen.

Da Trine uns immer noch Sorgen machte, organisierte der Manager der Rosenfarm den Kontakt zu einer Tierärztin, die sämtliche Polopferde in Lusaka betreute. Die resolute Spezialistin aus der Hauptstadt traf schon am nächsten Morgen ein und nach kurzem Smalltalk handelte sie sofort. „Wir machen eine Dränage", sagte die zierliche Engländerin, fackelte nicht lange und setzte mit dem Skalpell zwei kleine Schnitte an Trines Beule. Eine dicke Eiterspur, vermischt mit Blut, schoss aus der Wunde, rann Trine zähflüssig über den Bauch und tropfte zu Boden. „Jetzt spritzen wir Penicillin hinein, nicht zu knapp, fädeln die Binde am oberen Schnitt ein und ziehen sie unten wieder heraus. So kann das Eiter abfließen und die Wunde heilen", meinte sie und wandte sich dann an Esther: „So, und jetzt bist du an der Reihe."

Esther hatte gut aufgepasst, sie wusste, dass sie diese Arbeit in Zukunft alleine würde machen müssen. Ich hielt Trine am Halfter fest und redete beruhigend auf sie ein, während Esther die Dränage setzte.

„Jetzt zeige ich dir noch, wie man Blut aus der Vene entnimmt. Es ist wichtig, dass du das selber machen kannst. Ich werde aus einem Antibiotikum und Eigenblut eine Medizin für das lädierte Auge mischen. Den Puder kann man weiterhin verabreichen, es schadet nicht, aber er ist nicht stark genug zur Ausheilung."

Fachkundig suchte die Ärztin die Vene, setzte an, und das Blut rann in die Kanüle. Dann vermischte sie einen Teil des Blutes mit dem Medikament und spritzte es in Trines Auge.

„So, du bist dran", sagte sie kurz und blickte wieder zu Esther. Auch diese Übung absolvierte Esther mit Bravour. Trine machte keinen Mucks. Die Tierärztin untersuchte auch noch Buckis Hals und empfahl, die Spritzen gegen die Pilzerkrankung in die Brustmuskulatur zu verabreichen. Wir waren überaus dankbar für all diese wertvollen Tipps.

Die Reise konnte weitergehen. Sie sollte uns in Richtung Grenze der Demokratischen Republik Kongo führen, ein Gebiet, das sich „Mkushi Farm Block" nannte. Ein fruchtbarer Streifen, auf dem sich mehrere Großfarmen angesiedelt hatten. Erst in 200 Kilometer Entfernung würden wir wieder auf Zivilisation, Straßen und Telefonnetz stoßen – und hoffentlich auf Menschen, die uns so freundlich gesinnt waren wie die Barnes und all die anderen, denen wir bisher begegnet waren.

Am dritten Tag nach unserer Abreise von der Rosenfarm nächtigten wir an einem äußerst idyllischen Platz. In einer Senke hatte sich Wasser angesammelt, Palmen und dichtes Buschwerk versperrten den Weg. An einem Abhang daneben schlug ich mit meiner Panga eine Schneise zum Abstieg. Es war Gras und Wasser vorhanden, und für eventuelle Besucher war der Ort nur schwer einsehbar. Wir befreiten die Pferde von ihren Lasten und tränkten sie. Ich führte sie dann über den Abhang zu einer saftigen Wiese auf der gegenüberliegenden Seite.

Esther stellte das Zelt auf, und ich war mit dem Wasserfilter beschäftigt, als uns plötzlich ein fürchterliches Krachen hochfahren ließ. Entsetzt sahen wir, wie Trine über die mindestens vier Meter hohe senkrechte Felswand stürzte, einige Sträucher mitnahm und mit den Hufen auf dem steinharten Felsboden vor uns aufschlug. Mir blieb vor Schreck der Atem weg. Esther schlug die Hände vors Gesicht. Ich dachte sofort, das ist das Ende von Trine. Doch die Stute rappelte sich auf, schüttelte sich und sah etwas verdutzt drein. Wir konnten es beide kaum glauben, aber sie war bis auf einige Blutergüsse an den Hufen unverletzt. Wie konnte so etwas nur passiert sein?

Wir vermuteten, dass Misty dahinter steckte. Aber die

Rangkämpfe innerhalb der Herde waren unserer Meinung nach bereits abgeschlossen. Misty hatte sich nun allerdings die Position vor Trine unstreitig gesichert, indem sie die tollpatschige Stute über den Abhang in die Tiefe geschubst hatte. Aus Erfahrung wusste ich, dass bei zwei Stuten Unstimmigkeiten unausweichlich waren, wie die gebräuchliche Bezeichnung „Stutenbissigkeit“ für konkurrierende Frauen auch andeutet. Roland und Bucki, als Wallache ihres Sexualtriebes längst beraubt, ließ dies alles ziemlich kalt.

Einige Tage später hatten wir wieder ein gemütliches Plätzchen gefunden. Es war nicht so einsam wie das in der Senke mit den Palmen, aber doch ideal aufgrund des Baches und des grünen Bewuchses an den Rändern. Wieder einmal sprach sich unsere Anwesenheit wie ein Lauffeuer herum, und plötzlich sahen wir uns umgeben von Hunderten Schülern in ihren Uniformen, die von der nahe liegenden Schule gelaufen kamen, um uns zu begaffen. Obwohl die Kinder Englisch als Hauptfach hatten, war ihnen nicht mehr als ein „Yes“ oder ein „No“ zu entlocken. Als die Schulglocke in der Ferne das Pausenende einläutete, zogen sie zu unserer Erleichterung wieder ab.

Als es dunkel wurde, entfernten sich auch die übrigen noch verbliebenen Zaungäste, und wir waren endlich wieder alleine. Roland hing wie immer an der langen Leine. Da Trine sich üblicherweise während der Nacht weit von ihrem Boss wegbewegte, band ich sie am Rande der Uferböschung kurz an. In bevölkerungsarmen Gegenden war dies nicht nötig, doch hier, wo sich eine Schule und ein Ort in der Nähe befanden, wollten wir kein Risiko eingehen. Das Zelt war aufgebaut, die Schlafsäcke waren bereit. Das übliche Bohnenmenü hatten wir hinter uns, und die

Vorbereitungen für den nächsten Tag waren erledigt. Wir legten uns zur verdienten Ruhe.

Gegen Mitternacht wurden wir durch ein lautes Geräusch geweckt. Ich schälte mich benommen aus meinem Schlafsack und griff nach der Taschenlampe. Der Lärm war aus Trines Richtung gekommen. Ihr Rastplatz war leer, die Stute war verschwunden. Ein kurzer Schwenk meiner Taschenlampe offenbarte die Katastrophe: Trine lag im Bach. Nicht schon wieder! Sie machte ihrem Namen wirklich alle Ehre. Ich rief nach Esther, die sich währenddessen schon auf den Weg gemacht hatte.

Trine lag auf dem Rücken im Bachbett. Nur die Hufe und der Kopf ragten aus dem Wasser. Die Leine, an die ich sie am Abend zuvor angebunden hatte, hatte sich nicht gelöst. Wie die Sehne eines gespannten Bogens lief sie bis zu dem starken Ast und am anderen Ende bis zum Halfter. Noch dazu hatte sich die Leine um Trines Hinterhand geschlungen. Eingekeilt zwischen zentimeterdicken Ästen, lag sie, wie ein Paket verschnürt, im Wasser. Jetzt hieß es, kühlen Kopf zu bewahren.

Das Seil war so straff gespannt, dass wir es durchtrennen mussten. Mit einem Ruck ließ die Spannung nach, und der dicke Ast schnellte zurück. Trine blieb jedoch immer noch in derselben Position liegen. Vielleicht hatte sie sich das Rückgrad gebrochen, oder ein Ast hatte sich beim Sturz in ihren Rücken gebohrt? Vielleicht war sie aber auch nur zu erschöpft? Die Nacht war stockdunkel, wir sahen nur das, was die Stirnlampen unmittelbar vor uns erhellten.

„Wir versuchen gemeinsam an der Leine zu ziehen. Wenn wir Trine umdrehen können und sie auf den Beinen zu stehen kommt, können wir sie leichter herausziehen“, rief ich mit dem Mut der Verzweiflung. An das Herausziehen eines 600 Kilogramm schweren Pferdes ohne dessen eigene Mithilfe war natürlich nicht zu denken. Das Risiko, dass sich Trine beim Wenden an den unzähligen spitzen Ästen im Wasser den Bauch aufschlitzten könnte, mussten wir in Kauf nehmen. Es war unsere einzige Chance, das Pferd zu retten. Gemeinsam zerrten wir an der Leine. Eins, zwei, drei, vier, dann schwankte sie etwas. Während sie sich langsam um ihre eigene Achse drehte, versuchte ich, stärkere Äste zur Seite zu biegen, aber das Pferd verhielt sich vollkommen apathisch. Nun saß es mit den Beinen bis zum Rumpf im Schlamm fest. Die schon fast verschlossene Wunde am Widerrist, die Esther so sorgsam behandelt hatte, war wieder aufgerissen und blutete stark. Die Verkrustung schwamm im Wasser. Andere Verletzungen waren zur Zeit nicht feststellbar. Trine schaute uns mit furchtsamen Augen an, bewahrte aber völlige Ruhe, so wie sie es immer tat, wenn sie in Problemen steckte. Ob es das Vertrauen in uns oder ihr phlegmatischer Charakter war, entzog sich meiner Kenntnis.

Wir gönnten ihr Zeit, um Kraft zu tanken. Ich war schwer außer Atem, meine Hände zitterten. Ich stieg aus dem Schlamm, rauchte meine Pfeife an, Esther griff nach einer Zigarette. Wieder einmal kam Will Lemmers Glückspfeife aus Südafrika zum Einsatz, die ich immer dann hervorholte, wenn ich nicht mehr weiter wusste, so wie er es mir damals geraten hatte. Erschöpft saßen wir am Uferrand und blickten voll Mitleids zu Trine. Wir konnten nur hoffen, dass sie nicht zu sehr verletzt war, und dass sie genug Kraft besaß, um sich mit unserer Hilfe zu befreien. Dann versuchten wir es nochmals. Wir packten die Leine, zerrten rhythmisch daran und feuerten Trine an, aus dem Morast zu springen. Sie strampelte mit den Beinen, was ein gutes Zeichen war. Sie half mit, aber es nützte nichts. Die Abstände zwischen den Befreiungsversuchen wurden immer länger. Ihre Nüstern blähten sich auf, sie atmete schwer. Trine hatte Angst, aber um in Panik zu geraten, fehlte ihr die Kraft. Die Hufe fanden im Untergrund keinen Halt mehr. Je mehr Bewegungen sie machte, desto tiefer versank sie. Mittlerweile war der halbe Körper im Schlamm. Eine Stunde schon mühten wir uns ab. Wir hatten die Hoffnung bereits aufgegeben.

„Es hat keinen Sinn, Trine wird hier sterben", sagte Esther resigniert.

„Nein, wir schaffen das, wir bringen dieses verdammte Pferd hier heraus", stieß ich hervor, obwohl ich selbst nicht mehr daran glaubte.

Noch einmal starteten wir einen Versuch. Eine neue Strategie musste her. Ich stieg abermals in den Morast, um an Trines Hinterteil anzuschieben, während Esther fest an der Halfterleine zog. Ich stützte mich an einem Baum ab, zählte bis drei und schob mit letzter Kraft an. Esther hatte ihrerseits Halt hinter einem dicken Baumstamm gefunden und zog nun aus Leibeskräften. Gemeinsam schrien wir Trine zu: „Los, komm, du schaffst es!"

Und dann geschah das Wunder. Trine bäumte sich auf, machte einen Satz – und stand auf trockenem Untergrund. Esther fiel auf den Rücken, ich landete kopfüber im grauen Schlamm. Trine lebte, stand auf ihren eigenen vier Beinen, schüttelte sich und begann zu grasen. „Ich fasse es nicht, sie grast!", rief Esther aus.

Der Kopf des Unglückspferdes war sauber geblieben, der Rest des Körpers war vollständig mit Schlamm bedeckt. Am Widerrist sickerte Blut durch den zähen, grauen Brei. Ob Trine wieder von Misty geschubst worden war, oder ob der Abhang einfach nachgegeben hatte, konnten wir nicht feststellen. Es war zu dunkel, wir fühlten uns ausgepumpt, leer und unendlich müde. Ich schaffte es gerade noch, mich notdürftig zu säubern, dann fiel ich in einen ohnmachtähnlichen Schlaf.

Am folgenden Morgen stand Trine neben dem Zelt und graste, als wäre nichts geschehen. Sie unterschied sich in der Farbe nicht von der eines Esels. Meine erste Tätigkeit bestand darin, sie vom mittlerweile eingetrockneten Schlamm zu befreien. Vorsichtig striegelte ich ihr Fell aus, und nach einer halben Stunde war Trine wieder die Alte. Ich überprüfte Gelenke, Hufe, Rückenreflexe usw. Außer einigen Abschürfungen war sie wie durch ein Wunder unverletzt geblieben. Nur die Hufeisen hatten sich im Schlamm gelöst. Ich säuberte die Wunde am Widerrist und desinfizierte sie mit den letzten Resten des Blausprays. Dieses Pferd versetzte mich immer wieder in Erstaunen. Es schien das Pech magisch anzuziehen. Hätten wir sie Graig und Sue als Geschenk überlassen, wären uns einige Schwierigkeiten erspart geblieben.

16 Bandwurm

Schon seit Tagen hatte ich mich irgendwie geschwächt gefühlt. Phasen der Erschöpfung wechselten mit solchen, in denen ich unbändiges Verlangen nach Essbarem verspürte. Hatte ich etwas gegessen, befiel mich schon nach einer halben Stunde eine neuerliche Heißhungerattacke. Wenn ich nichts zu mir nahm, bekam ich gleich schlotternde Knie. Bei allem sah ich blass und abgekämpft aus.

Ich führte dies auf die Mangelernährung zurück und maß meinem Zustand keine besondere Bedeutung bei. Doch eines Morgens stellte ich nach der Morgentoilette mit Bestürzung fest, dass sich mein Kot bewegte. Ich schnappte mir ein Holzstückchen, stocherte ein wenig in meinen Exkrementen umher und erstarrte: Ein zirka 30 Zentimeter langer, weißer Wurm wand sich darin. Ich hatte einen Bandwurm. Schlagartig wurde mir klar, warum ich seit einiger Zeit nicht mehr satt wurde. Ein eigenartiges Gefühl überkam mich bei dem Gedanken, dass ein Wurm in meinem Körper hauste und mir meine Energie raubte.

Die berühmte Operndiva Maria Callas fiel mir ein, die sich in den fünfziger Jahren einen Bandwurm einsetzen hatte lassen, um ihr Gewicht zu reduzieren. Aber in meinem Fall, wo ich genügend Vitamine und Nährstoffe aufnehmen sollte, um die kräfteraubenden Strapazen bewältigen zu können, war eine zusätzliche Gewichtsreduzierung absolut unerwünscht.

Nachdem ich den Wurm gesäubert hatte, steckte ich

ihn in eine verschließbare Eprouvette, um ihn bei nächster Gelegenheit einem Arzt zu zeigen. Der Wurm bewegte sich unaufhörlich in dem Glas.

Er hatte die Farbe und Stärke einer Zigarette und ähnelte einer Kette aus ein Zentimeter dicken Gliedern, die sich ständig auseinander und zusammenzog. Beim Anblick des Wurms im Glas machte Esther ein Gesicht, als hätte sie in eine Zitrone gebissen.

„Sieht so aus, als hätte ich den anderen Teil dieses Wurmes noch in mir", sagte ich, möglichst ungerührt. Unwillkürlich trat sie einen Schritt zurück.

„Ich hoffe nur, dass er in der Nacht nicht seinen Wirt wechselt", versuchte sie ihre Abscheu durch einen Scherz zu verbergen. Aber ihre Miene sagte alles. Körperlich fühlte ich mich wohl. Ich musste nur dafür sorgen, dass ich genug Nahrung zu mir nahm. Nur, das Gefühl, dass sich in meinem Darm ein Wurm von einigen Meter Länge befand, bereitete mir dauerndes Unbehagen.

Die nächsten Tage ritten Esther, mein Wurm und ich quer durch den Busch. Ab und zu lichtete sich die Vegetation, und kleine Ansiedlungen kamen zum Vorschein. Meist stellten wir uns den Häuptlingen vor, die ähnliche Funktionen wie unsere Bürgermeister erfüllen. Diese Anmeldungen verschafften uns einerseits gute Übernachtungsplätze, und andererseits fühlten sich die Ortsvorsteher verpflichtet, für unsere Sicherheit zu sorgen. Von Privateigentum war außerdem in Sambia nichts zu bemerken. Es gab weder Zäune noch Abgrenzungen, und wir wussten nie genau, ob wir uns auf einem privaten Grundstück oder auf öffentlichem Gelände befanden. Um den Respekt zu wahren, wählten wir daher diese Vorgehensweise. Im Gegenzug hatten wir allerdings wieder die unzähligen Delegationen von Schaulustigen abzufertigen, die uns schon am Sambesi schwer zu schaffen gemacht hatten.

Seit wir uns von Lusaka entfernt hatten, stieg die Temperatur wieder stetig. Den letzten Regen hatten wir in Südafrika erlebt. Das war nun immerhin ein halbes Jahr her. Kein Tropfen war während all dieser Zeit gefallen, obwohl sich manchmal schwere Gewitterwolken am Horizont zeigten und sogar Wetterleuchten zu sehen war. Seit unserem Aufenthalt bei Sue und Graig hatte ich keine Gelegenheit mehr gehabt, mich im Spiegel zu betrachten. Wenn ich meinen Bauch und meine Hüften betastete, so spürte ich dort, wo sich vor kurzem noch Fettpölsterchen befunden hatten, nur noch lockere Haut. Wenn wir nicht bald auf einen Arzt stießen, würde ich womöglich wegen Vitaminmangels ernstlich erkranken. Den Gürtel meiner Hose hatte ich schon um zwei Löcher enger geschnallt.

Es konnte nicht mehr weit zum nächsten Farmblock sein. Ich hatte unsäglichen Appetit auf Obst und träumte von Äpfeln, Birnen, Kirschen und Orangen. Manchmal hatten wir das Glück, Tomaten und Zwiebel kaufen zu können. Das war dann aber auch schon alles, was ich an Vitaminspendern zu mir nahm.

Endlich kamen wir in die Nähe von Mkushi, wo eine Hinweistafel ein Agrarunternehmen ankündigte. Wir folgten den Schildern und landeten auf einem weitläufigen Gelände. Ackerland, so weit das Auge reichte. Weizen und Mais standen in voller Pracht. Wie riesige Spinnenbeine spannten sich künstliche Bewässerungsanlagen über die Felder. Nach einer unkomplizierten Vorsprache am Wachhäuschen gab man uns Erlaubnis einzureiten. Eine Stunde dauerte der Ritt durch dieses fruchtbare Gebiet, vorbei an endlosen Maisfeldern, Personalunterkünften, über Bewässerungsgräben und durch ein romantisches Wäldchen, bis wir zum Verwaltungsgebäude und den Privatunterkünften der Manager gelangten.

Die aus Südafrika stammenden Unternehmer gewährten uns bereitwillig Unterkunft. In einem schattigen Garten durften wir das Nachtlager aufbauen, und die Frau des Managers brachte uns gleich einige Säcke Mais, als besonderen Leckerbissen für die Pferde. Die Farm exportierte Babymais und Speisemais in großem Stil nach Europa. Mein Hunger war wieder einmal unerträglich geworden, sodass ich hastig zehn von den saftigen Kolben verschlang. Ich ernährte mich sozusagen vom gleichen Futter wie unsere Pferde. Und es schmeckte köstlich.

Natürlich wollten die Manager mehr über ihre abenteuerlichen Gäste erfahren, und ich freute mich insgeheim schon auf eine Einladung zu einem reichlichen Abendessen. So geschah es auch.

Nach dem köstlichen Mahl erst wagte ich es, meine Wurmgeschichte zu erzählen. Ich kramte in meinen Satteltaschen, um die Eprouvette hervorzuholen. Zu allem Überfluss war das Glas durch die Erschütterung zerbrochen und mein Wurm in seine Einzelteile zerfallen.

„Ach, das hat bei uns jeder“, unterbrach einer der Manager meine umständliche Präsentation.

„Wir nehmen prophylaktisch jedes halbe Jahr eine Tablette. Den Symptomen nach kann es sich nur um den Rinderbandwurm handeln. Obwohl die Fleischqualität in Sambia sehr gut ist, sind die Kontrollen unzureichend.“

Sofort dachte ich an die riesigen T-Bone Steaks, die Peter Robson in Botswana angeschleppt hatte. Aber auch in Sambia hatten wir kurz gebratenes Fleisch gegessen.

„Hier hast du zwei Tabletten, eine nimmst du sofort,

die zweite nach 14 Tagen, dann geht er ab." Alle lachten, als sie mein verblüfftes Gesicht sahen.

Am nächsten Tag ritten wir in den frühen Morgenstunden weiter. Wir hatten den Mkushi Farmblock erreicht und versuchten, noch am selben Tag zur nächsten Farm zu gelangen. Die Farmer in Sambia waren allesamt großzügige, freundliche Gastgeber. Überall wurde uns Unterkunft gewährt, und überall nahm man regen Anteil an unserem Abenteuer. Die Farmer führten ein Leben wie in ihrem jeweiligen Heimatland. Meist hatten sie sich Oasen geschaffen, die sie von der Außenwelt abschotteten. Sie waren so mit ihrer Arbeit beschäftigt, dass sie über das Leben außerhalb ihres künstlich geschaffenen Territoriums wenig wussten. Mit den hiesigen Behörden und den Angestellten verkehrte man nur gezwungenermaßen. Freundschaften wurden innerhalb der weißen Gemeinde gepflegt. Auch die Kinder wuchsen mit vorwiegend weißen Mitschülern auf und besuchten internationale Schulen. Alle pflegten ihre Traditionen, ob englischer, südafrikanischer oder indischer Herkunft. Und trotzdem kam es mir vor, als wären sie diejenigen, die am effektivsten Entwicklungshilfe leisteten, denn sie waren Arbeitgeber und Lehrmeister von vielen Tausenden Menschen. Angestellte einer Agrarfarm wussten, wie sie Mais oder Weizen anbauen konnten. Und sie konnten es sich leisten, ein kleines Grundstück zu erwerben und selbst Gemüse, Obst oder Getreide anzubauen.

Je näher wir der tansanischen Grenze kamen, desto aufdringlicher wurden die Menschen. Es verging kein Tag, an dem nicht Hunderte Kinder und Erwachsene uns das Leben zur Hölle machten. Sobald wir anhielten, strömten aus allen Richtungen Menschenmassen auf uns zu, um die Pferde und uns zu begutachten. Am schlimmsten war es, wenn wir durch ein Dorf ritten. Die Menschentraube wurde immer länger, sodass wir einige Kilometer, nachdem wir das Dorf wieder verlassen hatten, immer noch einen Rattenschwanz grölender Kinder hinter uns herzogen. Immer wieder näherten sie sich uns von hinten, und es bestand Gefahr, dass eines unserer Pferde austreten und ein Kind verletzten würde. Hunderte Male hatte ich diese Warnungen seit Botswana schon ausgesprochen: „Die Hufe mit ihren Eisen sind gefährliche Waffen!" Selbst ich näherte mich unseren Pferden von hinten nur, wenn sie mir mit ihren Ohren signalisierten, dass sie mein Kommen registriert hatten.

Die einsamen Plätze wurden rarer. Abends, wenn die Geister der dunklen Nacht die Menschen in ihre Behausungen zwangen, legte sich unsere Anspannung, und wir waren endlich wieder alleine. Erst dann konnten wir uns den Pferden widmen, eventuell eine Buschdusche nehmen und unsere Toilette erledigen. Manchmal tauchte ein Unerschrockener mitten in der Nacht auf, um sich nach unserem Befinden zu erkundigen und zu fragen, ob alles in Ordnung sei. Ich bezweifelte allerdings, dass es wirklich die Sorgen um unser Wohlergehen waren, die ihn umtrieben, oder nicht eher die Neugier.

Einige Tage lang ging es in diesem zermürbenden Trott weiter, und wir verloren zusehends unsere Contenance. Esthers Stimmungsbarometer fiel ins Bodenlose. Die Tagebuchaufzeichnungen waren gespickt mit aggressiven Ausdrücken. Die tagelangen Belagerungen und Verfolgungen raubten ihr den letzten Nerv. Sie hatte die Nase voll. Nur die Aussicht, bald in Tansania zu sein, und die Hoffnung, dass dort alles anders werden würde, gab ihr ein wenig Auftrieb. Sie hatte nämlich in Berlin, während ihres letzten

Engagements, Zeit gefunden, einen Suaheli-Kurs zu belegen. Suaheli ist die Landessprache Tansanias, Englisch die Amtssprache. Auch auf der Reise fand sie zwischendurch immer wieder Gelegenheit, die Sprache aufzufrischen und neue Vokabeln zu lernen. Esther war der Ansicht, wenn sie die Sprache der Einheimischen beherrschte, würde sich der Umgang mit den Menschen einfacher gestalten. Sie würde den Einheimischen erklären können, dass wir jetzt Ruhe benötigten, dass die Pferde grasen mussten oder dass es gefährlich war, sich den Tieren zu nähern. Sie sehnte Tansania herbei, das Land der Serengeti, des Kilimandscharo und der Maasai. Aber bis dahin waren es noch einige hundert Kilometer.

Je weiter wir in den Norden vordrangen, desto unangenehmer wurde die Situation für uns. Die Menschen waren zwar nicht aggressiv, aber sie verfolgten uns – in Massen. Esther versuchte mit einer neuen Taktik, die Situation in den Griff zu bekommen. Sie suchte sich meist aus der Ansammlung einen Englischsprechenden heraus und bat ihn, den anderen zu erklären, dass die Besichtigung der Pferde eine halbe Stunde lang gestattet sei, danach müssten die Tiere in Ruhe grasen können. War der Betreffende dann zufällig eine ranghohe Persönlichkeit, wurde unsere Bitte respektiert. Manchmal aber nützte dies alles nichts, und wir verschanzten uns hinter unserer Regenplane, um den neugierigen Blicken zu entkommen. Trotzdem standen sie in einem Umkreis von drei Meter um das Zelt und die Pferde herum und schauten. Sie standen nur da und starrten. Manchmal mehr als 100 Menschen. Sie hatten nichts zu tun, keine Arbeit, keine Termine, keine Wege. Sie starrten einfach Stunden um Stunden geduldig in unsere Richtung.

Erst im Schutz der Dunkelheit konnten wir überhaupt unsere Notdurft verrichten. In meinem Falle handelte es sich ja um eine denkwürdige Unternehmung, denn ich rechnete jeden Tag damit, dass das Unding von Wurm meinen Körper verlassen würde. Ununterbrochen stellte ich mir vor, wie der Parasit aus meinem Körper kriechen würde. Aber als es dann soweit war, kroch er nicht. Ich musste ihn herausziehen. Ich zog und zog, und mir ekelte vor mir selbst, aber der Wurm musste heraus. Minuten vergingen, mir kam es vor, als wären es Stunden, bis ich es endlich geschafft hatte. Da lag es nun, das Ungeheuer. Es maß schätzungsweise sechs bis acht Meter, wobei ein großer Teil wie ein Wollknäuel ineinander verschlungen war. Ich schüttelte mich vor Abscheu, und gleichzeitig fühlte ich mich unbeschreiblich erleichtert.

17 Durchhalten

Den Wurm war ich los, aber die Menschenmassen blieben uns auf den Fersen. Tagelang dauerten die Belagerungen, bis wir auf ein kleines Hotel stießen, dessen Gelände eingezäunt war. Wir befanden uns wieder auf der Hauptstraße nach Serenje, die in Richtung tansanische Grenze führte. Dort hatten eine junge Tierärztin und ihr Mann sich in ihrem Privathaus einige Fremdenzimmer eingerichtet.

Endlich konnten wir wieder durchatmen. Nach den nervenaufreibenden letzten Tagen fühlten wir uns wie auf einer Insel der Seligen. Wenn wir uns ausmalten, dass sich die Situation auf den letzten 300 Kilometer bis Tunduma an der tansanischen Grenze kaum bessern würde, wurde uns Angst und Bang. Mit den Menschenmassen umzugehen, erschien uns ein Ding der Unmöglichkeit.

In dieser Situation kam Esther die glorreiche Idee, die Pferde auf einen Zug oder einen LKW zu laden und zur Grenze zu transportieren. Kapiri Mposhi war die nächstliegende größere Stadt, von wo aus eine Bahnlinie nach Daressalaam verlief. Die zwischen 1970 und 1975 von der Volksrepublik China finanzierte Bahnstrecke diente ursprünglich dem Warentransport zur Küste Tansanias. Über die TAZARA, die Tanzania-Zambia Railways, gelangte so vorwiegend Kupfer in den Export, während Dünger zurück nach Sambia transportiert wurde. Seit der Tourismus immer mehr in Afrika Einzug hielt, verkehrte einmal pro Jahr ein Hotelwaggon, der Safarigäste im Fünfsterne-Stil durch die Steppen schipperte. Der Bahnhofsvorstand erwies sich als überaus hilfsbereit. Der Transport von Vieh war eine übliche Angelegenheit, soviel erfuhren wir, aber der Transport von Pferden war bis dato noch nie vorgekommen. Die Bahngesellschaft bot für 1000 US-Dollar einen Waggon an, in dem 60 Kühe Platz fanden. Für 60 Kühe mag der Preis angemessen gewesen sein, aber für vier Pferde war uns ein Transport um 1000 US-Dollar zu hoch.

Wir nahmen stattdessen ein Taxi und fuhren zum Marktplatz, weil wir dort andere Transportmöglichkeiten vermuteten. Gleich dahinter befanden sich ein Parkplatz und der Busbahnhof. Unbeladene Lastwagen und solche, die Baumwolle oder Vieh transportierten, kreuzten die scheinbar undurchdringliche Menschenmenge. Kleinwagen mit der Aufschrift „Taxi", die 40 Jahre oder mehr auf dem Buckel hatten, zwängten sich geschickt durch das bunte Wirrwarr. Was bei diesen Gefährten in jedem Fall funktionierte, war die Hupe. Das Hupen gehörte hier offensichtlich zum guten Ton. Seelenruhig lehnten die Chauffeure in ihren Fahrersitzen, eine Hand lässig aus dem Fenster gestreckt, mit der anderen ohne Unterlass auf die Hupe drückend. Beißender Schweißgeruch lag in der Luft. Aus übersteuerten Lautsprechern ertönten krächzende, musikähnliche Geräusche. Alles wurde gekauft, verkauft, mit allem wurde gehandelt. Die Altkleidersammlungen der westlichen Industrieländer tauchten an Orten wie diesem wieder auf. Zielstrebig kämpfte ich mich durch das Gewühl, vorbei an klapprigen Lastwagen, bis ich ein Fahrzeug entdeckte, das mir vertrauenswürdig erschien. Ich fragte den Fahrer, ob er unsere vier Pferde an die tansanische Grenze transportieren könnte. Nach dem obligaten Handelsritual einigten wir uns bald auf einen Preis von 400 Dollar, und in einigen Tagen sollte es losgehen.

Wie aus dem Nichts verdunkelte sich plötzlich der Himmel, und dicke Regentropfen prasselten auf das Blechdach, unter dem wir Schutz gefunden hatten. Es war für uns der erste Regen seit einem halben Jahr. Ich hatte bereits vergessen, wie frischer Regen roch. Blitze zuckten, das Donnergrollen nahm kein Ende. Ein einziger bebender Donnerschlag, der unaufhörlich an- und abschwoll, schien über den Himmel zu rollen. Ich konnte mich nicht daran erinnern, je so dichte, schwere Regentropfen gesehen zu haben. Sofort sammelte sich das Wasser in den Bodensenken, bis sich schließlich ein grauer See ausbreitete, wo kurz zuvor noch ein Taxiparkplatz gewesen war. In Schüsseln, Eimern oder Töpfen, je nachdem was gerade greifbar war, fingen die Leute das wertvolle Wasser auf.

So plötzlich dieses Schauspiel hereingebrochen war, so schnell war es auch wieder vorbei. Das Donnergrollen verebbte im Decrescendo und so, als ob jemand das Licht wieder angeschaltet hätte, schien plötzlich wieder die Sonne. Die Luft war klar und schwül. Eine merkliche Abkühlung hatte das Gewitter nicht gebracht. Der See auf dem Parkplatz lief schnell ab. Was blieb, waren Wasserlacken, die bei jedem Regenguss tiefer ausgespült wurden und zum Leidwesen der Autofahrer für so manchen Achsenbruch verantwortlich waren. Daraus zogen wiederum Autowerkstätten ihre Vorteile. So wurde in Afrika die Wirtschaft aufrecht erhalten.

Mit einem Kleinbus machten wir uns schließlich auf die Rückreise. Ich zählte 29 Passagiere – Ziegen und Hühner nicht mitgerechnet – in dem für zwölf Personen zugelassenen Transporter. Glücklicherweise funktionierte nicht nur die Hupe, sondern auch die Bremse. Wollte jemand zu- oder aussteigen, vollführte der Chauffeur Bremsmanöver, die alle Passagiere durcheinander wirbelten. Eine nicht vorhandene Seitentür ersetzte ein wenig die Klimaanlage. Der sogenannte Fahrkartenkontrolleur stand breitbeinig im Türrahmen, damit ja keiner der Passagiere unfreiwillig hinauspurzelte. Vor einigen Jahren noch hätten wir uns als verwöhnte Europäer nicht getraut, ein solches Gefährt zu besteigen, aber Zimperlichkeiten dieser Art hatten wir schon längst abgelegt.

Ohne Pferde behandelte man uns wie Einheimische. In diesem Gebiet verrechnete man uns nicht einmal den Weißenzuschlag, der in manchen Gegenden üblicherweise eingehoben wurde. Wahrscheinlich hatte dies damit zu tun, dass sich Touristen nur in der Nähe von Nationalparks aufhielten, und die lagen in weiter Ferne.

Zwei angenehme Ruhetage verbrachten wir in der Herberge, und ich nutzte außerdem die Zeit, die Pferde frisch zu beschlagen. Trines Verletzung war einigermaßen verheilt, und die Eigenbluttherapie hatte bewirkt, dass sie an dem kranken Auge das Sehvermögen teilweise wieder erlangt hatte. Die Kruste am Widerrist würde bald abfallen, dann konnte sie wieder aufgesattelt oder mit Gepäck beladen werden.

Am verabredeten Tag, pünktlich um fünf Minuten nach acht, kündigte eine Staubwolke das Herannahen unseres Lastwagens an. Trotz unvorhergesehener Aufenthalte waren wir im Zeitplan. Der November war angebrochen. In Europa hatte das nasskalte Herbstwetter den Sommer abgelöst. In den Einkaufsstraßen waren die Schaufenster weihnachtlich geschmückt. Vielleicht war sogar schon der erste Schnee gefallen. Die Vorstellung einer verschneiten Landschaft fiel mir schwer, wenn ich die heiße, staubige Savanne vor mir betrachtete.

Während der Laster an der Rampe geparkt wurde, holte ich die Pferde und das Gepäck. Zunächst wollte keines der Pferde in die dunkle Höhle der Ladefläche steigen, aber nach einer Stunde hatten wir es doch geschafft.

Wie vereinbart, hatte der Transportunternehmer mittels Holzplanken vier Abteile separiert, sodass ein sicherer Transport gewährleistet war.

Als die Dunkelheit hereinbrach, hatten wir ohne besondere Vorkommnisse Nakonde, die Grenzstadt in Sambia, erreicht. Die Nacht verbrachten wir auf der Ladefläche bei den Pferden. Am nächsten Morgen erst luden wir sie ab, sattelten und machten uns guten Mutes auf den Weg nach Tansania. Riesige Nadelbäume, ähnlich unseren Fichten, tauchten auf – eine alpin anmutende Landschaft, die sehr fruchtbar zu sein schien.

Nachdem wir den Ort Nakonde passiert hatten, näherten wir uns dem sambischen Grenzposten. Die Pässe wurden abgestempelt und die Ausfuhrpapiere unterschrieben.

Sambia, das Land der Extreme lag hinter uns.

18 Tansania

Zirka 300 Meter Niemandsland mussten wir nun durchqueren. Weil die Pferde so nervös waren, nahm ich die Führleine so kurz wie möglich. Die riesigen, hoffnungslos überladenen LKWs zwangen uns zu einem halsbrecherischen Slalom. Dazwischen schoben sich immer wieder Menschen, die den Pferden gefährlich nahe kamen. Staub wurde aufgewirbelt und vermischte sich mit den blauen Dieselwolken der Lastwagen. Esther machte sich auf den Weg, die Immigrationsformalitäten zu erledigen. Als sie sich in die Reihe Wartender stellte, versuchte sie krampfhaft, Freundlichkeit und Gelassenheit auszustrahlen. Sie wusste, dass manchmal nur Geduld und ein Lächeln die Bürokraten veranlassten, eine positive Entscheidung zu fällen. Ob bzw. wie schnell eine Einreise überhaupt genehmigt wurde, hing vom Gutdünken der Beamtin oder des Beamten ab.

Das Immigrationsbüro war ziemlich heruntergekommen. Die Farbe an den Wänden war abgeblättert, der Steinfußboden wies Löcher auf. Hinter einer trüben Glasscheibe saßen gelangweilte Beamte in blauen Uniformen. Von der Hektik, die draußen herrschte, war in dem Raum nichts zu spüren. Eine Unmenge Papierkram stapelte sich auf den Schreibtischen. Von einer Wand lächelte der amtierende Präsident Tansanias Benjamin William Mkapa. Daneben hing das vergilbte Bild des ersten Präsidenten und Volkshelden Julius Nyerere.

Abbildung 5: Tansania

Ende des 19. Jahrhunderts hieß das Land noch Deutsch-Ostafrika, ab 1920 stand es unter britischer Verwaltung. Kurz nach der Unabhängigkeitserklärung 1961verbanden sich die beiden Staaten Tanganjika und Sansibar und gründeten die Vereinigte Republik Tansania. Obwohl die Vision des ersten Staatspräsidenten, Julius Nyerere, einen sozialistischen Staat nach dem Modell der Sowjetunion zu bauen, misslang, wird er bis zum heutigen Tage als Volksheld verehrt.

Unter Nyerere ging es mit der Wirtschaft des Landes bergab. Hungersnöte waren die Folge, und Tansania zählte zu den ärmsten Ländern der Welt. Aber er legte auch den Grundstein dafür, die mehr als 130 teils verfeindeten Stämme Tansanias untereinander zu vereinen und eine friedliche Gesellschaft zu gestalten. Suaheli wurde neben Englisch zur Landessprache erklärt. So war es erstmals möglich, dass Stämme sich untereinander verständigen konnten, sofern den Leuten die Chance geboten wurde, eine Schule zu besuchen. Der Nachteil dieser Zusammenführungen bestand darin, dass die Stämme ihrer Identität beraubt wurden und gezwungen waren, ihre Kultur aufzugeben.

Mit Einführung des Mehrparteiensystems 1992 wurde die Marktwirtschaft vorangetrieben. Durch Privatisierungen erholte sich zwar die Wirtschaft, aber Tansania ist immer noch hoch verschuldet und zählt zu den größten Empfängern ausländischer Entwicklungsgelder.

Mkapa schaffte es immer wieder, Schuldenerlasse zu erwirken. Im Gegenzug wurden massenhaft Schulen errichtet, einige wenige Lehrer eingestellt, und das Gesundheitssystem wurde ausgebaut. In unserer Vorbereitungsphase hatte ich Informationen über die Länder, die wir durchqueren wollten, gesammelt. In einem Almanach hieß es etwa: „Tansania ist eines der ärmsten Länder der Erde“, und wenig später: „Tansania besitzt die größten Diamantenvorkommen der Welt.“

Ähnlich wie das Nachbarland Kongo ist Tansania reich an Bodenschätzen. Um die Ausbeutung kümmern sich westliche Großkonzerne, die satte Gewinne einstreichen. Wir alle in der sogenannten zivilisierten Welt sind die Nutznießer solch unmenschlicher Machenschaften. Wenn ich daran denke, dass sich in meinem GPS oder in meinem Telefon Teile befinden, die aus Tantal gefertigt sind, das durch Kinderarbeit im Kongo abgebaut wird, oder das Emblem meiner Markenschuhe unter menschenunwürdigen Bedingungen im fernen Osten aufgenäht wurde, fühle ich mich schuldig – von den vielen Toten, die durch das von Ölmultis finanzierte Kriegsgerät in Nigeria oder im Kongo ihr Leben lassen mussten, ganz zu schweigen. Aber meine Schuldgefühle helfen den ausgebeuteten Menschen in dieser Region leider sehr wenig.

Eines gilt für Tansania bestimmt: Es ist die Hochburg des afrikanischen Safaritourismus. Sowohl der größte Wildpark als auch der größte frei stehende Berg der Welt, und damit der höchste Berg Afrikas, der Kilimandscharo, befinden sich in diesem Land. Aufgrund von Tierfotos, die im kenianischen Amboseli-Park aufgenommen worden waren und im Hintergrund die Kuppe des schneebedeckten Kilimandscharo zeigen, wird der Berg oft fälschlicherweise Kenia zugeordnet. Die durch Prof. Bernhard Grzimek bei uns populär gewordene Serengeti sowie der Ngorongoro-Krater und die Olduvai-Schlucht, angeblich die Wiege der Menschheit, sind Tourismus-Destinationen erster Güte. Tansania bietet aber auch Badeurlaubern schneeweiße, palmengesäumte Strände auf Sansibar, eines der besten Tauchgebiete der Welt, auf Pemba und für den Exklusiv-Urlauber Hotels und Lodges der Luxusklasse.

Von all dem, was ich bisher über Tansania gelesen hatte, war im ersten Eindruck noch nicht viel erkennbar. Esther unterbrach meine Gedanken. Sie kam ziemlich nervös von ihrem Behördenweg zurück: „Sie wollen uns nicht einreisen lassen. Erst nachdem ein Tierarzt unsere Pferde untersucht hat, dürfen wir weiter."

Das konnte dauern! Weit und breit war weder Schatten noch Gras für die Pferde. Ich befreite die Tiere von ihren Lasten, und wir alle schmachteten geschlagene zwei Stunden in brütender Hitze, bis sich endlich ein Beamter näherte:

„Sie dürfen weiter, wir haben mit dem Veterinär gesprochen, alles erledigt."

Erleichtert atmeten wir auf und durchschritten den Schlagbaum nach Tansania. Doch unser Glück war nur von kurzer Dauer. Schon kam ein anderer Uniformierter händeringend auf uns zu:

„Moment, stopp! Sie dürfen noch nicht durch, erst müssen Sie die Zollformalitäten erledigen.

„Aber der Beamte sagte doch gerade, es wäre alles erledigt", verteidigte sich Esther.

„Jawohl, das stimmt, die Einwanderungsbehörde hat grünes Licht gegeben, aber der Zoll ist eine gesonderte Abteilung."

Esther stapfte also zurück ins Zollhäuschen. Ich blieb vor dem Amtsgebäude und band die Tiere an eine Eisenstange neben dem Gebäude an. Danach setzte ich mich auf einen Mauervorsprung, und das Warten ging weiter. Um neun Uhr waren wir an die Grenze gekommen, mittlerweile war es eins. Die Sonne brannte erbarmungslos auf uns herab.

Plötzlich steuerte ein dicker, hochdekorierter Polizeibeamter schnurstracks auf mich zu. Goldlametta hing von seinen Schultern, Abzeichen und dicke, geflochtene, glitzernde Bänder spannten sich quer über seine viel zu enge Uniform. Die schwarzen Schuhe waren makellos gewienert, und seine Erscheinung spiegelte sich wie in einem Lachkabinett darin. „Aufstehen", brüllte er mich an. Schweißperlen standen auf seiner Stirn, und unter seinen Achselhöhlen hoben sich dunkelblaue, weiß geränderte Flecken vom Blau seiner Uniform ab.

„Was bilden Sie sich eigentlich ein, ihre Esel . . . , äh, diese Tiere an der Fahnenstange der Vereinigten Tansanischen Republik anzubinden? So eine Respektlosigkeit ist mir noch nie untergekommen. Wer sind Sie überhaupt?“, schrie er und nahm sofort darauf Haltung vor der Fahnenstange an. Der Schlagstock klemmte unter seinem linken Arm. Ich wusste nicht, wie mir geschah. Unvermutet wie das sambische Gewitter vor einigen Tagen war die tansanische Exekutive über mich hereingebrochen.

„Tut mir leid“, stammelte ich, „ich hatte keine Ahnung, dass dies eine Fahnenstange ist. Ich sehe auch keine Fahne.“

„Wenn wir eine Fahne hätten, würde sie genau hier wehen. Jeder Mensch weiß das. Machen Sie diese Tiere da weg, sonst muss ich sie wegen Respektlosigkeit gegenüber dem tansanischen Staat bestrafen.“

Mein Bauch sagte mir, dass es besser sei, mich noch einmal demütig zu entschuldigen. „Sorry, I'm so sorry, General“, sagte ich und löste die Leinen von der praktischen Stange.

„Dass mir das nicht noch einmal vorkommt“, polterte der Beamte, durch meine Anrede „General“ sichtlich versöhnlicher gestimmt. Dann schwang er sein Stöckchen noch einmal in einer Drohgebärde, bevor er seinen massigen Körper um die eigene Achse wuchtete und zackig von dannen marschierte.

Endlich kam Esther mit den Papieren.

„Was ist los?“, fragte ich ungeduldig.

„Sie wollten Einfuhrzölle für die Pferde einheben, aber der bearbeitende Beamte wusste nicht, welche Autonummer er in das Formular eintragen sollte. Nach langem Hin und Her ließ er sich schließlich davon überzeugen, dass wir oben auf den Pferden sitzen und sie folglich unsere Transportmittel sind. Diese spezielle Reiseart war ihm noch nie untergekommen, und auch in seinen Dienstvorschriften hatte er dazu keine näheren Erläuterungen gefunden. Als ihm seine Kollegen ebenfalls nicht weiterhelfen konnten, gab er sich mit 100 Dollar zufrieden, und noch einmal 50 für den nicht vorhandenen Tierarzt." Eine hübsche Gehaltsaufbesserung, aber wir waren durch.

Ich nahm Roland und Misty, Esther, Trine und Bucki, und wir starteten den zweiten Versuch, den Schlagbaum hinter uns zu lassen.

Da stand er wieder, mein General. Der dekorierte Schreihals warf einen flüchtigen Blick auf die Papiere, musterte mich von oben bis unten, runzelte die kahle Stirn und gab dann den Befehl, den Schranken hochzuziehen.

„Dass mir das nicht noch einmal vorkommt", schrie er mit sonorer Stimme hinter uns her, „gute Reise! Willkommen in Tansania!"

War dies ein Vorgeschmack dessen, was uns in diesem Lande bevorstand? Das konnte ja heiter werden.

19 „Wazungu go home!“

Ein junger Mann, offensichtlich ein Grenzbeamter, nahm sich unser an und begleitete uns zu einem nahe gelegenen Platz zum Campen. Auf tansanischer Seite hieß die Grenzstadt Tunduma, und nach dem Häusermeer zu schließen musste es sich um eine größere Stadt handeln. Ein unangenehmes Gefühl beschlich uns, so nahe der Stadt unser Lager aufzuschlagen, doch es blieb uns nichts anderes mehr übrig, es war schon sehr spät.

Mittlerweile hatten sich weitere Jugendliche unserem Führer angeschlossen. Der Platz war nicht übel. Kleine Bäume spendeten Schatten, die Pferde hatten Gras und aus kleinen Tümpeln konnte ich trinkbares Wasser erzeugen. Da sich ein Fluss in der Nähe befand, schien dieses Gelände eine Art Überschwemmungsgebiet zu sein.

Wir bedankten uns bei den Jugendlichen, sattelten ab und begannen das Nachtlager aufzubauen. Dass sich die Burschen verziehen würden, blieb leider Wunschvorstellung. Sobald das Zelt aufgebaut war, setzten sie sich auf die Decke davor und begannen unsere Habseligkeiten zu studieren.

„Wozu benötigt ihr dies, wozu braucht ihr das, schenkst du mir deine Brille oder deine Schuhe?“, bombardierten sie uns mit Fragen, während sie unentwegt all diese Dinge anfassten und ausprobierten.

Immer mehr Menschen versammelten sich nun um uns herum. Die Jugendlichen forderten die Herankommenden auf, ebenfalls auf der Decke Platz zu nehmen. Ich stand auf und erklärte in freundlichem Ton, dass sie gerne die Pferde anschauen könnten, aber das Zelt sei unsere Wohnung, und wir seien müde und hungrig. Esther hatte sich ins Zelt zurückgezogen, aber dort hielt sie es auch nur ein paar Minuten aus, die Sonne hatte immer noch genügend Kraft, ihr den Schweiß aus den Poren zu treiben. Als sie wieder aus der heißen Plastikunterkunft herausschlüpfte, war die Menschenmenge auf sicherlich 500 Personen angewachsen. Ich hatte mittlerweile ein gutes Schätzvermögen entwickelt. Als Esther den Massenauflauf sah, packte sie eine Rolle Klopapier und rannte in den Busch. Sie dachte, wenn die Umstehenden erkannten, was sie vorhatte, würden sie ihr diese Pause gestatten. Dem war jedoch nicht so. Ungefähr 50 Schaulustige stürmten ihr kreischend hinterher.

Esther kam zurück, die gesamte Gefolgschaft ihr auf den Fersen. Mit Tränen in den Augen und vor Wut und Entrüstung zitternd, verschwand sie ungeachtet der Hitze sogleich wieder im Zelt. Wir befanden uns regelrecht in einem Belagerungszustand.

„Okay, ich übernehme das“, sagte ich großspurig, ohne zu wissen, wie ich das bewerkstelligen sollte. Zumindest gelang es mir, den Platz vor dem Zelt freizumachen, oder besser gesagt zurückzuerobern. Dann setzte ich mich zehn Meter weiter auf einen Stein.

In fünf Meter Entfernung bildeten die Schaulustigen einen Halbkreis und ließen mich nicht aus den Augen. Manche lächelten, manche unterhielten sich mit den Nachbarn und unterdrückten ihr Lachen, indem sie verstohlen die Hand vor den Mund hielten. Andere wiederum sagten „Give me money!“ Kinder streckten mir die Zunge entgegen oder zogen Grimassen. Wenn ich aufstand, wichen sie zurück wie scheue Tiere, als hätten sie von mir etwas zu befürchten.

In meiner Ohnmacht begann ich ein Spiel. Ich hob die Hände in die Höhe und wartete, was passieren würde. Ob Groß oder Klein, alle hoben die Hände in die Höhe. Dann stand ich auf und stellte mich auf ein Bein. Auch dieses Kunststück wurde von meinem Publikum nachgeahmt. Danach begann ich mich im Kreise zu drehen, was zur Folge hatte, dass sich alle im Kreise drehten.

Esther musste meine Eskapaden beobachtet haben, denn sie steckte kurz den Kopf aus dem Zelt und brüllte mich an, ob ich noch bei Trost sei. Sie hatte Recht, dämmerte mir, was für eine dumme Idee! Ich brach ab, ließ mich wieder begaffen, rauchte meine Glückspfeife an und wartete.

Ratlosigkeit machte sich bei meinen Zuschauern breit, weil sie dachten, dass auch dies zum Spiel gehöre. Einige pfiffige Kinder versuchten mittels eines Stöckchens, mich mit meiner Pfeife zu imitieren, und sorgten dabei für allgemeine Erheiterung. Ich sehnte die Dunkelheit herbei, in der Hoffnung, die Menschen hier hätten ebensolchen Respekt vor den Nachtgeistern wie die Leute in Sambia.

Die Sonne ging unter, und die Mehrzahl der Schaulustigen zog wortlos ab. Ein harter Kern an Unerschrockenen blieb jedoch zurück, wie ich an den Silhouetten erkennen konnte. Wir hatten uns weder gewaschen, noch hatten wir etwas gegessen. Die Zurückgebliebenen kümmerten mich jetzt aber nicht mehr, weil ich annahm, dass ihre Angst größer sein würde als die Neugierde. Erleichtert atmete ich durch und begann all unsere Sachen im Vorzelt zu verstauen. Da traf mich plötzlich ein Stein an der Schulter.

„Sie werfen mit Steinen“, rief ich Esther zu, die immer

noch schweißgebadet im Zelt schmachtete. Hinter einem Baum suchte ich Deckung. Noch ein Stein traf das Zelt, und ein weiterer ging daneben. Ich machte mir Sorgen um die Pferde und lief zu Roland, der unweit an einem anderen Baum angebunden war. Die Pferde jedoch verschonten sie.

„Hört auf, wir haben euch nichts getan!“, rief ich in die Dunkelheit.

„Motherfucker, Wazungu go home!“, kam es zurück. „Wazungu“ ist die Suaheli-Bezeichnung für Weiße. Eiskalter Schauer durchfuhr mich. Dann lief ich zum Zelt zurück, um die farbigen Signalraketen schussfertig zu machen. Meine Nerven waren zum Zerreißen angespannt. Nun ertönte es im Chor: „Motherfucker, Wazungu, go home!“ Immer und immer wieder, aus derselben Entfernung.

Die Signalraketen hatten wir zum Schutz gegen wilde Tiere dabei, aber es war bislang nicht nötig gewesen, sie einzusetzen. In Botswana, an der Huntersroad, hatte ich sie bei den Nachtwachen immer schussbereit neben mir liegen, für Notfälle. Dass ich je auf Menschen damit schießen würde, hätte ich mir nicht träumen lassen. Ich hatte auch keine Ahnung, wie diese darauf reagieren würden. Würden sie uns etwas antun, uns gar umbringen oder vor Schreck weglaufen? Alles war möglich, die Probe aufs Exempel stand kurz bevor. Ich schraubte rote Munition auf. Irgendwie war mir nach Rot. Ich wusste, dass der erste Schuss eine Art Kriegserklärung sein würde. Ich steckte noch einige Patronen in meine Hosentasche und schlich in die Richtung, aus der ich die Angreifer vermutete. Dann zögerte ich kurz und feuerte einen Warnschuss ab. Ein lauter Knall war zu hören, dann flog die Rakete 60 Meter schräg in den Himmel.

Die Leuchtrakete erhellte die Umgebung blutrot und hob die Tarnung der in der Dunkelheit verborgenen Angreifer auf. Ich konnte nur fünf oder sechs Gestalten ausmachen. Vielleicht waren sie betrunken, was die Lage aber eher verschlimmert hätte. Zweifellos waren wir in Gefahr, wenn nicht sogar in Lebensgefahr. Wieder flog ein Stein in meine Richtung. Ich schraubte Grün auf und schoss abermals, aber diesmal gezielt in die Richtung der Angreifer. Dann, nach einem kurzen Moment, in dem ich nicht zu atmen wagte, sah ich, wie sie Hals über Kopf kreischend das Weite suchten.

Bisher hatten wir uns immer korrekt verhalten, das Gespräch gesucht und versucht, die Menschen zu verstehen. Das erste Mal in meinem Leben hatte ich am eigenen Leibe zu spüren bekommen, wie sich so mancher Ausländer in Österreich oder Deutschland fühlen musste, wenn er Übergriffen von rassenfeindlichen Einheimischen ausgeliefert war. Ich fühlte mich enttäuscht und entmutigt. Angestrengt blickte ich in die Dunkelheit, jederzeit bereit, noch einen Schuss abzufeuern, bevor ich mich zu unserem Platz begab. Esther hatte vom Zelt aus die Auseinandersetzung beobachtet. Von weitem hörte ich ein letztes Mal die Rufe des Pöbels. Dann kroch ich zu Esther ins Zelt. Lange lagen wir noch wach und redeten über das Geschehene. Welche Erwartungen hatten wir in Tansania gesetzt, und nun diese Enttäuschung! Weit nach Mitternacht erst übermannte uns die Müdigkeit.

Am nächsten Morgen kroch ich aus dem Zelt, um Tee zu kochen, aber Esther hielt mich zurück. Sie wollte keine Minute länger an diesem Ort bleiben und drängte zum Aufbruch. Ich ging, um nach den Pferden zu sehen, und da erlebte ich den nächsten Schock. Die Pferde waren verschwunden.

„Ich mag nicht mehr, ich kann nicht mehr. Das war's! Ende, Schluss! Aus! Ich gebe auf", schrie Esther, als sie begriff, was los war, und schleuderte ihren Hut in den Sand, dass es nur so staubte.

„Weit können sie ja nicht sein", versuchte ich sie zu beruhigen. Ich ging zu dem Baum, an dem Roland angebunden war. Aber meine dunkle Vorahnung bestätigte sich. Die Pferde waren nicht ausgebüchst, sondern jemand hatte sie des Nachts losgebunden. „Dies war wohl die Revanche für die Leuchtraketen", meinte ich sarkastisch.

„Okay, wie geht es nun weiter?", Esther war nicht zum Scherzen zumute.

„Ich gehe nach Tunduma zur Polizei. Die müssen uns helfen. Vielleicht kann ich einen Wagen organisieren", sagte sie dann nach einer Pause. Ihre Nerven lagen blank, aber sie wirkte entschlossen und stark. „Wenn wir die Pferde zurückbekommen, rufe ich Albee in Arusha an. Er soll sie abholen, und wir fliegen nach Hause. Ich hab die Schnauze voll."

Ich konnte Esthers Ausbruch verstehen, aber deshalb alles abzublasen, schien mir übertrieben; vielleicht waren die Menschen im Landesinneren ganz anders als die Bevölkerung hier. „Die waren wahrscheinlich betrunken", beschwichtigte ich sie.

„Und die 500 anderen? Die mir beim Pinkeln zugesehen haben, waren die auch betrunken!? Man will uns in diesem Lande nicht, hast du das noch nicht mitbekommen?"

„Aber überleg doch einmal in Ruhe!"

„Nein, ich habe keine Lust mehr!", fiel sie mir ins Wort. „Ich möchte nicht wegen eines Nervenzusammenbruchs hier vor die Hunde gehen, dann lieber ehrenhaft von einem Löwen gefressen werden.“

Während wir so vor dem Zelt standen und stritten, fanden sich schon wieder die ersten Menschen ein. Aus allen Richtungen kamen sie herbei.

„Ich gehe“, sagte Esther bestimmt, schob die Umstehenden, die wieder einen Halbkreis gebildet hatten, zur Seite und stapfte entschlossen in die Stadt.

Ich wusste weder aus noch ein. Sollte ich das Zelt abbauen? Nach den Pferden konnte ich nicht suchen, da sonst unsere Sachen unbeaufsichtigt gewesen wären. Ich fühlte mich hundeelend. Ich wollte noch nicht aufgeben. Das durfte nicht das Ende sein! So fragte ich die Umstehenden, ob sie unsere Pferde gesehen hatten. Ein junger Mann meldete sich: „Ich habe welche unten am Brunnen gesehen.“

Gleich schöpfte ich Verdacht gegen den Burschen, aber vielleicht hatte er ja mit der ganzen Sache nichts zu tun und gab einfach seine Beobachtung wieder.

Kurze Zeit später kam Esther zurück: „Die Polizei schert sich nicht um die Sache. Sie haben die Personalien aufgenommen, dumme Fragen gestellt und sind auf unser Problem gar nicht eingegangen. Den Schlüssel für das einzig einsatzfähige Fahrzeug habe der Chef, und der komme irgendwann später.“

„Die Pferde sind am Brunnen gesichtet worden“, unterbrach ich ihre wütende Schilderung. Als sie das hörte, ließ sie alles liegen und stehen und ging mit mir und einem Rattenschwanz von Menschen hinter uns an die beschriebene Stelle.

Keine fünf Minuten später fanden wir unsere Vierbeiner an dem besagten Brunnen, kaum 500 Meter von unserem

Lager entfernt im Busch. Sie waren anscheinend nicht gestohlen, sondern vertrieben worden. Die Frauen, die sich mit ihren Eimern zum Wasserholen an dem Platz versammelt hatten, standen in angemessener Entfernung ratlos umher und wagten nicht, sich dem Brunnen zu nähern. Roland schleppte noch seine Zehnmeterleine hinter sich her. Es war wie ein Wunder, dass er sich nicht verheddert hatte oder im Gestrüpp hängen geblieben war. Trine hätte sich womöglich damit erhängt.

Wir schnappten die Pferde und liefen zurück zu unserem Rastplatz. Kaum hatten wir das Zelt erreicht, griff Esther entschlossen nach ihrem Telefon und wählte Albees Nummer. Wir hatten Albee in Botswana kennen gelernt. Er war vor einigen Monaten mit einem Pferdetransporter unterwegs von Südafrika nach Tansania gewesen und hatte in Nata Halt gemacht. Wir hatten ihm bei der Pferdeverladung geholfen und unsere Telefonnummern ausgetauscht, damit wir uns bei ihm melden konnten, sobald wir in Tansania waren.

Esther war fest entschlossen, unsere Reise abzubrechen. Ich wollte nicht aufgeben, stand aber wie gelähmt da und sah zu, wie Esther die Nummer eintippte. Nach einigen Sekunden Stille hörte ich sie fluchen: „Diese Nummer ist nicht vergeben. Das darf doch nicht wahr sein!“ Abermals hämmerte sie die Ziffern in die Tasten. Wieder nur das Tonband mit dem Ansagetext.

„Na gut, das war wohl nichts. Wir machen weiter, jetzt ist es schon egal“, resigniert ließ sie das Telefon in ihre Tasche gleiten. Im nächsten Moment sprang sie auf, sattelte Roland und galoppierte schnurstracks in Richtung der Schaulustigen, die wieder zu Hunderten einen Halbkreis gebildet hatten. Die Menschenmenge stob auseinander.

„Geht nach Hause, hier gibt es nichts mehr zu sehen", schrie Esther und bediente sich erstmals der Landessprache. Wie ein Jockey trieb sie ihr Pferd mit der Gerte an. Frauen und Kinder rannten schreiend davon. Aber auch Männer zeigten Respekt und zogen es vor, sich zu entfernen. Esther war impulsiv in ihren Reaktionen, aber so hatte ich sie noch nie erlebt. Zurückgekehrt, stieg sie seelenruhig ab, klopfte den Staub aus ihrer Hose und sagte: „Die kommen so schnell nicht wieder." Sie wirkte erleichtert, beinahe ausgeglichen. Es schien, als hätte ihr dieser Ausbruch gut getan.

Ich war ebenfalls gezeichnet von den Erlebnissen. Seit dem letzten Frühstück gestern an der Grenze hatten wir nichts mehr gegessen. Ich würgte einige Kekse hinunter, dann packten wir zusammen und verließen den ungastlichen Ort.

Wir mussten unsere Reisestrategie ändern. Es galt, sich dem Land und der Bevölkerung anzupassen. Bisher war man uns überall mit Gastfreundschaft begegnet. Jetzt hatte sich das Blatt gewendet. Wir mussten zwar Fingerspitzengefühl und Takt beweisen, aber andererseits durften wir keine Schwäche zeigen. Diese Menschen verloren den Respekt, wenn man sich eine Blöße gab. Und eines war gewiss: Größere Orte mussten wir meiden, um die Menschen nicht zu ängstigen oder sie zu euphorischen Handlungen anzustacheln. Die Theorie schien klar zu sein, aber würde es uns auch gelingen, sie in die Praxis umzusetzen?

Der nächste größere Ort lag nämlich schon vor uns: Vwawa befindet sich an der Hauptstraße, 60 Kilometer westlich von Mbeya, der Hauptstadt des gleichnamigen Distrikts und zweitgrößte Stadt Tansanias.

Vwawa würde uns keinesfalls erspart bleiben, aber Mbeya war dringend zu umgehen. Es gab eine Route quer durch das Land nordwärts, am Lake Rukwa vorbei, entlang des riesigen Naturschutzgebietes Rungwa-Nationalpark, bis hin zur Serengeti. Unsere Landkarte wies dieses Gebiet als weißen Fleck aus. Auf dieser 500 Kilometer langen Strecke durch den tansanischen Busch waren lediglich ein paar kleine Orte eingezeichnet, die zumindest die Vermutung nahe legten, dass es Wasser gab. Wir verließen uns auf unsere Buscherfahrung.

Vwawa, unser erstes Etappenziel, erreichten wir am späten Nachmittag. Ab und zu zogen wir Kinder an, ließen uns aber durch sie nicht beeinträchtigen, sondern beachteten sie kaum. Die Gegend war überaus fruchtbar. Maisfelder, Melonen- und Bananenplantagen wechselten einander ab. Sogar Reisfelder fanden sich an diesem mit Wasser gesegneten Ort. Palmen säumten die Straße. Menschen arbeiteten auf den Feldern, und wenn sie uns sahen, grüßten sie, und wir winkten freundlich zurück.

Da unsere Vorräte dringend zu ergänzen waren, bevor wir wieder in den Busch abtauchten, mussten wir wohl oder übel in die Stadt hinein. Unser Ziel war es, eine Polizeistation zu erreichen, bevor sich die Aufmerksamkeit der Menschen auf uns richten konnte. Die Marktstände waren überfüllt, es gab alles, was das Herz begehrte. Ob Schlüsselmacher, Korbflechter, Schildermaler, Uhrmacher oder Schuhputzer, sie alle waren mit Arbeit eingedeckt. Exotisches Obst wie Papaya, Yak-Frucht, Ananas, Passionsfrucht, Mangos und viele andere Sorten, die mir fremd waren, wurden zu Spottpreisen verkauft. Die unterschiedlichsten Gemüsesorten waren geschmackvoll zu Türmen aufgeschichtet.

So ein reichhaltiges Warenangebot hatte ich schon lange nicht zu Gesicht bekommen. Sogar ein Internet-Café entdeckte ich und ein China-Restaurant, das ganz einladend aussah.

Zu unserem Glück lag das Polizeihauptquartier direkt an der Ortseinfahrt, und wir mussten nicht den Spießrutenritt durch das Zentrum machen. Ein bewaffneter Polizist bewachte das Eingangstor.

„Würden Sie uns bitte einlassen, damit wir die Pferde kurz unterstellen können?“, fragte Esther mit etwas Unbehagen aufgrund der Erfahrungen mit der tansanischen Polizei. Ohne Fragen zu stellen, öffnete der Beamte das schmiedeeiserne Tor und ließ uns passieren.

Wir sattelten ab, und man bot uns an, auf die Pferde und das Gepäck aufzupassen. Wir könnten dann unsere Einkäufe in Ruhe erledigen, meinte ein Polizeioffizier. Zwei bewaffnete Beamte wurden abgestellt, um unsere Tiere zu beschützen.

Wir nutzten die Gelegenheit, wie normale Touristen über den Markt zu schlendern. Schnell hatten wir unsere Besorgungen erledigt, und kehrten, sichtlich entspannt, zur Polizeistation zurück. Von den Beamten erhielten wir noch den Hinweis auf eine staatliche Farm am Ende von Vwawa Richtung Mbeya, wo wir übernachten könnten. Wir bedankten uns und ritten ab.

20 Bürokratie

Es stellte sich heraus, dass das Übernachten auf einer tansanischen Farm mit einigem Mehraufwand verbunden war. Da es sich um eine staatliche Farm handelte, musste Esther in die Stadt fahren, um uns bei der Polizei anzumelden. Als sie mit dem Bestätigungsformular wieder zurückkam, meinte der Manager: „Darf ich Sie und Ihren Mann zum Abendessen einladen? Ich würde Ihnen gerne meine Familie vorstellen.“ Er befleißigte sich eines überaus förmlichen, ja geradezu unterwürfigen Tons.

„Wir kommen gerne! Danke! Wir sind ein wenig schmutzig. Ich hoffe, das stört Sie nicht!“ Ich verkniff mir ein Lächeln.

„Nein, nein, das verstehe ich. Wenn man so reist wie Sie!“

Bisher waren es immer Weiße gewesen, die uns in ihren Häusern beherbergt hatten. Diese Einladung war für uns etwas Besonderes, und wir waren gespannt darauf, zu erfahren, wie die tansanische Oberschicht lebte. Denn dieser Mann gehörte zweifelsfrei zur Oberschicht. Er trug Verantwortung. Die Farm umfasste fast 100 Hektar, schien aber einsam und verlassen. Ich vermisste die sattgrünen Mais- und die Weizenfelder, aber vielleicht war die Erntezeit hier schon vorüber.

Nachdem wir uns häuslich eingerichtet hatten, klopften wir, pünktlich zum vereinbarten Zeitpunkt, an die Tür des Privathauses. Der Manager bedankte sich ausgesucht höflich für unser Kommen. Über die Sitte, die Schuhe an der Schwelle der Haustüre auszuziehen, waren wir informiert. Diese Geste ist in Tansania eine wichtige Respektsbezeugung. Dann wurden uns die Kinder vorgestellt. Drei Jungen und zwei Mädchen standen da, angeordnet wie Orgelpfeifen, und zum Schluss die Frau Gemahlin. Die Reihenfolge der Vorstellung beschrieb offenkundig die Rangordnung.

Der Raum, in den wir geführt wurden, war düster, nur eine kleine, nackte Lampe hing von der Decke. Die Wände waren mit beiger Ölfarbe gestrichen. Rosenkränze und Marienstatuen, wohin man blickte. Eine massive, für europäischen Geschmack altmodische Sitzgarnitur bildete den Mittelpunkt des Wohnzimmers. Um die Bezüge der Polstergarnitur zu schonen, waren geklöppelte Spitzentücher darübergebreitet. Auf dem einfachen mahagonifarbenen Couchtisch befand sich ein weißes Plastiktischtuch, und darauf lagen kunstvoll gefertigte afrikanische Stickereien. Die Hausfrau entzündete zwei Petroleumlampen, was dem Raum eine gemütliche Atmosphäre verlieh.

Auch ein Blick in die Küche wurde uns gestattet. Dort wurden alle Arbeiten von der Hausfrau auf dem Boden verrichtet. Der typische Geruch von Holzkohle erfüllte den ebenfalls düsteren Raum. Die Wände waren von Ruß geschwärzt. In einer Ecke befand sich ein einfaches Loch, das als Rauchabzug diente. Ein Kühlschrank und Küchengeräte, wie sie bei uns Verwendung finden, fehlten gänzlich. Aluminiumtöpfe verschiedener Größen waren in einer Ecke aufgestapelt, und von der Wand hingen geschnitzte Kochlöffel. Die traditionelle Kochweise, wie sie seit Hunderten von Jahren praktiziert wird, hat sich bis heute kaum verändert und ist Domäne der Frau.

Wir kehrten zurück ins Wohnzimmer, und der Manager bat uns, Platz zu nehmen. Ich kam mir in meiner zerschlissenen Kleidung etwas schäbig vor, umso mehr, als tadellose äußere Erscheinung in Tansania ein wichtiges Statussymbol ist. Ausdruck des Wohlstandes sind ebenso Sodas, die nur zu besonderen Anlässen serviert werden. Alles, was Kohlensäure enthält, Limonaden aller Geschmacksrichtungen, Coca-Cola oder Ähnliches wird „Soda" genannt und meist aus der Flasche oder, in der vornehmen Version, mit Strohhalmen getrunken. Wir bekamen Sodas mit Strohhalmen serviert. Obwohl ein Krug mit frischem Wasser auf dem Tisch stand, zog ich aus hygienischen Gründen das Soda vor. Die Wohnung war blitzsauber, doch beim Wasser verließ ich mich lieber auf den bewährten eigenen Wasserfilter.

Der Manager war unzweifelhaft das Familienoberhaupt. Weder die Kinder noch seine Frau ergriffen eigenständig das Wort, nur wenn sie etwas gefragt wurden, durften sie antworten.

Die Hausfrau servierte Reis und Erbsen sowie gekochte Okraschoten und „Mchicha", ein typisch tansanisches Mangoldgericht, und selbstverständlich „Ugali", die Hauptmahlzeit der Tansanier. Es wurde in kleinen Schälchen angerichtet. Als besondere Aufmerksamkeit lagen für die europäischen Gäste Messer und Gabel bereit. Dennoch lehnten wir deren Gebrauch dankend ab, denn wir wollten, wie es in Tansania Sitte ist, mit den Händen essen. Sofort kam die Hausfrau mit einer Schale, einer Karaffe warmen Wassers und einem Tuch, damit wir unsere Hände reinigen konnten.

„Ugali" hat in jedem ostafrikanischen Land einen anderen Namen, aber es handelt sich immer um das Gleiche:

fein gemahlenes Maismehl, das ohne Salz kurz gedämpft wird. Mit Salz und ein wenig Butter zubereitet, entspricht es unserem Polenta. Der wesentliche Unterschied zu europäischen Essgewohnheiten besteht darin, dass Ugali die Hauptmahlzeit bildet und das Gemüse, oder zu besonderen Anlässen das Fleisch, als Beilage gereicht wird.

Ich überschüttete die Hausfrau mit Komplimenten für ihren Reis. Es war in der Tat der beste Reis, den ich je gegessen hatte.

„Er wird hier angebaut", erklärte der Manager. „Weltweit gilt er als der beste Reis. Der größte Teil davon wird exportiert. Die Leute in Tansania können sich nur den aus China oder Indien importierten Reis leisten, der ist wesentlich billiger." Die Hausfrau lächelte zustimmend.

Obwohl das Abendessen aus fleischloser Kost bestand, genoss ich es. Selbst der geschmacklose Ugali schmeckte mir in Verbindung mit dem würzigen Gemüse vorzüglich. Angesichts der spartanisch eingerichteten Küche fand ich es besonders bemerkenswert, was die Hausfrau da auf den Tisch gezaubert hatte. Ein zweites Soda verkniff ich mir allerdings. Ich wollte nicht taktlos erscheinen, zumal ich wusste, wie teuer diese Getränke für die Einheimischen waren.

Während des Essens erzählte der Manager, dass auf seiner Farm in erster Linie Kaffee angepflanzt wurde und nur auf einem kleinen Teil des Areals Mais und Gemüse wuchsen. Die Erntezeit war vorüber, dies erklärte, warum alles zunächst so ruhig gewirkt hatte. Im Verlauf des Gesprächs erwähnten wir auch den Vorfall an der Grenze. Der Manager konnte die Geschichte gar nicht fassen: „Es ist mir unerklärlich! Wir Tansanier sind ein friedliebendes Volk. Aber in Tunduma wohnen viele ungebildete

Menschen. Sie kommen aus aller Herren Länder, in der Hoffnung Arbeit zu finden. Viele lungern den ganzen Tag herum und langweilen sich. Wahrscheinlich habt ihr ihnen eine willkommene Abwechslung geboten, anders kann ich mir das nicht erklären.“

„Aber auch die Polizei wollte uns nicht helfen“, wandte Esther ein. Der Manager winkte ab: „Unsere Polizei ist überfordert, unterbezahlt und schlecht ausgerüstet. Sie tun, was in ihrer Macht steht, aber Tunduma ist aufgrund seiner Grenznähe ein besonderer Ort. Viele Illegale, Schmuggler und Kriminelle treiben sich da herum.“ Wortreich drückte er uns sein Bedauern aus über den üblen Willkommensgruß, den uns seine Landsleute beschert hatten. Der Abend klang noch in bester Stimmung aus, und wir freuten uns auf die friedliche Nacht, die uns erwartete.

Am nächsten Tag ritten wir zurück nach Vwawa und bogen Richtung Norden ab, um der Sandpiste zu folgen, die wir die nächsten zwei bis drei Wochen nicht verlassen würden. Ein langer, ungewisser Marsch lag vor uns. Fast das ganze Land würden wir im Busch durchqueren. Kein Telefonnetz würde uns im Notfall zur Verfügung stehen, weder Strom noch fließendes Wasser oder ärztliche Versorgung würden wir nutzen können. Da diese Gegend auf allen unseren Karten als dünn besiedelt ausgewiesen war, hofften wir, zumindest vor Menschenaufläufen wie in Tunduma verschont zu bleiben.

Nachdem wir uns von Vwawa entfernt hatten, wirkte die Landschaft gottverlassen, keine Dörfer, keine Hütten passierten wir. Und doch, überall aus dem Gebüsch tauchten Personen auf, meist Kinder, die uns sogleich folgten. Offenbar mussten wir sogar in so dünn besiedelten Regionen damit rechnen, den Eingeborenen als Attraktion zu dienen.

Das Land wurde nun zusehends trockener und ging in Savanne über. Buschwerk, Schirmakazien, Steine, Sand und ab und zu auch ein wenig Gras für die Pferde war alles, was uns geboten wurde.

Kaum hatten wir einen Rastplatz gefunden, strömten wieder Schaulustige aus allen Richtungen herbei. Sie standen uns nicht feindlich gegenüber, aber irgendetwas an uns war ihnen nicht geheuer.

Dennoch brachten wir die erste Nacht im Busch einigermaßen ruhig hinter uns. Das Wasserloch, das einzige weit und breit, war händisch gegraben worden und etwa zwei Meter tief. Ich musste über eine steile Böschung hinabsteigen, um an das wertvolle Nass zu gelangen, das eine trübe, milchige Farbe hatte.

Mittlerweile hatten sich zahlreiche Frauen mit ihren Eimern eingefunden. Sie warteten höflich, bis ich fertig war, denn Wasser war Allgemeingut und stand daher auch uns zu. Die Damen in ihren bunten „Khangas“ lächelten uns sogar zu. Einige Worte Suaheli wurden ausgetauscht, es wurde gelacht und getuschelt. Esthers Wortschatz reichte für Smalltalk. Als wir uns zu unserem Rastplatz zurückzogen, gingen sie schwatzend weiter ihrer Arbeit nach. Angeregt diskutierten sie, immer wieder in unsere Richtung schauend.

Plötzlich erschien ein Mann und redete wild gestikulierend auf eine Frau ein. Aus seiner Gebärdensprache schloss ich, dass er wütend war, weil die Frau, offensichtlich war es seine Ehefrau, mir zugesehen hatte, wie ich mein T-Shirt wechselte. Der Mann geriet immer mehr in Rage, bis er seine Frau an den Haaren packte und wie einen Mehlsack hinter sich herschleifte. Die Frau strampelte mit den Beinen, quietschte und schrie wie am Spieß. Der Mann aber ließ sich nicht beirren und zerrte das arme Geschöpf fort. Die anderen Frauen tuschelten, aber keine griff ein. Esther und ich waren schockiert, aber die Frauen schienen daran gewöhnt zu sein, denn sie tratschten gemütlich weiter.

Nun versammelten sich immer mehr Menschen um das Wasserloch. Kinder und Männer umzingelten unser Lager, während die Frauen im Hintergrund an der Wasserstelle blieben. Wenn einer der Männer Anstalten machte, sich uns zu nähern, stand ich auf und ging ihm entgegen, um auf diese Weise zu vermeiden, dass ihm andere Neugierige folgten. Ich erklärte ihm, wer wir waren, was wir vorhatten und dass wir müde seien von der Reise. Dies artete in einen Fulltimejob aus. Zwischen den unzähligen Erklärungen, die ich abzugeben hatte, kochte ich, filterte Wasser, versorgte die Pferde und traf Vorbereitungen für den nächsten Tag. Den Rest erledigte Esther.

Wenn ich auf jemanden stieß, der gut Englisch sprach, erkundigte ich mich über den weiteren Verlauf der Strecke. Die Menschen waren überaus hilfsbereit und stolz darauf, uns genaue Auskünfte erteilen zu können. Ich bekam den Hinweis, dass in etwa zehn Stunden Entfernung eine große Farm auftauchen würde. Eine staatliche Farm. Dies war ein wertvoller Hinweis, der darauf hoffen ließ, dass eingezäuntes Gelände vorhanden war.

Der nächste Tag verlief ereignislos. Fast die ganze Strecke begegneten wir keiner Menschenseele. Niedriges, trockenes Buschwerk überall, die Temperaturen waren gleichbleibend hoch, kein Wölkchen trübte den Himmel. Der Weg war größtenteils steinig, nur ab und zu gab es weichere Sandflächen zur Entspannung für die geplagten Hufe.

Misty hatte sich an die Reiseart gewöhnt. Sie hatte nicht die Qualität unserer Burenpferde Roland und Bucki, aber sie schlug sich ausgesprochen tapfer. Trine schonten wir. Nachdem wir sie nur für einen Tag mit Gepäck beladen hatten, bekam sie erneut einen Satteldruck, und mit ihren Vorderhufen schlug sie sich immer noch die Fesseln wund. Ihr Hufeisen zu verpassen, hatte ich mittlerweile aufgegeben, sie war in erster Linie Futterverwerter.

Je näher wir der Farm kamen, desto mehr Menschen schlossen sich uns an. Wieder einmal sehnten wir eingezäuntes Gelände herbei. Dann endlich tauchten die ersten Felder auf. Brach liegendes Land, nicht mehr. Keine künstlichen Bewässerungsanlagen, wie wir sie von den weißen Farmen in Sambia her kannten. Die Luft war heiß, die Sonne brannte auf die ausgedörrte Erde nieder. Ein verrostetes, kleines Schild markierte die Abzweigung zu den Verwaltungsgebäuden der staatlichen Farm NAFCO.

In einem kleinen Wäldchen lagen einsam und verlassen kleine, weiß getünchte Häuser. Technisches Gerät rostete vor sich hin, Traktoren ohne Räder und Erntemaschinen, die schon vor Jahren ihren Geist aufgegeben haben mussten. Als sie kaputt gegangen waren, hatte man kein Geld, und man besaß auch nicht die nötigen Kenntnisse, sie wieder instand zu setzen. Die Witterung trug das Ihre zur Zerstörung bei, und seitdem dienten die Nutzfahrzeuge als Mahnmal der vergangenen sozialistischen Planwirtschaft. Man wartete auf Investoren.

Zu unserem Erstaunen waren die Verwaltungsgebäude bewohnt. Einer der zahlreichen Umstehenden versprach, den Direktor zu suchen. Nach 20 Minuten erschien ein kleiner freundlicher Mann. Er lud uns in sein Haus ein, und seine Frau kredenzte Tee mit Milch. Die Pferde konnten im schattigen Wäldchen grasen. Sie ließen sich durch zirka 100 Zuschauer nicht stören, und wir waren aus der Schusslinie.

Der Betrieb der Farm war vorübergehend eingestellt. Es gebe Interessenten aus Amerika, die hier investieren wollten, erzählte der Manager. Es fehle nur das Geld, die fruchtbaren Böden zu bewässern. Er und seine Familie hielten die Stellung, für den Fall, dass Investoren auftauchten. Mit ihnen harrten Direktoren, Vizedirektoren, Buchhalter und Wachpersonal aus. Der Mann klang überzeugend. In Afrika besitzt man unendlich viel Geduld. Zeit ist kein Kriterium.

Es mochte Jahre dauern, bis sich ein Unternehmen ansiedelte und Millionen investierte, um die Farm langfristig in die Gewinnzone zu führen. Manager und Mannschaft hielten unbeirrt an ihrem Optimismus fest. Ohne Gehälter, versteht sich. Um über die Runden zu kommen, hielt man sich ein paar Ziegen, zwei drei Stück Vieh und Gemüse für den Eigenbedarf.

Dort wo einst der Fuhrpark der Farm untergebracht war, gab es einen Zaun. Wir fragten, ob es möglich sei, eine Nacht innerhalb des Zaunes zu verbringen. Der Direktor stimmte zu, und wir zogen um. Ein Wachmann öffnete das Tor. Die unzähligen Menschen, die immer noch die Pferde bewunderten, folgten uns und verharrten außerhalb des Zaunes. Wie Zoobesucher standen sie am Gitter und sahen zu, wie wir die Pferde versorgten und unser Zelt aufbauten.

Danach mussten wir die Registrierung erledigen. Der Direktor führte uns in eine Art Sitzungszimmer. Ein riesiger, leerer Schreibtisch, die vergilbten Bilder der Präsidenten von Tansania dahinter an der Wand, verstaubte Regale mit alten Ordnern, sonst war der Raum leer. Der Direktor nahm hinter seinem Schreibtisch Platz, wir auf zwei Stühlen davor. Irgendwie erinnerte mich die Inszenierung an das Standesamt.

„Ihre Pässe, bitte", sagte er im Beamtenton.

Sorgfältig blätterte er in den Dokumenten. Jede Seite schien von Interesse. Er begutachtete misstrauisch die Passfotos. Immer wieder verglich er Abbild und Original, indem er abwechselnd auf die Fotos und dann zu uns blickte.

„Sie haben sich auf der Reise optisch etwas verändert", stellte er fest. Bis er zu den Visastempeln gelangte, dauerte es einige Minuten.

„Haben Sie Ihre Papiere für die Pferde dabei, Impfzeugnisse und dergleichen?"

„Ja, selbstverständlich", sagte ich und reichte ihm den Packen Papiere, den ich in weiser Voraussicht mitgenommen hatte.

Mit demselben Interesse studierte er Blatt für Blatt. Leise und monoton wie eine Gebetsformel las er die Namen der Pferde vor, ihre Abstammungsväter, Erkennungsmerkmale, zitierte aus den Impfzeugnissen und anderen Papieren, die schon lange nicht mehr aktuell waren.

Dann stand er auf, bat uns kurz zu warten und erschien wenig später mit einem Buch. Der Einband war abgegriffen, die Blätter vergilbt. Der Direktor zückte seinen Kugelschreiber, suchte ein leeres Blatt und trug sorgfältig unsere Namen, die der Pferde, Visadaten, Passnummern, Datum und Uhrzeit ein.

„Es ist alles in Ordnung. Wenn Sie da bitte unterschreiben würden“, sagte er bedächtig. Ich unterzeichnete, blätterte kurz in dem Buch und stellte fest, dass der letzte Eintrag eines Besuchers zehn Jahre zurücklag.

Der Direktor reichte uns die Hand zum Gruß und sagte: „Herzlich willkommen auf unserer Farm, fühlen Sie sich wie zu Hause.“ Er machte eine Pause und fügte verlegen hinzu: „Darf ich Sie um 20 Dollar Unkostenbeitrag bitten?“

„Ich kann Ihnen fünf Dollar anbieten. Das ist der Preis, der für einen öffentlichen Campingplatz in Tansania gewöhnlich bezahlt wird“, antwortete Esther, wie aus der Pistole geschossen.

„Ja, natürlich, kein Problem“, lenkte der Direktor ein.

Anschließend erledigten wir unsere täglichen Arbeiten. Gemütlich setzten wir uns dann auf die Decke, um uns wieder einmal bei einem Kartenspiel zu entspannen. Plötzlich strömten rund 100 Menschen durch das geöffnete Tor auf uns zu. Der Direktor hatte sie hereingelassen.

„Sie haben versichert, dass wir hier ungestört sind“, Esther war hochrot vor Entrüstung.

„Verzeihen Sie, die Menschen sind sehr interessiert an Ihrer Kultur, sie wollen nur kurz die Pferde anschauen. Ich hab ihnen einen Blick erlaubt, nur zehn Minuten, dann gehen sie wieder“, erwiderte der Direktor etwas kleinlaut.

„Ich bezahle nicht fünf Dollar, um angestarrt ...“

„Nur zehn Minuten, Madam“, unterbrach er die wütende Esther.

„Nein, ich dachte, ich kann mich auf Ihr Wort verlassen!“

„Sie können sich auf mein Wort verlassen, ich dachte, nur zehn Minuten würden Sie vielleicht nicht stören.“

„Gerade deshalb haben wir Sie doch aufgesucht! Weil Sie einen Zaun haben. Die Leute konnten zwei Stunden die Pferde beobachten.“

„Gut, wie Sie wünschen! Ich werde die Leute wieder hinausbitten."

Es dauerte mindestens eine Stunde, bis der Direktor den Leuten klar gemacht hatte, dass das Live-Kino zu Ende war, und sie das Gelände wieder verlassen hatten. Zum Kartenspielen war es mittlerweile zu dunkel geworden. Wir konnten nur auf eine gefahrlose, ruhige Nacht hoffen.

Am nächsten Tag setzten wir unsere Reise fort. Anfangs ging es gemütlich durch die brach liegenden Felder, dann durch Dornenbusch, und gegen Mittag erreichten wir wieder ein Dorf. Kinderhorden stürzten sogleich wie Fliegenschwärme auf uns zu, sie neckten uns, streckten die Zunge heraus, und einige drohten mit Steinen.

Geduldig ließen unsere Vierbeiner die Tortur über sich ergehen. Ein Hinweisschild zu einer Agrarschule kam uns wie gerufen. Unsere Rettung vor den Plagegeistern. Esther stieg ab und verschwand hinter dem Eisentor, das den Blick ins Innere der Anlage versperrte. Ich versuchte inzwischen die Kinder auf Abstand zu halten, was gar nicht so einfach war, da ich außerdem noch vier Pferde unter Kontrolle halten musste. Aber es dauerte nicht lange, da wurde das Tor geöffnet, und ich durfte mit den Tieren einreiten.

„Man hat uns einen Platz zur Verfügung gestellt. Gott sei Dank, ein eingezäuntes Gelände, gleich da hinten", freute sich Esther, die in Begleitung einer jungen Dame erschienen war.

„Ich heiße auch Esther", stellte sie sich vor. „Ich habe zwar nicht die Befugnis euch zu beherbergen, aber wenn unser Verwaltungschef kommt, werde ich ihm erklären, dass ihr in einer Notlage seid. Die vielen Menschen, die ganze Zeit über, das ist doch etwas anstrengend. Das wird er verstehen."

Der Platz, den sie uns anbot, war alles andere als heimelig. Eigentlich handelte es sich um die Müllhalde der Agrarschule. Überall lagen zerbrochene Flaschen, Dosen, Nägel, Mülltüten und Essensreste herum. Tausende von Fliegen tummelten sich auf dem Platz. Aber er war eingezäunt, und das war die Hauptsache.

Ich begann etwas aufzuräumen, befreite den Platz von dem Unrat, sodass sich die Pferde nicht verletzten und unsere Luftmatratzen nicht durch Glassplitter beschädigt wurden. Nicht weit entfernt lag ein aufgeplatzter Sack mit Weizenkleie, über die sich unsere hungrigen Pferde sogleich hermachten.

Unsere Stimmung war auf den Nullpunkt gesunken, es ging nur noch darum, die Tage hinter uns zu bringen. Ich zählte die Kilometer, die hinter uns lagen, und die, die wir noch vor uns hatten. Achthundert Kilometer Luftlinie noch bis zur kenianischen Grenze. Es war Mitte November. Wir hofften, es bis zum Jahreswechsel wenigstens ins 500 Kilometer entfernte Karatu zu schaffen. Karatu, das wussten wir, war ein Touristenort und Ausgangspunkt in die wichtigsten Safarigebiete.

Wir studierten gerade eifrig die Karte, als die tansanische Esther auftauchte und mit ihr der Chef. „Hallo, mein Name ist Mike. Wie geht es Ihnen? Fühlen Sie sich wohl?"

„Danke, wunderbar! Ich hoffe, Sie haben nichts dagegen, wenn wir die Nacht hier verbringen", sagte Esther freundlich, um den Manager positiv zu stimmen.

„Nein, nein, ich habe nichts dagegen, es ist ein wunderbarer Platz zum Campen, und so friedlich", erklärte er süßlich. In seinem Hemd und schwarzen Anzug wirkte Mike wie ein katholischer Priester. Nur die dicken Goldkettchen, die seinen Hals zierten, und die protzige, vermutlich unechte „Rolex“ an seinem linken Arm passten nicht zu dem kirchlichen Outfit.

„Einen kleinen Unkostenbeitrag muss ich Ihnen aber verrechnen, das müssen Sie verstehen“, bemerkte er, noch einen Grad süßlicher.

„Woran hatten Sie denn gedacht?“, fragte Esther misstrauisch. Der gezierte Ton des Managers ließ vermuten, dass er gleich eine horrende Summe nennen würde. Ich vermutete 20 Dollar, was dem Monatsverdienst eines hiesigen Arbeiters entsprach. Doch der Mann war dreister, als ich gedacht hatte.

„Fünfzig Dollar, pro Person, also 100 Dollar, bitte“, brachte er selbstbewusst vor. Seine rot unterlaufenen Augen blitzten bei den Worten auf. Esther sprang augenblicklich hoch und stürmte auf ihn zu, als wollte sie ihm an die Gurgel gehen: „Was sagen Sie da? Ich zahle fünf Dollar an einem Campingplatz mit Duschen. Genau das biete ich Ihnen an, keinen Cent mehr. Dies hier ist eine Müllhalde, mein Mann hat den Platz erst säubern müssen. Sie nutzen unsere Notlage schamlos aus. Ist das die Art, wie man Gäste in diesem Lande behandelt?“

„Wenn Sie nicht zahlen, müssen Sie unser Gelände wieder verlassen“, sagte er jetzt in strengem Ton.

„Ich wiederhole, fünf Dollar sind mehr als angemessen für diesen Platz. Sie müssen schon die Polizei rufen, um uns hier wegzubringen“, entgegnete Esther bestimmt.

Das war hoch gepokert. Wenn die Polizisten korrupt waren – davon musste man ausgehen – und er sie an den 100 Dollar beteiligen konnte, standen unsere Chancen ausgesprochen schlecht.

„Ich gebe Ihnen fünf Minuten. Entweder Sie bezahlen, oder ich rufe die Polizei“, erwiderte Mike, nervös an seinem schweren Schlüsselbund zupfend. Zorn funkelte in seinen Augen. Mit Esthers Widerstand hatte er offensichtlich nicht gerechnet. Er machte kehrt und stapfte eilig davon. Die tansanische Esther stand achselzuckend da: „Es tut mir leid, ich wusste nicht, dass er so viel verlangen würde. Er ist eben Geschäftsmann.“

Esther und ich beratschlagten, was wir machen sollten.

„Es wird in einer halben Stunde dunkel“, stellte Esther fest. „Es ist vollkommen egal, ob wir jetzt das Gelände verlassen oder später. Einen Schlafplatz finden wir ohnehin nicht so schnell. Da ist es besser, wir bleiben hier und riskieren die Konfrontation mit der Polizei.“

Das leuchtete mir ein. Wir blieben also und warteten, aber nichts geschah. Ich ging zum Brunnen und schöpfte Wasser. Nach dem Zwischenfall erwartete ich, dass mir der Zugang zum Brunnen versperrt bleiben würde, aber niemand hinderte mich daran. Einige Frauen standen herum, sie wollten ebenfalls Wasser mit ihren Eimern holen. Ich begrüßte sie mit meinem spärlichen Suaheli – Höflichkeitsformeln, die sie freundlich lächelnd und tuschelnd quittierten.

Die Dunkelheit brach herein. Im Schein der Stirntaschenlampen spielten wir Karten. Als das Ungeziefer begann, lästig um unsere Köpfe zu schwirren, begaben wir uns zu Bett. Zu einem Zeitpunkt, der mir gar nicht so ungelegen kam, da ich wieder einmal vor einer blamablen Spielniederlage stand. Die Nacht verlief wider Erwarten ungestört.

Am darauf folgenden Morgen packten wir unsere Sachen, verabschiedeten uns bei Esthers Namenskollegin und verließen das Anwesen, ohne einen Dollar zu bezahlen. Mike bekamen wir nicht mehr zu Gesicht. Wir bezweifelten mittlerweile, dass er wirklich der Manager dieser Schule war. Vielleicht hatte ihn die tansanische Esther nur vorgeschoben, um uns mit seiner Hilfe Geld aus der Tasche zu ziehen. Alles war möglich. Die Absurditäten nahmen kein Ende. Jeder Tag, ja jeder Augenblick konnte uns neue Überraschungen bringen.

21 Tansanischer Alltag

Nach zwei Tagesreisen waren wir Kenia weitere 50 Kilometer näher gekommen. Ein größerer Ort namens Saza lag vor uns; wie wir erfahren hatten, gab es dort sogar ein Krankenhaus. Eine steile Straße aus rotem Sandstein ritten wir entlang, im Tal lag das türkisblaue Südufer des Lake Rukwa. Unter den zahlreichen Menschen, die uns folgten, befand sich auch ein junger Mann, der sich als Journalist zu erkennen gab. Er hieß John und bot sich an, uns zu einem Gästehaus zu führen, das auch von den örtlichen Krankenschwestern bewohnt wurde.

„Alles geregelt, ihr könnt hier schlafen. Zimmer mit Dusche, fünf Dollar pro Nacht", strahlte er, nachdem er für uns die Anmeldung erledigt hatte.

Die Herberge war einfach unbeschreiblich. Eine rundliche Dame begrüßte uns, zeigte uns ein sauberes Zimmer mit zwei Betten, Duschen, eine Innen- und eine Außenküche sowie einen Speiseraum. Im Garten gab es reichlich Gras für die Pferde. Das Gelände war zwar nicht, wie angekündigt, eingezäunt, aber der schmale Zugang zur Straße war übersichtlich, sodass ich kontrollieren konnte, wer sich näherte. Für ein kleines Entgelt beauftragte ich einen Sicherheitsmann, dafür zu sorgen, dass sich niemand Unbefugter den Pferden näherte. Diese Nacht würden wir in einem richtigen Bett schlafen, ohne Zaungäste.

Als wir es uns gemütlich gemacht hatten, betraten zwei junge Damen die Pension. „Ich bin Anke", begrüßte uns die Erste, „das ist meine Freundin Lisa. Wir arbeiten als Arztpraktikantinnen im Hospital. Wir haben gehört, dass sich Europäer mit Pferden hier eingemietet haben. Das wollten wir natürlich nicht versäumen."

Die beiden waren erst vor einigen Tagen angereist, und für uns war das Zusammentreffen eine willkommene Abwechslung. Seit langem konnten wir endlich wieder mit Menschen unseres Kulturkreises plaudern und Erfahrungen austauschen. Einige Minuten später erschien John, um sich nach unserem Wohlbefinden zu erkundigen. Ich hatte das Bedürfnis, mich für seine ehrliche Hilfe zu bedanken, und beschloss, ein Abendessen für John und die beiden deutschen Jungärztinnen zu kochen.

Als leidenschaftlicher Genießer bereitete mir die Aussicht, wieder einmal richtig kochen und tafeln zu dürfen, natürlich einen Riesenspaß. Mit einiger Mühe war es mir gelungen, in der Stadt ein Stück Fleisch aufzutreiben. Ich war in meinem Element. Die Rinderfilets waren allerdings zur Verwendung als Steaks nicht geeignet. Ich verarbeitete sie daher zu einem Wiener Saftgulasch. Auf diese Weise verbrachten wir einen äußerst unterhaltsamen und gemütlichen Abend mit John, seinem Freund und den beiden Ärztinnen.

Als freier Mitarbeiter bei einer Zeitung verdiente John so viel, dass er damit seine Familie ernähren konnte. Auch über uns wollte er einen Artikel schreiben, verkündete er. Als es hieß, an einem Tisch sitzend, Gedecke und Servietten zu handhaben, fragte John uns schüchtern, ob es uns etwas ausmachen würde, wenn er nur die Gabel benutzte. Er konnte nicht mit dem Messer umgehen. Aber er würde es gerne lernen. Es machte ihm dann auch nichts aus, mit uns über seine Ungeschicklichkeit zu lachen.

Nach dem Essen schilderten Anke und Lisa ihre Erfahrungen im Hospital. Es gab dort offensichtlich immer wieder Engpässe an Antibiotika und Schmerzmitteln. Operationen wurden oft nur mit örtlicher Betäubung durchgeführt. Infektionen waren an der Tagesordnung, da die Sterilität zu wünschen übrig ließ. Ihr Praktikum zahlten Anke und Lisa aus eigener Tasche, selbst für die Unterkunft und das Essen mussten sie aufkommen.

Diese Ärztinnen mit ihrem Enthusiasmus gingen mir lange nicht aus dem Kopf.

Bevor sich unsere Gäste verabschiedeten, sprach John eine Gegeneinladung aus. Seine Frau würde traditionell kochen. Wir sagten unser Kommen zu, und so holte uns John am nächsten Tag ab. Das kleine Grundstück befand sich mitten in der Stadt. Durch ein Holztor gelangten wir zunächst in den Innenhof mit offener Feuerstelle. Dahinter stand das Häuschen. Etwas windschief, klein, zwei winzige Fenster waren mit Brettern vernagelt. Ich musste meinen Kopf einziehen, um durch die Tür in das Innere zu gelangen.

Die aus zwei winzigen Räumen bestehende Wohnstatt war so dunkel, dass man nichts darin erkennen konnte. Tageslicht drang nur durch die schadhaften Dachziegel in der Decke herein. Ein Raum war sowohl Schlafstätte als auch Wohnzimmer, der andere diente als Vorratskammer. Johns Frau, die drei Kinder und er selbst schliefen in dem größeren Raum, der keine zwölf Quadratmeter maß. Das soziale Leben aber spielte sich hauptsächlich im Innenhof ab, wo gekocht und gegessen und wo über die Probleme des Alltags gesprochen wurde.

John schien ein sehr fortschrittlicher Tansanier zu sein. Er lebte ein Leben zwischen Tradition und Moderne. Mit der sozialistischen Vergangenheit wusste er nichts anzufangen, dafür war er zu jung. Er war schon in die westlich orientierte Welt hineingeboren. Er interessierte sich für die politischen Probleme des Staates, die Korruption, erkannte die Widersprüchlichkeiten zwischen der traditionellen Kultur und den starken kapitalistischen Einflüssen und besaß eine differenzierte Einschätzung, was die Entwicklungshilfe betraf. Wissbegierig sog er sowohl Esthers als auch meine Ansichten auf, um die Dinge aus verschiedenem Blickwinkel betrachten zu können. Durch seine Bildung, die er sich selbst angeeignet hatte, konnte er die Problematik, die hinter oft gut gemeinter Entwicklungshilfe stand, klarer erkennen als manch anderer.

Diesen Tansaniern, wie John einer war, gehört die Zukunft. Sie stehen für einen afrikanischen Weg, sie schauen über den Tellerrand hinaus, um mitzuhelfen und Fehler zu vermeiden, die andere Länder Afrikas bereits begangen hatten. Den Einflüssen, die sich die hoch industrialisierten Länder durch Entwicklungshilfe erworben hatten, stehen sie skeptisch gegenüber. Oft ist solche Hilfe destruktiv. Das hatte auch John erkannt. Er sprach über die schamlose Ausbeutung der natürlichen Ressourcen, die nur einer kleinen Elite im Land zugute kommt.

John ließ uns auf Strohmatten im Innenhof Platz nehmen. Seine Frau servierte in kleinen Schälchen verschiedene Gerichte: „Mchicha“, der köstliche Spinat mit Knoblauch und anderen Gewürzen, „Pilau“ – exotisch gewürzter Reis mit „Nyama ya Kuku“ –, Hühnchenfleisch, „Matake“ – Kochbananen, „Samosas“ – Teigtaschen mit Gemüsefüllung, die berühmten „Chapati“ – Fladenbrote, und selbstverständlich „Ugali“.

Jetzt war John an der Reihe, uns in die traditionellen

Essensgewohnheiten einzuführen. Ein wenig Vorbildung hatten wir uns schon erworben, aber diesmal bot sich die Chance zur Vertiefung. John schaffte es, mit den Fingern zu essen, ohne sich dabei sonderlich zu beschmutzen. Es erforderte eine gewisse Technik, Bällchen aus dem „Ugali" zu formen und kleine Portionen an Beilagen dazuzunehmen, damit nichts danebenging, wenn man die Häppchen dann mit drei Fingern an den Mund führte. Erst im Laufe des Abends fiel mir auf, dass ich mit der Linken, der sogenannten „unreinen Hand" gegessen hatte. Mit ihr wird weder gegrüßt noch gegessen. Als ich mich dafür entschuldigte, zeigte sich John, der sicher tief hatte in die Tasche greifen müssen für dieses Festmahl, überaus tolerant und lachte herzhaft, weil ich mich dann mit der Rechten ebenso ungeschickt anstellte wie er am Vortag mit dem Messer.

Nur ein paar Schritte weiter stand Johns Elternhaus. Auch dorthin wurden wir anschließend gebeten. Ähnlich wie bei John befand sich im traditionellen Innenhof die Feuerstelle. Das kleine, gemauerte, fensterlose Häuschen wies mehrere dunkle Räume auf, und in einem davon wurde uns ein Platz angeboten und Tee serviert. Die Gesichter der Anwesenden waren nur schemenhaft zu erkennen, denn der zarte Sonnenstrahl, der durch eine Lücke im Dach drang, spendete nur diffuses Licht. Aus dem Nebenraum hörten wir monotones Murmeln. John flüsterte uns zu, es sei sein Bruder, der gerade eine Ausbildung zum „Mufumu", zum Naturheiler, absolvierte. Man dürfe ihn nicht stören, weil er eben die Zaubersprüche auswendig lerne.

Ein merkwürdiger Singsang erhob sich nun, einmal hoch wie eine Frauenstimme, dann ganz tief, schließlich drangen staccatoartige Laute an unser Ohr und wechselten mit weinerlichen Klagetönen ab. Sowohl Esther als auch ich, wiewohl nicht gerade abergläubisch, beschlich ein dumpfes Unbehagen. Das Klanggewebe oder vielleicht besser Stimmengewirr wurde immer lauter und hektischer, und es hörte sich an, als seien mehrere Menschen im angrenzenden Raum. Plötzlich huschte eine Gestalt an uns vorbei, offenbar Johns Bruder, der die Tür aufgerissen hatte und an uns vorüber in den Innenhof rannte. Dort blieb er stocksteif stehen und murmelte etwas. Dann lief er weiter, hinaus auf die Straße. In diesem Augenblick sprang auch John hoch: „Ich muss ihm nachlaufen, er ist in Trance, er weiß nicht, was er tut. Er läuft bestimmt zum Fluss." Er wirkte aufgeregt und besorgt. Wir wussten nicht recht, wie wir uns verhalten sollten. Ich verspürte den Drang, in den Innenhof zu gehen und dort eine Pfeife zu rauchen, was ich schließlich auch tat.

Mittlerweile war es dunkel geworden. An der Feuerstelle im Hof glühten einige Holzscheite. Nach einer Weile kehrte John zurück. Gemeinsam mit einem Familienangehörigen trugen sie Johns Bruder an Schultern und Beinen in den Innenhof. Der 16-Jährige hatte die Augen geschlossen und war steif wie ein Brett. Behutsam legten sie ihn auf den Boden neben die Feuerstelle. Sein gestreckter Körper war leicht gebogen, sodass nur der Kopf und die Fersen den Boden berührten. In dieser merkwürdigen Haltung hatte es den Anschein, als würde er einige Zentimeter über der Erde schweben.

„So, jetzt kann nichts mehr passieren", sagte John erleichtert, nachdem er sich wieder zu uns gesellt hatte. Plötzlich fing der junge Mann zu zittern an; so heftig, dass der ganze Körper bebte. Und gleichzeitig riss er die Augen weit auf und stierte ins Leere.

„Er erwacht aus seiner Trance, danach kann er sich an

nichts erinnern“, sagte John. Und tatsächlich: Nach einigen Sekunden ließ die Muskelspannung am Körper allmählich nach, der junge Mann setzte sich auf und sah uns verwundert an. Er wirkte erschöpft und begann schließlich zu weinen. John tröstete ihn und führte ihn in sein Zimmer. Mein erster Gedanke war, dass es sich möglicherweise um einen epileptischen Anfall gehandelt hatte, aber es sah nicht wirklich danach aus.

John war es sichtlich peinlich, dass wir diese Szene miterlebt hatten, aber eine Erklärung darüber blieb er uns schuldig. Nach einer mehrjährigen Ausbildung würde der Bruder die Fähigkeit erworben haben, Kranke mit der Kraft der Natur zu heilen und geistig verwirrten Menschen die bösen Geister auszutreiben. Vorher aber musste er seine eigenen bekämpfen. Mehr wollte John dazu nicht sagen.

Unterschiedlicher konnten Brüder kaum sein. Der eine, der versuchte das Leben rational zu sehen und im modernen Journalismus Fuß zu fassen, und der andere, der Jahrhunderte zurückzuwandern schien, um das Wissen der Vorfahren zu erwerben. Zwischen diesen beiden Polen pendelt die tansanische Gesellschaft. Und es sieht nicht so aus, als würde sich daran schon bald etwas ändern.

22 Rungwa, der verheißungsvolle Ort

Schließlich machten wir uns weiter auf den Weg in den Norden. In Makongolosi füllten wir unsere Vorräte wieder auf und deckten uns mit Bohnen, Tomaten, Sardinen, Corned-Beef, Reis und Maismehl ein. Bis nach Rungwa, dem nächsten Fixpunkt, waren es einige hundert Kilometer. Dazwischen lagen nur Busch, Savanne, eine Unzahl von kleinen Dörfern und Tausende von Kindern.

Wir suchten unsere Rastplätze außerhalb der Ansiedlungen und vermieden Begegnungen mit Einheimischen, sofern dies möglich war. Besonders um Kinder machten wir einen großen Bogen. Aber einmal hatten wir Pech: Unser Weg führte ohne Ausweichmöglichkeiten direkt an einer Schule vorbei.

Aus etwa 100 Meter Entfernung sahen wir schon eine ganze Schar uniformierter Schüler, die in Reih und Glied auf einem freien Platz Aufstellung genommen hatten. Absolut diszipliniert standen sie da, starr und steif wie eine Armee Zinnsoldaten. Ein Lied tönte zu uns herüber. Der Lehrer dirigierte den Chor mit wildem Eifer. Obwohl uns die Kinder den Rücken zugekehrt hatten, wandte sich einer der Schüler um – und erblickte zwei Weiße, die sich auf Pferden näherten.

Wie auf ein geheimes Zeichen hörte der Chor zu singen auf, und die ganze Horde machte kehrt. Dann setzte sich die Masse an Schülern in Bewegung und stürmte vom Schulgelände. Laut schrien sie: „Farasi, Farasi, Farasi“

und strömten wie ein wild gewordener Wespenschwarm auf uns zu.

Der Lehrer versuchte, durch immer heftigere Dirigierbewegungen die Schüler im Zaum zu halten, aber er war machtlos. Mindestens tausend von einheitlich gekleideten kleinen Monstern umringten uns. Die Pferde reagierten zusehends nervös. Bucki trippelte hin und her, Trine blieb sogar stehen. Nur Roland blieb unbeeindruckt und konnte damit ein größeres Chaos verhindern.

Esther wandte Misty, um in die Gegenrichtung zu reiten. Sofort wichen die Kinder zurück. Einige Galoppsprünge, und die kompakte Mauer öffnete sich. Währenddessen versuchte ich unbeirrt meine Richtung beizubehalten, was nicht so einfach war, weil die Pferde natürlich zusammenbleiben wollten. Trine blieb zunächst wie ein sturer Esel an Ort und Stelle stehen. Esther hielt so lange die Kindermassen in Schach, bis der Abstand zu mir groß genug war. Dann machte sie kehrt und schloss auf, sodass wir die Reise wieder fortsetzen konnten.

Unser Abenteuer war zu einer reinen Nervenprobe geworden. Die Schönheiten der Landschaft verblassten angesichts der zermürbenden Anstrengungen, die wir auf uns nehmen mussten. In den Dörfern gab es kaum etwas zu kaufen. Mehrere Tage hindurch ernährten wir uns von Tomaten und Zwiebeln. Morgens eine Tomate, mittags Zwiebeln mit Tomaten, abends Tomatenzwiebeln gewürfelt, mit Salz und Pfeffer. Manchmal hatte sich die Konsistenz der Paradiesäpfel durch die Hitze und die Erschütterungen in den Satteltaschen verwandelt. Dann gab es eben „Sugo di pomodori di bisaccia“, Tomatensauce à la Satteltasche.

Einmal ergatterte ich zwei Kilogramm Kartoffeln zu

einem horrenden Preis. Eine wunderbare Abwechslung! Ich kochte sie. Erwartungsvoll schälte ich sie. Aber meine Vorfreude schwand mit jeder Knolle. Von den zwei Kilo blieben genau drei kleine Kartöffelchen übrig, die nicht von Würmern zerfressen waren.

Die Menschen hatten nicht genug Lebensmittel, um sich selbst zu versorgen, geschweige denn sie zu verkaufen. Es herrschte Trockenheit wie schon lange nicht. Die kleine Regenzeit war komplett ausgeblieben, die Ernte verbrannt. Der Preis von getrocknetem Mais, den wir den Pferden zufütterten, verdoppelte sich von Ort zu Ort, bis wir bald das Zehnfache des ursprünglichen Preises hinblättern mussten, um die Pferde bei Laune halten zu können. Unsere Dosenvorräte waren längst aufgebraucht.

Die ohnehin umständlichen Meldungen bei den Behörden wurden durch den Umstand, dass die verantwortlichen Orts-Chefs meist betrunken waren, noch komplizierter. Selbst gebrautes Bier aus den geringen Maisvorräten und Zuckerrohrschnaps stellten für die männliche Bevölkerung die einzige Alternative zu den nicht vorhandenen Lebensmitteln dar. Jeder Mann über 13 war betrunken, und das schon am Morgen. Die Frauen wurden auf die Reise geschickt, um etwas Essbares zu suchen. Wenn sie Glück hatten, fanden sie wilden Spinat.

Eines Tages durchstreifte ich, selbstverständlich eskortiert, die staubigen Wege eines ärmlichen Dorfes. Ein Mann kam auf mich zu und stellte sich als Lehrer der örtlichen Schule vor. „Kann man hier irgendwo etwas zu essen kaufen?“, fragte ich.

„Nein, tut mir leid, in dieser Gegend ist es schwierig. Wir führen hier ein hartes Leben“, erwiderte er.

„Tomaten, oder Ähnliches?“, fragte ich, obwohl mir

Tomaten zum Hals heraushingen. „Keine Tomaten, soweit ich weiß.“

„Kennen Sie jemanden, der Chapati für mich zubereiten könnte?“

Er überlegte kurz, dann rief er einen kleinen Jungen zu sich und flüsterte ihm etwas ins Ohr. Daraufhin rannte der Junge eilig weg.

„Seine Mutter wird für Sie Chapati zubereiten. Wo ist Ihr Lager? Er wird Sie dort hinbringen.“

„Zirka drei Kilometer außerhalb der Stadt, an der Wasserstelle“, sagte ich und hätte mir gleichzeitig am liebsten auf die Zunge gebissen.

„Ich habe in meinem Garten Spinat angepflanzt, ich kann Ihnen welchen geben, wenn Sie wollen.“

„Das wäre sehr freundlich, ich bezahle auch dafür.“

„Nein, nicht nötig. Es tut mir leid, dass ich Ihnen nicht mehr anbieten kann, aber wir haben es hier wirklich sehr schwer“, sagte der Lehrer. Kurz hielt er inne: „Aber könnten Sie mir einen Gefallen tun?“, fragte er. „Ich habe den Kindern erzählt, dass Pferde sehr schnell laufen können und dass auf Pferden Reiten in anderen Ländern ein richtiger Sport ist. Dass sogar Wettrennen veranstaltet werden. Die Kinder haben noch nie Pferde gesehen, und schon gar nicht, wenn sie geritten werden. Könnten Sie uns das einmal vorführen?“

„Ja, natürlich, kein Problem!“ Für ein wenig Spinat hätte ich sogar einen Kopfstand auf dem Pferd gemacht.

Ich schwang mich also möglichst elegant in den Sattel, gab Roland die Sporen und feuerte ihn an, dass er wie ein Blitz loszischte. Roland hatte sichtlich Spaß daran. Endlich konnte er wieder einmal richtig laufen. Ich kam mir vor wie ein Jockey auf der Rennbahn.

Das Publikum war zahlreich erschienen. Doch die Reaktion der Umstehenden fiel anders aus, als erwartet. Ich hatte mit wildem Applaus gerechnet, aber die Leute brüllten vor Lachen. Sie schlugen sich auf die Schenkel und warfen sich sogar auf den Boden. Für sie war es eine humoristische Einlage erster Klasse.

Vor einer Kurve machte ich Halt, und dann galoppierte ich in einem Höllentempo zu meinem Ausgangspunkt zurück. Erneut schallendes Gelächter. Manche hielten sich die Bäuche, anderen rannen die Tränen übers Gesicht. Ich legte noch einen gepfefferten Stopp hin, dass es nur so staubte, und stieg wieder ab.

„Danke, Sie haben die Menschen sehr glücklich gemacht“, sagte der Lehrer begeistert. Ich lud den Mann auf eine Limonade ein, verstaute die Sodas, die ich ebenfalls ergattert hatte, in meinen Satteltaschen und verabschiedete mich.

Esther zeigte sich wenig begeistert darüber, dass wir möglicherweise zahlreichen Besuch vom Dorf erhalten würden. Aber bei mir überwog der Hunger. Ich konnte besser mit den vielen Menschen umgehen als Esther und spielte mit Leidenschaft den Clown für sie, wenn es darum ging, etwas anderes zwischen die Zähne zu bekommen als Tomaten.

Und wirklich traf nach einer Stunde eine Ortsdelegation ein, mittendrin der Junge, der zehn Stück goldgelb gebratene Chapati, die sogar in einer Warmhaltebox verpackt waren, in Händen hielt. Der Herr Lehrer stellte sich höflich bei Esther vor, machte einen Diener und drückte ihr ein Sträußchen Spinat in die Hand. Esther bedankte sich, als hätte sie nach einer Premiere Blumen überreicht bekommen.

Die Sonne am Horizont verschwand gleichzeitig mit den Menschen. Ich schwenkte den Spinat in Öl, fügte Zwiebel und ein wenig von den Resten der gequetschten Tomaten hinzu und füllte damit die Chapati. Herrlich, es reichte sogar noch für den nächsten Tag.

Esther war in schlechter Stimmung, weil ich die halbe Einwohnerschaft angeschleppt hatte. Aber sie war in letzter Zeit überhaupt gereizt. Es fiel ihr schwer, mit der Situation zurechtzukommen. Sie hatte das Gefühl, als würde jeder einzelne Blick aus einem dunklen Gesicht ihr etwas rauben. Esther fühlte sich nackt, ausgezogen und bloßgestellt. Ihre Seele war verwundet. Seit den Ereignissen an der Grenze war sie verändert, hart, nervös und übellaunig.

Immer wieder stießen wir auf bedauernswerte Zustände: Männer, die am Morgen Alkohol zu trinken begannen, Kinder, um die sich niemand kümmerte, und Frauen, die Übermenschliches leisteten, um die Trunkenbolde und Kinder ernähren zu können. Und wir als Belustigung mitten drin. Solange wir uns passiv verhielten, lachten sie nur über uns. Aber wehe, wir hielten etwas dagegen. Dann fingen die Kinder an, uns zu hänseln, und die Erwachsenen begannen zu schimpfen.

Der einzige Hoffnungspunkt, der uns vorwärts trieb, lag direkt an der Parkgrenze: Rungwa. Nach diesem Ort ist der zweitgrößte Wildpark Tansanias benannt. Er liegt mitten im Herzen Tansanias und hat eine Ausdehnung von 12.950 Quadratkilometer. Das umliegende Ökosystem, ein Gebiet, das kaum erforscht und für Touristen nicht freigegeben ist, umfasst weitere 45.000 Quadratkilometer.

Laut unseren Informationen sollten sich rund um den Ort Rungwa Safari-Lodges befinden. Nur der Gedanke daran, Ruhe zu haben, den Menschen nicht mehr schutzlos ausgeliefert zu sein oder ein kühles Bier zu trinken, ließ mich alle meine Kräfte mobilisieren. Immer wenn mir der Mut schwand, dachte ich an grünen Rasen, Swimmingpools und einen Zaun für die Pferde. Darauf raffte ich mich wieder auf, und weiter ging es. Noch 100 Kilometer bis Rungwa zeigte das GPS.

Der nächste Ort lag zwei Kilometer entfernt. Sowohl die Karte auf dem Satellitenempfänger als auch die Fliegerkarte wiesen darauf hin. Aber nach den zwei Kilometer stießen wir auf keinen Ort. Eine alte Baracke und ein Brunnen lagen vor uns, sonst nichts. In der Baracke trafen wir auf zwei Männer in Uniformen. Wir fragten, ob dies der Ort sei, der auf unserer Karte eingezeichnet war, denn wir dachten schon, wir seien vom Weg abgekommen.

„Nein, nein“, versicherte man uns, „die Dorfbewohner sind umgezogen, wir halten hier die Stellung. Hier befindet sich ein Übungsgelände der tansanischen Armee.“

Keine Menschenseele behelligte uns. Einmal kam einer der beiden Soldaten zu uns herüber, um nachzusehen, ob alles in Ordnung war. Er ging aber bald wieder. Für ihn schien es nicht von großer Bedeutung, dass hier eine Reitergruppe campierte. Wir konnten eine Nacht durchatmen, keine Blicke, keine Höflichkeitsfloskeln. Die Pferde konnten friedlich grasen. Wir waren alleine.

Um die Mittagszeit des nächsten Tages erfuhren wir dann, warum. Nachdem wir zeitig aufgebrochen waren, hüllte uns plötzlich ein Schwarm von Fliegen ein, nicht irgendwelche Fliegen, sondern Tsetsefliegen. Wildtiere sind gegen die Krankheit, die diese Tiere übertragen, immun, aber domestizierte Tiere wie Kühe, Ziegen oder Pferde sterben an dem gefährlichen Erreger Trypanosoma, dem

Verursacher der Schlafkrankheit. Sowohl die deutsche als auch die britische Kolonialregierung hatte versucht, Pferde in Tansania zu beheimaten, aber all diese Versuche waren gescheitert. „Nagana“ und andere Tropenkrankheiten hatten sie alle dahingerafft. Die riesigen Wildparks, sowohl in Tansania als auch in Kenia, verdanken wir zum größten Teil der Tsetsefliege. Unser Tierarzt Rob Jackson aus Botswana hatte uns ein ganz neues Medikament beschafft, das wir unseren Pferden zur Prävention spritzen sollten. So hatten wir unsere Pferde wegen der starken Nebenwirkungen, die eventuell auftreten konnten, schon vorsorglich in Sambia gegen Nagana geimpft, und sie hatten das Mittel ganz gut vertragen. Für den Menschen bestand bloß ein Restrisiko, da die Schlafkrankheit in diesem Gebiet angeblich ausgestorben war, wie man uns mitteilte. Die einzig sinnvolle Vorsorge bestand darin, langärmelige, helle Oberbekleidung und lange Hosen inklusive Socken zu tragen. Diese Maßnahme mussten wir trotz der großen Hitze ergreifen.

Auf dem afrikanischen Kontinent sind immer noch mehr als 60 Millionen Menschen von der Schlafkrankheit betroffen, über 300.000 sind bereits infiziert, und jährlich werden 30.000 Neuinfektionen registriert. Selbst dort, wo die Schlafkrankheit ausgerottet ist, verendet das Vieh durch die Naganakrankheit. Schätzungsweise drei Millionen Rinder sterben jährlich daran. Früher hatten die Kolonialmächte ein Interesse daran, nach wirksamen Medikamenten zu forschen. Nachdem die meisten Länder wieder unabhängig geworden sind, ist die Forschung eingeschlafen. Geforscht wird nur für finanzkräftige Märkte. Mit einer Impfung kann die Pharmaindustrie nicht aufwarten, aber es gibt Medikamente, die starke Nebenwirkungen verursachen. Bei Früherkennung bestehen gute Chancen, die Krankheit zu überleben. Der Haken an der Sache ist nur, dass diese Medikamente sehr teuer sind, und in den gefährdeten Gebieten kann sie sich niemand leisten. Wenn nicht zufällig „Ärzte ohne Grenzen“ vor Ort ist, hat man Pech gehabt.

Als uns die Tsetsefliegen überfielen, waren wir vorbereitet: Esther hatte aus einem grob gewebten, leichten Baumwollstoff einen Sack genäht, den wir uns im Notfall über den Hut stülpen konnten. Die Fliegen griffen in Schwärmen an, und im nächsten Augenblick waren sie plötzlich über längere Strecken wie vom Erdboden verschluckt. Sie reagierten auf Bewegung und auf Farbe. Weiß gefiel ihnen am wenigsten, aber auf das dunkle Fell unserer Pferde waren sie wie versessen. Wir hatten alle Hände voll zu tun, um unsere geplagten Vierbeiner von den Insekten zu befreien. Mit Zweigen schlugen wir auf die Pferde ein, was außerdem den Vorteil hatte, dass sie sich schneller bewegten, mitunter in Trab oder sogar in Galopp fielen.

Rungwa übte auf uns eine magische Anziehungskraft aus. Wir erhofften uns dort Entspannung, Erholung und Ruhe. Als endlich die ersten Häuser Rungwas in Sicht kamen, stopfte ich zur Feier des Tages meine Pfeife. Wir hatten es geschafft. Die Menschenmassen, die uns begleiteten, waren mir nun gleichgültig. Ich sah mich im Swimmingpool der Lodge sitzen, ein kühles Bier genießen, und appetitliche Sandwiches tauchten vor mir auf. Esther redete immer nur von einem Zaun, hinter dem sie Ruhe finden würde.

Rungwa war bedeutender als alle Orte, durch die wir die letzten Tage geritten waren. Es war sogar auf der

Straßenkarte „Südliches Afrika“ eingezeichnet. Hier gab es wieder Marktstände mit frischem Obst und Gemüse, kleine „Hotelis“, wie die einfachen Restaurants genannt wurden, und Handwerker. Auf der rechten Seite der Sandpiste befand sich die Parkgrenze des bekannten Wildparks. Als wir uns im Ort nach der Lodge erkundigten, mussten wir erfahren, dass es hier keine gab.

Das kühle Bier, der Swimmingpool, die leckeren Club-Sandwiches, augenblicklich zerplatzten meine Fantasien wie Seifenblasen. Die einzige Möglichkeit eines einigermaßen sicheren Lagerplatzes befand sich auf einem eingezäunten Gelände der Parkverwaltung. Esther suchte den dafür zuständigen Beamten auf, der aber lehnte Esthers Bitte ab. Sie bat ihn, im Hauptquartier anzurufen, um eine Sondererlaubnis zu erhalten. Aber auch dieser Versuch scheiterte. Als Esther ihn dann anflehte, wenigstens mit einem Rangerwagen in die nächstgrößere Stadt mitgenommen zu werden und der Beamte auch dies ablehnte, verlor sie die Beherrschung.

„Okay, Sie wollen uns also nicht helfen. Sie wollen ganz einfach nicht! Kommt das davon, weil ich eine Frau bin, oder weil ich weiß bin?“

Der Mann ließ sich weder umstimmen noch provozieren.

Esther hatte ihre letzten Kraftreserven mobilisiert. Nun brach alles aus ihr heraus. Der Frust, die Anstrengung, die Demütigung. Sie sank auf einen Stein nieder und begann zu schluchzen. Ich machte mir ernsthafte Sorgen um sie.

Erst einmal mussten wir ein Quartier finden, wo wir Ruhe haben konnten. Ich wandte mich an einen jungen Mann, der uns schließlich zu einem Guest House brachte. Eine Menschentraube folgte uns. Im Innenhof konnte ich die Pferde abstellen. Am Tor des Hinterausganges hatten sich schon zahlreiche Neugierige eingefunden. Sie blinzelten durch die Ritzen, um einen Blick auf die Pferde zu ergattern.

Erschöpft fielen wir in die weichen Betten unseres Zimmers. „Ich fahre morgen nach Itigi. Da gibt es Telefonsignal. Ich werde einen Transport organisieren, damit diese Qual ein Ende findet!“ Esther wollte aussteigen, sie hatte bereits resigniert.

„Wir können nicht aufgeben. Wir stehen kurz vor dem Ziel. Wir schaffen das, so schlecht ist doch diese Herberge gar nicht“, versuchte ich sie aufzumuntern. Aber Esther war ausgebrannt. Unzählige Kinder hingen schon wieder an den Gitterstäben des Fensters, schnitten Grimassen und riefen: „Wazungu, give me money.“ Da packte Esther eine Dose Pfefferspray und verpasste dem Anführer eine Ladung. Schreiend rannte er weg, seine Kumpanen versteckten sich. Schnell schloss ich die Fensterläden. Der Raum war dunkel, wir fühlten uns wie in einer Gefängniszelle.

23 Esthers Zusammenbruch

Esther hatte all ihren Enthusiasmus verloren. Ausgestreckt lag sie auf dem Bett und starrte an die Decke. Bisher war allein sie der Motor dieser Expedition gewesen. Fast die gesamte Planung hatte ich bis zu diesem Zeitpunk ihr überlassen. Meine Arbeit bestand aus Essen besorgen, Kochen, Säcke schnüren sowie Gepäck auf- und abladen. Esther hatte dabei immer die Oberaufsicht behalten. Nun war alles anders. Sie war handlungsunfähig geworden. Sie wollte weder essen noch trinken oder sich bewegen. Sie lag einfach nur da.

„Ich übernehme alles, du brauchst nichts mehr zu tun, als auf dein Pferd zu steigen und aufzupassen, dass du auch oben bleibst“, versuchte ich ihr Mut zu machen. Aber es schien, als würde sie mich nicht einmal mehr hören. Eines war mir klar, ich musste mir etwas einfallen lassen, um sie aus der Lethargie zu bringen. Ich erinnerte mich an die Situation in Sambia, als ich einen Tiefpunkt gehabt hatte. Aus Verzweiflung und Müdigkeit hatte ich meine Pfeife gegen einen Fels geschmettert. Da war es Esther gewesen, die mich wieder aufrichtete und mir Mut zusprach.

Esthers Zusammenbruch bewirkte bei mir einen gewaltigen Energieschub. Zunächst organisierte ich einen Hotelangestellten und beauftragte ihn für fünf Dollar, Gras für die Pferde zu schneiden. Dann machte ich mich auf den Weg in den Ort.

In einer Art Gasthaus besorgte ich „Kuku Wali“, gekochtes Huhn mit Reis. Und im Hotel kaufte ich zwei Flaschen Pepsi-Cola. Ich stellte es Esther vor die Nase und sagte: „Essen ist fertig."

Ich kümmerte mich nicht darum, ob sie es essen würde, sondern zog mich um und ging nochmals zum Markt zurück. An einer Straßenecke hatte ein Schneider seinen Stand. Er bediente eine alte „Singer"-Nähmaschine. Ich überreichte dem Schneider meine völlig zerfetzte Reithose und fragte, ob er sie reparieren könne. Er kramte in einer Kiste und zog einen Rest schwarzen Stretchstoffes hervor. „Wenn ich das hier einnähe, sieht sie wieder aus wie neu, und da machen wir eine Verstärkung, dass es nicht wieder ausreißen kann. Ein neuer Reißverschluss ist auch fällig. In einer Stunde ist die Hose fertig." Der Reißverschluss hatte sich schon in Südafrika verabschiedet. Seitdem verschloss eine Sicherheitsnadel provisorisch den Hosenschlitz. Die Reparatur der Reithose wertete ich als ein Zeichen meiner Aufbruchstimmung.

Als wir noch auf diversen weißen Farmen übernachteten, hatte es immer die Möglichkeit des Büchertauschs gegeben. Jeder von uns führte ein aktuelles Buch mit, das immer wieder dafür sorgte, dass wir für kurze Zeit in eine andere Welt eintauchen konnten. An besonders schwierigen Tagen war eine solche Ablenkung sehr hilfreich. Die beiden Bücher, die uns Sue Barnes überlassen hatte, waren schon lange ausgelesen. Das brachte mich auf die Idee, für Esther ein neues Buch zu besorgen. Ich war mir sicher, dass dies ein wenig helfen würde, sie wieder aufzurichten.

Allerdings war es gar nicht so leicht, ein solches aufzutreiben. Im Ort gab es nämlich keine Buchhandlung; in Tansania liest nur eine Minderheit. Gott sei Dank unterstützte mich der Ortsekretär bei der Suche nach Lesestoff. Nach stundenlangem Herumziehen hatten wir schließlich einen Dorflehrer aufgestöbert, der stolzer Besitzer einiger Bücher war. Tatsächlich war er bereit, drei englische Romane aus dem Jahre Schnee gegen unsere beiden Bücher zu tauschen. Anschließend lief ich zum Schneider, holte meine runderneuerte Reithose ab, ging zurück in unsere Herberge und sah nach Esther. Sie schlief, der Teller war leer.

Dann schnappte ich Seife, Handtuch, Zahnputzzeug und meine Taschenlampe und begab mich zu dem Häuschen gleich neben den Pferden, das eine sogenannte Dusche beherbergen sollte. Es handelte sich um ein zwei Quadratmeter großes, gemauertes Kämmerchen mit einem Wasserablauf ins Freie. Aus einer Tonne füllte ich Wasser in den Eimer und schleppte ihn mit in den Duschraum. Als die Taschenlampe das Dunkel erhellte, zuckte ich kurz zusammen: Wand und Boden waren übersät mit fünf Zentimeter großen Riesenkakerlaken. Alles bewegte sich, Hunderte von Insekten krochen über die Wände. Der Raum war erfüllt vom Knistern ihrer Chitinpanzer. Immer wenn der Schein der Taschenlampe auf eine Schabe fiel, huschte sie in eine Ritze. Ich kümmerte mich nicht um sie, Kakerlaken waren eben auch Geschöpfe Gottes, und wusch unbeirrt meine Haare und meinen Körper. Mit der Zeit verzogen sich die Biester in ihre Verstecke, das Licht und die Feuchtigkeit bekamen ihnen anscheinend nicht. Ich beendete meine Toilette, und nachdem ich noch mal nach den Pferden geschaut hatte, ging ich zu Bett.

Der nächste Morgen brach an. Esther hatte durchgeschlafen, von nachmittags um fünf bis zum nächsten Tag. Schweigend brachte sie ihre Morgentoilette hinter sich und begab sich wieder zu Bett, um zu lesen. Ihr Zustand schien sich jedoch etwas gebessert zu haben.

Ich machte mich über die Karte her und studierte unsere Route, die nächsten Ziele und Orte. Der weitere Verlauf unseres Abenteuers lag jetzt ganz alleine in meiner Verantwortung, denn Esthers Kampfgeist war gebrochen. In dieser Herberge, in dem stickigen Zimmer mit den geschlossenen Fensterläden hatte sie innerlich aufgegeben. Aber wir hatten keine andere Wahl als weiterzureiten. Also sattelte ich die Pferde und bezahlte das Zimmer. Esther musste nur noch aufsteigen.

Tagelang ritten wir an der Parkgrenze entlang. Trotz dünner Besiedelung waren Kinder allgegenwärtig. Es schien, als gäbe es in dieser Gegend überhaupt nur Kinder. Wir durchstreiften leicht hügeliges Buschland, wo Akazien, Tamarinden und wilde Feigenbäume wuchsen. Ab und zu tauchten prächtige Baobabs auf. Auch Wild querte den Weg und Gazellen, Springböcke sowie riesige Pavianherden trotteten gemächlich auf ihrer Futtersuche dahin.

Esthers Stimmung besserte sich merklich, aber kaum tauchten Kinder auf, nahm sie ihre verkrampfte Körperhaltung wieder ein. Wir fanden gute Übernachtungsplätze, manchmal sogar abgeschiedene Orte.

Seit Tagen schon hatte ich dumpfe Zahnschmerzen. Der Weisheitszahn, der mir in Südafrika zu schaffen gemacht hatte, meldete sich wieder. Zwei Tage lang linderten Tabletten den Schmerz, aber am dritten Tag wurde er unerträglich. An einem Rastplatz, den ich im GPS als „Garten Eden" markierte, erfuhr ich das erste Mal in meinem Leben, was starke Zahnschmerzen waren. Ich verging fast vor Qualen, obwohl ich mit Schmerzmitteln voll gepumpt war. Das Einzige, was mir einigermaßen Linderung verschaffte, war Wasser. Solange ich mit Wasser spülte, ließ der Schmerz nach, aber sobald ich es geschluckt hatte, schossen mir vor Schmerz die Schweißperlen wieder aus den Poren.

In meiner Verzweiflung schaltete ich das Telefon ein. Zu meinem großen Erstaunen hatte ich sogar einen Netzempfang, wenn auch nur einen schwachen. Ich wählte die Nummer meines Zahnarzt-Freundes in Wien. „Dr. Breithuber", meldete sich Sigis Stimme. Ihm blieb die Luft weg, als er mich hörte: „Was ist mit euch los?", rief er. „Ich hab mir schon Sorgen gemacht, täglich besuche ich eure Homepage, aber seit langem gibt es keine Nachrichten mehr!"

Als ich den Grund meines Anrufes angab, meinte er: „Warte einen Moment, ich hole mir deine Röntgenbilder auf den Schirm. So wie du die Symptome beschreibst, dürfte sich eine Hauttasche gebildet haben, in die Bakterien eingedrungen sind. Du kannst nur desinfizieren. Hast du Alkohol bei dir?"

„Vierzigprozentigen Zuckerrohrschnaps, sonst nichts."

„Gurgle damit, sooft du kannst, und Antibiotika, mehr kann ich leider nicht für dich tun! Ich hoffe, es hilft dir! Nach dem Gurgeln kannst du das Zeug selbstverständlich schlucken. Übrigens, wir frieren uns hier den Arsch ab, ich beneide euch ein bisschen! Und gute Reise weiterhin!"

„Danke, Sigi, liebe Grüße – und warm anziehen!"

Wie gut tat es, mit einem Freund in der Heimat zu sprechen. Welch absurde Situation! Ich befand mich mitten im tansanischen Busch, in einem Gebiet, wohin sich nur selten Europäer verirren, und trotzdem konnte ich mit meinem Freund telefonieren, der anhand meiner Röntgenbilder eine Diagnose erstellte und mir dadurch zu Hilfe kam. Noch nie hatte ich die Wunderwerke der Technik so geliebt. Zu wissen, dass mich Freunde zu Hause nicht vergessen hatten, dass sie sich Sorgen machten und mit Anteilnahme unsere Reise verfolgten, gab mir Mut.

Ich befolgte Sigis Anweisungen, aber dennoch tat ich vor Schmerzen kein Auge zu. Die halbe Nacht lang gurgelte ich, bis endlich gegen Morgengrauen Besserung eintrat.

In Itigi, einer Stadt mit Krankenhaus, verursachten wir aus unerfindlichen Gründen den größten Menschenauflauf, seit wir auf Reisen waren. Mindestens 1000 Menschen folgten uns und versammelten sich vor dem Haupteingang des Krankenhauses. Um den Menschenmassen zu entkommen, raffte sich Esther aus ihrer Lethargie hoch und hastete in das Krankenhaus, um mit dem Chef zu verhandeln. Ich blieb zurück und diente derweil als Schauobjekt. Es herrschte Bombenstimmung. Vor lauter Verlegenheit nahm ich meine Pfeife in Betrieb, was bei den Umstehenden einen Begeisterungssturm auslöste.

Das St. Gaspar Hospital war 1987 seiner Bestimmung übergeben worden. Es handelte sich dabei um keine staatliche Institution, sondern um ein Missionsprojekt der „Society of the Precious Blood“, einer kirchlichen Organisation, die weltweit agiert und von Italien aus gesponsert wird. Die 375 Betten des Hospitals waren stets ausgelastet. Gastärzte aus Europa und Amerika besuchten das Krankenhaus immer wieder, um einheimische Kräfte einzuschulen und ihnen bei den dringenden Aufgaben zu helfen. Ein Musterprojekt also, sofern man sich eine Behandlung leisten konnte.

Der kaufmännische Leiter hieß Emmanueli. Er hatte nichts dagegen uns aufzunehmen, ja er freute sich, unsere Bekanntschaft zu machen. Die Pferde durften auf dem großräumigen Gelände grasen, und für uns organisierte er eilends eine Unterkunft im Gästehaus.

Wir waren in diesem Land immer entweder auf sture Ablehnung oder auf unglaubliche Großzügigkeit gestoßen. Und das hatte nichts mit dem sozialen Rang zu tun oder ob jemand reich oder arm war, sondern einfach mit Anstand. So war es für Emmanueli ein Gebot der Nächstenliebe oder ganz einfach Charaktersache, uns zu helfen.

Ein neues Problem war mittlerweile aufgetaucht. Seit Makongolosi hatten wir keine Gelegenheit mehr gehabt, an Geld zu kommen. Wir waren sozusagen blank. Wir erkundigten uns bei Emmanueli, wo die nächste Bank sei. Er wusste es nicht genau und kam prompt mit einem anderen Vorschlag: „Ich leihe euch 500 Dollar, und bei nächster Gelegenheit zahlt ihr das Geld wieder auf mein Konto ein. Das ist schnell und unkompliziert!“ Wir konnten es kaum fassen. Wir kannten Emmanueli weniger als eine Stunde lang, er wusste nichts über uns. Und 500 Dollar waren selbst für einen Mann in seiner Position eine Menge Geld.

24 Kirche, Hunger, Elend

Esther hatte ihren Schock überwunden, und es ging wieder bergauf mit ihr. Begegnungen wie jene mit Emmanueli spornten sie an. Ich hatte das Gefühl, dass wir langsam wieder zu einem Team zusammenwuchsen. Zwei Tage Ruhe und Erholung gönnten wir uns noch, bevor wir den Weg nach Singida in Angriff nahmen.

Der Boden war in dieser Gegend alles andere als ertragreich. Trockenheit und Dürre hatten ihre Spuren hinterlassen. Die wenigen Rinder bestanden nur aus Haut und Knochen, aber auch Ziegen bekamen wir immer seltener zu Gesicht. Die Hütten wurden ärmlicher, die Menschen waren ausgezehrt und dürr. Die meisten besaßen keine Schuhe und trugen nicht mehr als ein paar Stofffetzen am Leib. Auffallend war, dass gerade die armen Menschen eine große Anzahl Kinder hatten. Kleinkinder und sogar Jugendliche liefen nackt herum. Niemand kümmerte sich darum, ob sie eine Schule besuchten. Um von der Weltbank Schuldenerlass zu erhalten, errichtete die Regierung in ländlichen Gebieten Schulen, aber dass eine Schule auch betrieben, Lehrer angestellt und bezahlt werden mussten, schrieb die Weltbank nicht vor, und so wimmelte es von leeren Schulgebäuden.

Kurz vor der Ortschaft Issuna kam es zu einem Zwischenfall. An der Wasserstelle hatten sich Alte, Junge, Frauen und Kinder eingefunden, um das Ereignis unserer Anwesenheit zu erleben. Da wir ein wenig geschützt sein wollten, hatten wir unser Lager in einiger Entfernung unter einer Ansammlung dicht stehender Akazien aufgeschlagen. Als ich mich mit dem Falteimer auf den Weg machte, um Wasser zu schöpfen, stellte sich mir ein junger Mann in den Weg.

„Sie dürfen hier kein Wasser entnehmen, es ist unser Wasser, Sie müssen dafür bezahlen“, sagte er forsch.

„Ich werde dafür keinesfalls bezahlen, Wasser ist Allgemeingut in Tansania“, erwiderte ich empört.

„Wenn Sie Wasser wollen, müssen Sie erst einmal an mir vorbei.“

„Ach so, und wie wollen Sie das anstellen“, ich spürte, wie der Zorn in mir hochstieg.

„Ich verbiete es Ihnen, oder Sie bezahlen 20 Dollar!“

Ich ignorierte ihn und ging weiter. Da plusterte er sich auf, breitete die Arme aus und stellte sich mir in den Weg.

„Gehen Sie zur Seite, oder ich muss Sie mit Gewalt entfernen“, fuhr ich ihn an.

„Sie bezahlen, oder ...“, schnappte er zurück. Da war es um meine Besonnenheit geschehen. Ich versetzte ihm einen Stoß, dass er einen Purzelbaum schlug und auf dem Rücken im Staub landete. Bei seinem Wortschwall verstand ich nur „Wazungu“. Er richtete sich auf, ballte seine Fäuste, blieb aber auf Distanz.

Erst als ich nach einigen Sekunden meine Fassung wieder erlangt hatte, wurde mir bewusst, wie viele Menschen den Zwischenfall beobachtet hatten, und ich fürchtete schon, dass sich die ganze Horde auf mich stürzen würde. Aber nichts dergleichen geschah. Die Leute begannen zu applaudieren und lachten lauthals. Ich wusste nicht, wie ich diese eigenartige Reaktion deuten sollte. Erst als eine Frau auf mich zukam und mir erklärte, dass der junge

Mann nicht ganz richtig im Kopf sei und ich so viel Wasser holen dürfe, wie ich benötigte, begriff ich, dass der Beifall mir gegolten hatte. Ich hatte die Menschen glücklich gemacht und ihnen eine willkommene Abwechslung geboten.

Unbehelligt ging ich mit dem gefüllten Wassereimer zurück und tränkte unsere Pferde. Der junge Mann sah mir gelassen dabei zu. Nach dieser Handgreiflichkeit kam mir zu Bewusstsein, wie schnell ich mich zu Tätlichkeiten hatte hinreißen lassen. Ein eigenartiges Gefühl beschlich mich. Die Reise hatte auch in meiner Seele ihre Spuren hinterlassen.

Fast apathisch bewegten wir uns nordwärts.

24.1 Singida, Vorhof zur Hölle

Mittlerweile war der 6. Dezember herangekommen, Nikolaustag. Die Sonne brannte auf unsere Hüte herab. Wehmütig dachten wir an den Duft von Weihnachtsbäckerei, an die gemütliche Stimmung, wenn das Feuer im offenen Kamin knisterte, wenn der erste Schnee fiel und wir uns einen starken Punsch genehmigten. Wie lange her schien das alles zu sein. Und wie weit entfernt.

Singida, die Distrikthauptstadt lag vor uns. Die Pferde hatten eine mehrtägige Pause verdient. Wie Maschinenwesen spulten sie einen Kilometer nach dem anderen ab. Ein wenig hatten sie an Gewicht verloren, aber immer noch waren sie stark und verlässlich. Trine lief wie ein Fohlen als Begleitpferd hinterher. Sie war keinerlei Belastung ausgesetzt, und da ich sie nicht mehr beschlug, waren ihre Wunden an den lädierten Fesseln verheilt.

Die einzige Möglichkeit eines sicheren Rastplatzes in

Singida bot das Legho-Motel. Aber es lag in einem nördlichen Stadtteil, daher würde uns eine Stadtvisite zu Pferd nicht erspart bleiben. Kurz vor Singida verwandelte sich die vertraute Sandpiste in eine asphaltierte Straße. Die erste, seit wir in Tansania unterwegs waren. Wir hatten die Vororte erreicht. Die 60.000 Einwohner zählende Stadt machte einen beinahe idyllischen Eindruck. Kleine Lokale links und rechts der Straße, Geschäfte, Blumen. Niemand kümmerte sich um uns. Seelenruhig ritten wir ein. Ein paar Kinder schlossen sich uns an, sonst tat sich nichts. Doch je näher wir der Innenstadt kamen, desto mehr Menschen gesellten sich zu uns. Der Weg schien uns jetzt endlos lang. Menschen, Menschen und wieder Menschen drängten sich um uns. Ich dachte an Itigi, wo es an die tausend gewesen waren. Diesen Rekord hatten wir bereits gebrochen, und wir waren noch nicht einmal im Zentrum. Wir konzentrierten uns auf die Pferde, die mindestens so nervös waren wie wir selbst. Esther hielt vorsorglich zwei Dosen Pfefferspray griffbereit, ich hatte die Signalraketen in meiner linken Satteltasche für den Ernstfall parat. Die Stimmung war wie in einem Fußballstadion. Die Menschen schrien durcheinander, grölten, lachten. Sie kamen uns gefährlich nahe. Es wurde schwierig, die Richtung beizubehalten. Ein älterer Mann schlich sich von hinten an Esther heran und versuchte Buckis Satteltaschen wegzureißen. Blitzschnell drehte Esther sich um und sprühte dem Mann eine Ladung Tränengas ins Gesicht. Als Draufgabe zog sie ihm noch die Gerte über. Der Mann hielt schützend die Hände vor den Kopf und taumelte davon.

Ich rief in die Menge: „Legho-Motel ni wapi?“ Hunderte Arme flogen in die Luft und gaben uns die Richtung an. Autos fuhren im Konvoi hinter uns her. Die Fahrer blinkten und hupten in einem fort. Nur mit Mühe und größter Anstrengung konnten wir die verschüchterten Pferde auf Kurs halten. Der rettende Zaun des Hotels kam in Sicht. Zwei Sicherheitsbeamte des Hotels, durch die Menschenmenge alarmiert, warteten am Eingang, um die Doppelgittertüre zu öffnen. Nur noch einige Meter. Das Tor sprang auf, ich ritt mit drei Pferden ein, und Esther wendete Bucki. Sie kam so zu stehen, dass sie den Menschen den Eingang in das Hotelgelände versperrte.

Ich sprang aus dem Sattel, drückte einem x-beliebigen Mann die Zügel in die Hand, schnappte meine Tränengasdosen und rannte zurück zum Eingangstor. Esther versuchte mit Bucki die Menschenmassen in Schach zu halten. Hinter mir zwei Askaris – Sicherheitsmänner mit Schlagstöcken. Ich lief auf die Menge zu und sprühte im Dauerfeuer auf die Gesichter ein. Die beiden Askaris gingen mit Schlagstöcken vor, um die Menschen einige Meter weit zurückzudrängen, weil die offenen Torflügel blockiert waren. Die Volksmenge setzte sich nicht zur Wehr, sie lachten, pfiffen, tanzten und grölten. Sie wollten uns nichts Böses antun. Sie befanden sich in euphorischer Ekstase, hier war was los, hier musste man dabei sein. Und ihre Neugier war wirklich unermesslich.

Was aus den Tränengasdosen versprüht wurde, interessierte sie weniger als die Dosen selber. Alle wollten meine Wunderwaffe inspizieren. Wenn einer eine Ladung abbekommen hatte, stand gleich der Nächste vor mir. Es erschien mir, als wollte sich jeder seinen Anteil persönlich abholen. Ich sprühte in alle Richtungen. Wenn der Wind ungünstig stand, bekam ich selbst die Wirksamkeit dieses Gases zu spüren. Meine Augen brannten, ich nahm die Ereignisse nur mehr verschwommen wahr. Halb blind, versprühte ich die letzten Reste der kleinen Dosen. Vor den Stöcken der Askaris hatte die Menschenmenge mehr Respekt, diese Waffe war ihnen vertraut. Sie versuchten, den Schlägen auszuweichen, und freuten sich diebisch, wenn es ihnen gelang. Eine gewaltige Straßenschlacht war im Gange. Aber es gelang uns, einige Meter Abstand zu gewinnen, sodass Esther einreiten konnte. Wild um sich schlagend, schafften es die Hotelpolizisten schließlich, die Tore zu schließen. Ich schlüpfte gerade noch hindurch, dann schnappte das schwere Tor ins Schloss. Niemand hatte es geschafft, auf das Hotelgelände zu gelangen, und ich hatte nicht einen Schlag abbekommen.

Das Legho-Motel war alles andere als ein Touristenhotel der oberen Kategorie. Dem Einheimischen, der das meiste Schmiergeld auf den Tisch hatte legen können, war das Management übertragen worden, ungeachtet seiner Qualifikation. In den letzten Monaten hatte die Herberge schon einige Male den Besitzer gewechselt. Dreißig Dollar waren für das Zimmer weit überbezahlt, aber wenigstens hielt der Zaun den sensationssüchtigen Menschen stand, das hatte für uns Priorität. Dass die Zimmertür klemmte, das Wasser nur spärlich aus der Dusche tropfte, die Moskitonetze jede Menge Löcher aufwiesen und Kakerlaken und sonstiges Ungetier über den Fußboden krabbelte, störte uns in Anbetracht der Tatsache, dass wir vor Gaffern sicher waren, nicht. Als dann aber noch die Grundbestandteile des Frühstücks fehlten, alarmierten wir das Hotelmanagement.

Man wies darauf hin, dass wir uns in einer der ärmsten Gegenden Tansanias befänden und ignorierte die Tatsache, dass der Markt leicht in der Lage gewesen wäre, die 200-Betten-Burg mit den nötigsten Lebensmitteln zu versorgen. Auf diese Weise ersparte sich der bauernschlaue Geschäftsführer eine Menge Geld. So lange, bis sein Portemonnaie voll war. Dann würde der Nächste kommen, die Eigentümer schmieren und den Betrieb genauso auf Sparflamme weiterführen, bis er einen fetten Gewinn einstreichen konnte. In letzter Konsequenz würde das Hotel seine Kundschaft wohl verlieren. Dann würde man eben alles, was noch von Wert war, verscherbeln. Zurückbleiben würde eine Ruine. Aber wen kümmerte das wohl.

Dennoch leisteten wir uns zwei Nächte in der Luxusherberge.

Wir nützten den nächsten Tag, um in der Stadt E-Mails zu schreiben. Fast niemand belästigte uns, als wir durch die Straßen zogen. Ab und zu wollte jemand den Reiseführer spielen, oder Kinder bettelten um Geld oder Süßigkeiten. Durchschnittstouristen hätten sich bereits belästigt gefühlt, für uns war es geradezu wohltuend geruhsam, gemessen an dem Aufruhr, den wir sonst verursachten. Nur, Vergnügungsreise war es keine mehr, wir sahen uns als Kämpfer gegen die Natur und vor allem gegen die Menschen. Wir hatten alle Hemmungen verloren, unseren Aggressionen beim geringsten Anlass freien Lauf zu lassen. Unsere Instinkte waren geschärft, unsere Verrohung schritt mit jedem Tag weiter voran.

25 Schlangenbiss

Um eine neuerliche Massenhysterie zu vermeiden, verließen wir schon vor Tagesanbruch das Hotel. Fast unbemerkt stahlen wir uns aus der Stadt, direkt in eine trostlose Landschaft. Brach liegende Felder, verbrannte Erde, abweisende, ja lebensfeindliche Natur, soweit der Blick reichte. Die Zeit stand praktisch still. Böse Geister hatten es schon jahrelang nicht mehr regnen lassen. Man hegte die Hoffnung, dass die Götter Erbarmen zeigten und die nächste Regenzeit üppiger ausfallen würde. Bis dahin allerdings ergab man sich bedingungslos dem Schicksal. Die Menschen hatten keine Arbeit, keine Aufgabe, ein Tag verlief öder als der andere. Wer es sich leisten konnte, fand Zuflucht bei „Konyagi", Zuckerrohrschnaps mit der Aufschrift „The Spirit of the Nation".

Als wir anhielten, um unsere Notdurft zu verrichten, liefen uns die Menschen wieder hinterher. Sie wollten um jeden Preis den Blick auf einen weißen Hintern ergattern. Esther legte ihren breiten Regenponcho an und konnte so unbehelligt pinkeln. Ich schnappte mir einfach eine Rolle Klopapier und rief den Leuten zu: „I only want to shit", und sie sollten mich gefälligst in Ruhe lassen. Es war zu heiß, und ich war viel zu erschöpft, um noch weiter davonzulaufen. Ich zog die Hose hinunter und verrichtete mein Geschäft unter der interessierten Anteilnahme von unzähligen Kindern, Frauen und Erwachsenen, die immerhin einen Respektabstand von ungefähr 20 Meter einhielten.

Als ich dann noch das Klopapier zur Anwendung brachte, entstanden angeregte Diskussionen. Ich vermutete, wohl darüber, dass ich maßlos reich sein musste, da ich mir diesen Luxus leisten konnte. Sie zeigten mit den Fingern in meine Richtung, kicherten und machten sich über mich lustig. Einerseits schämte ich mich, andererseits begann ich, sie für diese Demütigung zu hassen. Ich verschaffte mir Luft, indem ich laut vor mich hin schimpfte und wild grimassierend auf sie zusteuerte. Daraufhin flüchteten sie und zerstreuten sich in alle Richtungen.

Gereizt nahmen wir unseren Weg wieder auf. Als wir durch den nächsten Ort ritten, bewahrten wir die Fassung und reagierten weder auf die spottenden Kinder noch auf die Gefolgschaft von Hunderten Schaulustigen. Wir hatten den Plan, sie, nachdem wir wieder aus dem Ort geritten waren, dorthin zurückzutreiben und abzuschütteln, damit wir bis zur nächsten Ansiedlung einigermaßen verschont blieben.

Als wir einen Kilometer aus dem Ort waren, wandte Esther ihr Pferd und ritt auf die Menge los. Ich feuerte zur Unterstützung einige Leuchtraketen ab. Die Menschen liefen mit lautem Geschrei in alle Richtungen davon. Bucki hatte mittlerweile gelernt, ähnlich wie bei einer Fuchsjagd den Fuchs, die Rädelsführer zu verfolgen. Einige Jugendliche flüchteten auf Bäume, aber Esthers Gerte vertrieb sie aus der luftigen Höhe. Dies wiederum veranlasste andere, sich vor Lachen auf den Boden zu werfen. Esther schloss wieder auf und übernahm die Führleinen der beiden Begleitpferde Misty und Trine.

Jetzt war ich an der Reihe, mich mit unseren Verfolgern auseinander zu setzen, und galoppierte los. Eine Frau, die ein Baby im Arm hatte, warf ihren Säugling einfach in den

Staub und rannte panisch davon. Ich stoppte und stieg vom Pferd. Das nackte Baby war am Straßenrand in einem Graben gelandet und schrie herzzerreißend. Ich nahm das Kleine auf den Arm und säuberte es vom Staub. Mit großen Augen sah das Kind mich an. Es hatte sich etwas beruhigt und wimmerte nur mehr. Ich schätzte es auf fünf oder sechs Monate. Es hatte nicht den Anschein, als hätte es sich bei dem Sturz verletzt. Was in aller Welt war in mich gefahren? Ich fühlte mich reif für das Irrenhaus.

Ich ging einige Schritte auf die Menschen zu. Manchen war das Lachen vergangen. Ich fragte, wem dieses Baby gehörte. Niemand meldete sich. Als ich näher heranging, wichen sie angstvoll zurück. Eine junge Frau fasste Mut, löste sich aus der Gruppe und ging schüchtern auf mich zu. Es war nicht die Frau, die das Baby getragen hatte. Ich reichte ihr das Kleine, bestieg mein Pferd und ritt zu Esther, die in der Zwischenzeit einen beträchtlichen Abstand gewonnen hatte.

Nur einige hartnäckige Radfahrer waren nachgekommen. Sie waren schneller unterwegs und daher nicht abzuschütteln. Immer wieder kamen sie heran, um die Pferde anzufeuern, sie dazu zu bewegen, Tempo zu machen, und sie zum Galoppieren zu bringen. Mein Adrenalinspiegel stieg abermals. Wieder wandte ich Roland und ritt in die Gegenrichtung. Panikartig sprangen sie in voller Fahrt von ihren Vehikeln und flüchteten.

Mindestens zehn Fahrräder blieben in heillosem Durcheinander wie auf einem Schrottplatz auf der staubigen Piste liegen. Ich stieg vom Pferd, ließ bei jedem Hinterrad die Luft raus, schraubte die Ventile ab und warf sie ins Gestrüpp.

Für sie ist die Verfolgungsjagd vorerst zu Ende, dachte ich mit Schadenfreude. Dann meldete sich doch mein schlechtes Gewissen. War es wirklich nötig gewesen, die Ventile zu entfernen? Ich suchte den Platz ab, aber vergebens. Die Ventile waren unauffindbar im Unterholz verschwunden. So schwang ich mich wieder in den Sattel und schloss zu meiner Herde auf.

Ilongero, so hieß der nächste Ort. Von Mönchen, die uns einige Tage zuvor in ihrem Kloster Einlass geboten hatten, wussten wir, dass hier eine kleine Mission war, die wir nun aufsuchen wollten. Ärmliche Hütten, kaum Bewuchs auf dem roten Sand, ein kleiner Markt, eine Schule und einige gemauerte Häuser, das war Ilongero. Auf der kahlen staubigen Ebene tummelten sich Hunderte Menschen. Nachdem sie uns erblickt hatten, folgten sie uns bis zum Eingangstor der Mission. Eine Schwester öffnete, wir ritten ein. Endlich in Sicherheit und unserem Ziel wieder einige Kilometer näher. Man bat uns, im Vorhof zu warten. Der Pater würde bald eintreffen, versicherte uns die Schwester. Ich entspannte mich wieder und rauchte meine Pfeife an. Ein kleiner rundlicher Mann stellte sich mit dem Namen Father Louis vor.

„Hatten Sie eine angenehme Reise?“, wollte er wissen.

Wir schilderten unsere Schwierigkeiten mit den Einheimischen, die einfach nicht abzuschütteln waren. Er quittierte es mit einem stillen Lächeln.

„Es ist alles sehr anstrengend. Aber es geht uns wieder gut, wir sind hier und bitten Sie, unser Zelt für eine Nacht innerhalb der Kirchenmauern aufstellen zu dürfen“, sagte Esther.

„Das kommt überhaupt nicht infrage“, erwiderte er mit einem verschmitzten Lächeln. „Sie werden doch nicht in einer Plastikhaut schlafen, wenn wir hier Gästezimmer haben. Sie sind meine Gäste!" Und herzlich setzte er fort: „Jetzt kommen Sie erst einmal in meine Kammer, zu einem Umtrunk, und dann besprechen wir, wie es weitergehen soll."

Der dicke humorvolle Mann kredenzte eine Art Kräuterlikör: „Das ist Medizin", verkündete er dröhnend. „Wir haben hier alte, ungenutzte Ställe, unsere letzte Kuh ist leider verstorben. Aber ihr könnt die Pferde dort unterstellen. Wegen des Futters macht euch keine Sorgen, da werden wir jemand bitten, Gras am Fluss zu schneiden. Ich zeige euch mein bescheidenes Reich, und danach gibt's Abendessen."

Nach all den Strapazen fühlten wir uns wie im Paradies.

Der Tisch war auch dementsprechend reich gedeckt. Pater Louis war Genießer, was in seinem ganzen Gehabe und nicht zuletzt in seiner Figur zum Ausdruck kam. Wenn er lachte, hüpfte sein Riesenbauch auf und ab. Ernst wurde er jedoch, als er uns von den vielfältigen Problemen der Region berichtete, über den Hunger, die miserable ärztliche Versorgung oder die allgemeine Orientierungslosigkeit, die in seiner Gemeinde herrschte.

„Man hat hier auf uns vergessen, es gibt keinen Tourismus, keine Industrie, und auf den Feldern wächst so gut wie nichts."

Obwohl die Unterstützungsgelder immer spärlicher flossen, verfolgte Pater Louis unbeirrbar seinen Weg. Er hatte eine Behindertenstation aufgebaut, Webstühle besorgt, hielt in der kleinen Kapelle seine Gottesdienste ab, dazwischen betreute er den Garten, brannte Schnaps, oder er versorgte seine Schützlinge.

Besonderes Augenmerk legte er auf den Kirchenchor, den er zusammengestellt hatte. Zwei Mal die Woche wurde geprobt, und da gerade Probentag war, präsentierte er ihn uns auch voller Stolz.

Nach dem Essen brachte uns Pater Louis in unser Zimmer. Wir bedankten uns für die Umstände, die er sich unseretwegen gemacht hatte. Die Tür fiel ins Schloss, wir schauten einander entgeistert an.

Es wäre doch besser gewesen, wir hätten das Zelt aufgestellt. Der Pater hatte sich zwar redlich Mühe gegeben und die Betten frisch beziehen lassen, aber der Raum wirkte wie eine Gefängniszelle. Der Verputz war abgeblättert, überall hingen Spinnweben an den Wänden, im Lehmfußboden klafften Löcher, und die Stahlbetten drohten auseinander zu brechen. Die Glühlampe erhellte den Raum nur schwach, da die in dunklem Rot gestrichenen Wände und die Decke das Licht kaum reflektierten. Aber aus lauter Höflichkeit blieben wir in dieser Spelunke.

Esther wies auf einen schwarzen Fleck in einer Ecke hin: „Kannst du nachsehen, was das ist?"

Ich musste erst gar nicht näher treten, um zu erkennen, dass es eine Vogelspinne war, rot behaart und mit einem dunklen Strahlenmuster. Ich stellte mir vor, wie diese Spinne, während ich schlief, erst über die Decke und dann mit ihren behaarten Beinen über mein Gesicht krabbeln würde; wie sie auf der Suche nach Wärme schließlich unter meine Decke kriechen, bei meinen Weichteilen ankommen und dort versuchen würde, sich bequem einzurichten. Eine grauenhafte Vorstellung!

Ich hatte keine Idee, wie ich dieses Tier ins Freie befördern sollte. Ich nahm daher Esthers Schuh, zielte und knallte mit aller Wucht die Sohle auf das Tier.

Später erfuhr ich aus einem Lexikon, dass es sich um eine „Pterinochilus murinus", eine rote Tansania-Vogelspinne gehandelt hatte. Ihr Gift ist im Vergleich zu anderen Vogelspinnenarten sehr stark, wenn auch nicht tödlich. Terrarienfreunde hätten wahrscheinlich kein Verständnis für meine Handlungsweise aufgebracht, aber mir blieb keine andere Wahl.

Als ich am nächsten Morgen zu den Pferden sah, lag Trine neben ihren Kameraden im Stall. Ich ermunterte sie aufzustehen, worauf sie sich unbeholfen aufrichtete, um gleich darauf wieder unerwartet einzuknicken. Offensichtlich war sie krank. Mit Mühe führte ich sie aus dem Stall, um sie auf Verletzungen hin zu untersuchen. Der linke hintere Fuß war leicht angeschwollen, aber eine Wunde war nicht zu erkennen. Wenn ich an eine bestimmte Stelle in Höhe des Sprunggelenkes drückte, knickte sie plötzlich ein. Als ich ihren Huf überprüfen wollte und ihn hochhob, fiel Trine um wie ein Stück Holz.

Ich holte tief Luft. Trine war seit einigen Wochen weder beladen noch geritten worden und daher keinerlei Belastung ausgesetzt gewesen. Sie musste sich also die Verletzung während der Nacht im Stall zugezogen haben. Einige Tage zuvor hatten wir eine schwarze Mamba beobachtet, die, nur einige Meter von unserem Zelt entfernt, hoch aufgerichtet in einem Höllentempo flüchtete. Sie wurde dann von Einheimischen mit Steinen erschlagen. Da Schlangen in dieser Gegend häufig anzutreffen waren und sich auch gerne in Stallungen oder menschlichen Behausungen aufhielten, lag die Vermutung nahe, dass Trine gebissen worden war. Die Stute war weder in der Lage zu gehen noch zu stehen, geschweige denn war daran zu denken, ihr die Beschwerlichkeiten des Weges zuzumuten.

Esther versuchte daher einmal mehr, unseren Bekannten aus Botswana, Albee anzurufen. Er war unsere einzige Kontaktperson in Tansania. Glücklicherweise gelang es nach längerem Suchen, eine Stelle zu finden, wo das Telefon schwachen Netzempfang auffing. Mehrmalige Versuche waren nötig, aber schließlich hatten wir Glück: Albee meldete sich aus Arusha. Seit unserer Begegnung war nun doch schon mehr als ein halbes Jahr vergangen, aber er konnte sich sehr gut an die verrückten Reiter erinnern, die er mit ihren Pferden auf dem Weg nach Kenia angetroffen hatte. Esther schilderte unsere Zwangslage und stellte ihm in Aussicht, dass er Trine gratis haben könnte, wenn er sich bereit erklärte, sie abzuholen.

Der gebürtige Südafrikaner war sofort damit einverstanden. Somit waren wir eine große Bürde los. Wir mussten uns zwar von Trine trennen, aber konnten dadurch ihr Überleben sichern. Natürlich würde es eine Weile dauern, bis Albee eintraf, und wir wollten die Gastfreundschaft des freundlichen Pater Louis keinesfalls länger beanspruchen. Außerdem schreckte uns die Aussicht, womöglich Bekanntschaft mit der Schlange, die Trine gebissen hatte, zu machen.

Wir verabschiedeten uns daher von Pater Louis, spendeten einen kleinen Betrag für die Mission und hinterließen etwas Geld, damit Trine bis zur Abholung mit Gras versorgt werden konnte. Nun waren wir wieder zu fünft. Roland, Bucki und Misty waren unsere Helden. Wenn Trine den Transport nach Arusha überstand, würde sie es bei Albee besser haben als bei uns.

26 Lynchjustiz

Unser beschwerlicher Alltag hatte uns wieder. Bis Karatu waren es noch zirka 100 Kilometer. Es musste uns gelingen, noch vor Weihnachten, also in zehn Tagen, an diesen Ort zu gelangen. Inklusive einer zweitägigen Rast war das eine Strecke, die in sieben Tagen zu bewältigen war. Auf halbem Weg ritten wir durch ein kleines, ärmliches Dorf.

Am Dorfausgang drängten sich natürlich Menschen, um uns zu beobachten. Wir wendeten also wieder die bewährte Abwehrtaktik an, um die Verfolger loszuwerden. Esther machte kehrt, ich feuerte zu ihrer Unterstützung eine Ladung Leuchtmunition ab, und die Menschen rannten panisch in alle Richtungen. Nachdem Esther wieder aufgeschlossen hatte, war ich an der Reihe.

Roland war galoppfreudig und hetzte einem Rädelsführer hinterher. Plötzlich rannte, wie aus dem Nichts, wenige Meter vor mir ein Junge aus dem Gebüsch. Ich versuchte die Zügel herumzureißen, aber es war zu spät. Der Junge prallte geradewegs in mein Pferd, fiel zu Boden, und Roland galoppierte über ihn hinweg. Ich konnte nicht erkennen, ob ihn das 600-Kilo-Pferd mit den schweren Hufeisen erwischt hatte.

Als ich einen Blick zurückwarf, sah ich den Jungen bewegungslos auf dem Boden liegen. Was sollte ich tun? Mein Instinkt sagte mir, sofort weg von hier, mein Gewissen ließ mich innehalten. Ich dachte an meine eigenen Kinder. Unter normalen Umständen hätte ich keine Sekunde gezögert, mich um den Jungen zu kümmern. Aber normale Umstände gab es schon lange nicht mehr. Ich versuchte mein Gewissen zu beruhigen, indem ich mir einredete, dass dem Jungen vielleicht gar nichts passiert sei. Aber was, wenn er verletzt war, oder sogar tot? Bei diesem Gedanken stieg Angst in mir hoch, und ich folgte mechanisch meinem Instinkt. Selbstjustiz war in Tansania von Gesetzes wegen verboten. Hier aber herrschten eigene Regeln. Man kümmerte sich nicht darum, was erlaubt oder verboten war. Polizei war meist weit entfernt. Der pure Überlebenskampf kennt nur das Gesetz des Stärkeren. Das Volk war Legislative und Exekutive zugleich. In Arusha hatte man einen Jungen zu Tode geprügelt, weil er Obst an einem Marktstand gestohlen hatte. Der Wert eines Menschenlebens war demnach sehr gering. Tausende unschuldige Menschen wurden immer noch ermordet, weil man sie der Hexerei bezichtigte. All diese Gedanken schossen mir durch den Kopf. Ich war feige, und ich hatte Angst, mich der Rache der Menschen auszuliefern. Mein Mut reichte nicht aus, zurückzureiten, zu erklären, dass es ein Unfall gewesen war, dass ich das nicht gewollt hatte und dass ich mich um den Jungen kümmern würde. Was, wenn ich tatsächlich ein Kind getötet hatte? Sollte ich der Familie gegenübertreten und sagen, es tut mir leid, ich habe euren Sohn getötet? Was nützte es dem Jungen schon, wenn mich mein schlechtes Gewissen plagte.

Langsam trabte ich zu Esther zurück. Sie versuchte mich aufzurichten. Esther konnte meine Zerknirschung verstehen, aber sie war froh darüber, dass ich nicht umgekehrt war. Den Rest des Tages blieb ich wortkarg und in meine Gedanken versunken. Immer wenn Kinder mit ihren Farasi-Farasi-Rufen auftauchten, zuckte ich zusammen.

Das Bild des reglosen Jungen im roten Staub werde ich nie wieder vergessen können.

Am Abend erreichten wir wieder eine Mission. Ein kleines, flaches Gebäude – und kein Zaun. Obwohl die Mission außerhalb des Ortes lag, versammelten sich Hunderte, vielleicht sogar an die tausend Menschen, um die Pferde zu sehen. Unsere Anwesenheit hatte sich wie ein Lauffeuer herumgesprochen, und jeder, der einigermaßen mobil war, ob per Auto, Rad oder zu Fuß, hatte sich offensichtlich in Bewegung gesetzt.

Ich stellte die Pferde an einen freien Platz, um sie der Menge zu präsentieren. Ich wollte den Leuten auch Respekt erweisen, immerhin waren wir Gäste in diesem Land. Ich zog daher einen Sicherheitskreis von 20 Meter, damit die Pferde trotzdem grasen konnten. Aber sobald ich mich nur einen Moment umdrehte, kamen die Menschen näher, um unsere Freunde besser betrachten oder gar berühren zu können.

Ein Fotograf, der das Geschäft seines Lebens witterte, platzierte verschiedene Leute neben die Pferde, um schöne Erinnerungsfotos zu schießen. Noch teurer war der Schnappschuss, wenn der Porträtierte das Halfter zu fassen bekam. Also zerrten sie an Rolands Kopf und rissen ihn unaufhörlich hoch. Mit Erklärungen war ihnen nicht beizukommen. Ich gab dem Fotografen daher noch zehn Minuten, um sein Spiel fortzusetzen. Als die Zeit um war und er keine Anstalten machte, sein Geschäft zu beenden, griff ich erstmals härter durch und rief streng: „Aus! Schluss! Die Fotostunde ist nun beendet!"

„Ein Foto noch, nur noch einmal, bitte", flehte mich der Fotograf an. Ich gestattete ihm noch ein letztes Foto. Er bedankte sich und verabschiedete sich.

Ich wandte mich ab, da ich noch eine Menge Arbeit hatte. Das Gepäck musste verladen werden und noch einiges mehr. Als ich mich umdrehte, sah ich den Fotografen abermals am Werk, er riss und zerrte an Rolands Leine, und die Menge stellte sich in Reih und Glied auf, um fotografiert zu werden.

„Ich mach nur noch ein paar Fotos, das ist doch nicht schlimm!“

„Ich habe nein gesagt. No, hapana“, schrie ich ihn an, „die Pferde brauchen jetzt Ruhe! Wie oft soll ich das noch erklären!“

Er lachte. Egal, was ich tat, sagte oder erklärte, es kümmerte ihn nicht. Er lachte mich aus. Und das war überall so im Süden Tansanias. Die Leute akzeptierten weder ein Ja noch ein Nein. Das ging so weit, dass sie manchmal so taten, als verstünden sie ihre eigene Sprache nicht. Wie aber kann man mit Menschen kommunizieren, die vollkommen andere Verhaltensregeln haben als man selbst? Dabei waren wir auch solchen begegnet, die freundlich, höflich und zurückhaltend auftraten. Alle Reiseführer weisen sogar darauf hin, dass die Tansanier stolz, friedfertig und besonders freundlich sind. Diese Angaben sind aber, wie ich heute weiß, nicht pauschal auf ein ganzes Volk anwendbar, das aus mehr als 120 Ethnien besteht.

Die Stammeszugehörigkeit spielt in der Wirtschaft und im gesamten Staatsgefüge immer noch eine nicht zu unterschätzende Rolle. Zwar hat sich in Tansania ein für afrikanische Verhältnisse mustergültiges Zusammenleben zwischen den verschiedenen Ethnien entwickelt, dies ist aber dem Umstand zu danken, dass zahlenmäßig kein Stamm in der Lage ist, einen Machtanspruch geltend zu machen, und die gemeinsame Landessprache verbindend wirkt. Die positive Seite des Nachlasses Julius Nyereres. In anderen Staaten, zum Beispiel in Kenia, liegen die Dinge anders. Bei uns werden im Amtsverkehr Name, Geburtsdatum und -ort sowie die Sozialversicherungsnummer angefragt. In Tansania muss man zusätzlich die Stammeszugehörigkeit angeben. Bei unseren unzähligen Anmeldungen schrieb ich dann immer scherzhaft „Wazungu“, was der bearbeitende Beamte dann meist mit einem Häkchen bestätigte.

Um Schwierigkeiten im Voraus auszuschalten, wird ein tansanischer Unternehmer darauf achten, dass er seine Angestellten nach der Abstammung auswählt. Wer etwas auf sich hält, beschäftigt zum Beispiel Maasai im Wachdienst, da sie sich für diese Arbeit am besten eignen. Man muss sie zwar besser bezahlen als andere, aber dafür ist man vor Diebstählen gefeit. Die Tschagga sind ein Bantustamm, der in der Gegend um den Kilimandscharo beheimatet ist. Im Dienstleistungswesen, vor allem im Tourismusbereich, stellt man gerne Mitglieder dieses Stammes ein, da sie als besonders fleißig und geschäftstüchtig gelten. Um die Mbulu hingegen macht man oft einen großen Bogen, sie sind als ungebildet und faul verrufen.

Auch uns wurde oft die Frage nach unserer Stammeszugehörigkeit gestellt. Wenn wir dann sagten, bei uns gäbe es keine Stämme, stießen wir auf vollkommenes Unverständnis.

Ich drohte jedenfalls unserem Fotografen, ihm seine Kamera wegzunehmen, wenn er nicht sofort aufhörte zu fotografieren. Das wirkte. Er ließ zwar Schimpftiraden in seiner Stammessprache folgen, aber er ging. Die Versammlung löste sich erst auf, als die Sonne hinter einen Hügel rutschte und sich die Nacht ankündigte.

Am nächsten Morgen, als wir um die Rechnung baten, gab es die nächste Überraschung. Die verantwortliche Dame wartete mit einer langen Liste von Dingen auf, die wir nicht konsumiert hatten. Daraufhin packte Esther einen Stift und nahm dementsprechende Korrekturen vor, sodass von den verlangten 75 Dollar nur mehr 20 übrig blieben. Die Angestellte protestierte kurz, gab sich dann aber mit dem reduzierten Betrag zufrieden. Sie hatte vermutlich nicht damit gerechnet, dass wir über das Stadium der unerfahrenen Touristen schon lange hinweg waren. Sie reagierte verwirrt, als würde sie die Welt nicht mehr verstehen. Wir waren „weiß", also waren wir reich, folglich auch verpflichtet, mehr zu bezahlen. Alle Weißen taten dies. Sie fragte sich sicher, welchem eigenartigen Stamm wir angehörten: Weiße, die sich auf Pferden fortbewegten, sich kein allradgetriebenes Fahrzeug leisten konnten? So etwas war ihr noch nie untergekommen, vermutete ich. Das Trinkgeld war diesmal jedenfalls gestrichen.

27 Hölle Südtansania

Mühselig ging es voran. Ich zählte jeden Kilometer. Esther ritt mit hochrotem Kopf und zusammengepressten Lippen. Um uns herum brodelte es vor Hunderten Neugierigen. Da wir aufgrund des Zwischenfalls mit dem Jungen tags zuvor keine Abwehrreaktionen mehr zeigten, wurden es immer mehr, die uns folgten. Sie johlten, pfiffen, schrien, lachten uns aus – es war wie ein Spießrutenlauf.

Das Hauptgebäude der Mission lag an einem Berghang. Die weißen Wände waren mit bunten Blumen bemalt. Alles strahlte gute Laune aus. Das Dach war mit roten Ziegeln gedeckt. Die mit feinem Kiesel bestreute, breite Zufahrt wirkte vornehm, wie die eines Landhauses in den Alpen. Ich hatte nur Augen für den Zaun, den ich vergeblich suchte. So geschah das Unvermeidbare: Die ganze Meute zog mit uns brüllend in die Mission ein. Eine beleibte Nonne in weißer Kutte baute sich vor uns auf.

„Sprechen Sie Englisch?“, fragte Esther.

„Yes“, antwortete die Nonne.

„Wir sind mit Pferden unterwegs nach Karatu, dürfen wir bei Ihnen kurz rasten und die Pferde tränken? Und wären Sie so freundlich, die Menschen nach Hause zu schicken, damit wir uns ein wenig ausruhen können?“ Esthers Stimme nahm einen flehenden Ton an.

„Yes“, sagte die Nonne. Dann geschah nichts. Sie stand nur da und schaute uns mit einem Ausdruck tiefer Frömmigkeit an.

„Haben Sie mich verstanden?“

„Yes, madam, no problem!“

Keine Reaktion. Esther wiederholte ihre Bitte. Es kam abermals ein „Yes“, sonst nichts.

„Warum unternehmen Sie nichts? Haben Sie mich nicht verstanden?“

„Was haben Sie gegen die Menschen? Die wollen doch nur schauen!“, antwortete die Nonne nun in einwandfreiem Englisch.

„Genau das ist unser Problem. Sie verfolgen uns schon seit dem letzten Ort. Sie haben genug gesehen. Bitte, die Menschen hören auf Sie! Sagen Sie ihnen doch, dass sie nach Hause gehen sollen.“

Nichts geschah. Die Menschen umringten uns neugierig. Die Oberin hatte offensichtlich nicht die Absicht, Esthers Bitte Folge zu leisten. Indessen strömten weitere Schaulustige aus allen Richtungen herbei. Mittlerweile hatte eine neue Ansammlung hinter der Mission auf einem Hügel Aufstellung genommen, um einen besseren Blick zu erhaschen.

„Sie ignoriert meine Bitte! Wir sind hier nicht willkommen“, sagte Esther verzweifelt auf Englisch, damit die Ordensschwester es auch mitbekäme.

Ich führte die Pferde einfach an eine Stelle hinter einer Hauswand, weil diese mehr Schutz bot. Nonne und Meute folgte uns dorthin. Esther sank auf einen Mauervorsprung und begann zu schluchzen. Ohne jede Regung sahen sowohl die Nonne als auch die mehr als 500 Umstehenden Esther beim Weinen zu.

Ich befreite Misty von ihrem schweren Gepäck. Die Pferde mussten dringend getränkt werden. Sie schwitzten in der Bruthitze genauso wie wir selbst. Ich wandte mich der Nonne zu und bat sie abermals um Wasser. Aber nichts geschah. So nahm ich einfach den Falteimer und füllte ihn an dem Wasserhahn, der sich nur einige Meter weiter entfernt befand.

Ein Mann mit goldener Nickelbrille, der sich uns nicht vorstellte, sagte in bestem Oxford-Englisch zu Esther:

„Sie müssen verstehen, die Leute wollen nur ihre Pferde sehen. Wo kommen Sie eigentlich her?“

Esther nahm die Hände von ihrem Gesicht und herrschte den Mann an: „Solange ich hier angestarrt werde und solange die Menschen hier nicht verschwunden sind, beantworte ich keine Fragen mehr.“

„Haben Sie Verständnis, Sie wollen doch nur ...“

Für Esther war das Maß offenbar voll. Sie sprang auf und brüllte den Mann an: „Ich habe keine Lust mehr, Verständnis zu haben. Es interessiert mich nicht, was sie wollen. Seit zwei Monaten höre ich, ich müsse Verständnis haben, die Leute seien so arm und so ungebildet und sie hätten noch nie Pferde gesehen, und weil ich weiß bin und gebildet, erwarte man von mir, dass ich jedem Schnorrer Zigaretten oder Geld gebe, mich anglotzen lasse und einfach alles hinnehme? Ich will jetzt endlich meine Ruhe!“

Ungerührt ließ der Mann, der Priester und Leiter der Mission war, den Ausbruch über sich ergehen. Dann wiederholte er noch einmal: „Aber sie wollen doch nur die ...“

Wie von einer Tarantel gestochen sprang Esther auf, stürzte auf eine Frau zu und hob deren Rock hoch. Die Frau gab hohe, quiekende Laute von sich und versuchte hastig, ihre blütenweiße Großmutter-Unterhose wieder zu bedecken.

„Ach! Sie will das nicht? Ich will doch nur schauen,

schauen, wie alle hier, nur schauen! Verstehen Sie jetzt, was ich meine!", brüllte Esther den Mann an, während sie immer noch mit der einen Hand den Rock in die Höhe hielt und mit der anderen auf die Unterwäsche zeigte. Das Volk lachte.

„Hören Sie auf", rief der Mann, der Gott suchend nach oben blickte und seine Arme in den Himmel streckte. Er dachte wohl, er hätte es mit einer Geistesgestörten zu tun. Endlich ließ Esther von der Frau ab. Obwohl die Lage ernst war, musste ich mir angesichts der grotesken Situation das Lachen verkneifen.

Was dann kam, mutete nicht minder grotesk an. Ein Fingerzeig der Oberin und eine kleine Geste des Priesters genügten, um die Neugierigen zu veranlassen, das Gelände zu verlassen. Binnen fünf Minuten war der Platz menschenleer. Selbst die Klosterangehörigen waren verschwunden.

Keine zwei Minuten später erschien die Nonne jedoch wieder und fragte, ob wir zum Lunch blieben. Verwirrt sahen wir einander an. Nach diesem Vorfall hatten wir keinen Grund, uns hier noch länger als nötig aufzuhalten. „Nein, danke, wir brauchen nichts von Ihnen", wehrte Esther ab.

Ich sattelte auf. Nach zehn Minuten waren wir abmarschbereit. Über sanfte Hügel ging es bergab in den Ort Tlawi. Hinter uns wieder, als wäre nichts geschehen, ein Rattenschwanz von Neugierigen. Als die Lage neuerlich die Grenze der Unerträglichkeit erreicht hatte, drehte ich kurz mein Pferd und deutete einen Galopp in die Gegenrichtung an. Allerdings war mir die Lust auf einen Ritt, der die Menschen zerstreuen sollte, vergangen, und mit der Kraft der Pferde musste ich haushalten. So blieb uns die Meute unaufhaltsam auf den Fersen. Zirka 500 liefen uns hinterher, und diejenigen, die uns entgegenkamen, machten kehrt und gesellten sich zu den Verfolgern. Wenn einer versuchte, die Pferde am Schwanz zu ziehen, half nichts als kurz anzutraben, um wieder Abstand zu gewinnen.

Nach einiger Zeit kam uns ein Mann in einer blauen Shuka[3] und mit einem Wanderstock entgegen. Er fiel mir auf, weil er so freundlich lachte und grüßte. Aber auch er änderte seine Richtung, schloss zu uns auf und begann plötzlich mit seinem dicken Wanderstock auf Bucki einzuschlagen.

Esther drehte sich um und verpasste ihm einen Hieb mit ihrer Gerte. Als Antwort fing er an, auch auf Esther einzuschlagen. Ich war gerade damit beschäftigt, andere Angreifer loszuwerden, als ich Esthers Hilferufe hörte. Aus einiger Entfernung sah ich, wie sie verzweifelt versuchte, den Schlägen auszuweichen.

Ich trabte an, um auf Buckis Höhe zu gelangen, sprang aus dem Sattel und stellte mich dem Angreifer mit dem Wanderstock entgegen. Er nahm sogleich Kampfhaltung ein. Dabei lächelte er in einem fort. Ich war irritiert und wusste nicht, wie ich sein Lächeln interpretieren sollte. Ich war fest entschlossen, den Mann auszuschalten. Als mich sein erster Schlag traf, gelang es mir gleich, ihm den Stock zu entreißen. Ich versetzte ihm einen Stoß und prügelte auf ihn ein. Der Mann strauchelte und fiel hin. Immer noch lächelte er. Kurz kam mir in den Sinn, dass er

[3] Eine rote Decke, die als Umhang dient und die traditionelle Bekleidung der Maasai darstellt. Alle Stämme verwenden ihre eigenen Stammesfarben.

vielleicht an einer Gesichtslähmung litt. Ich verscheuchte den Gedanken aber rasch wieder und konzentrierte mich auf den Kampf.

Esther saß immer noch auf Bucki. Sie schrie hysterisch: „Bring ihn um, bring ihn um!“ Ich war wie von Sinnen. Esthers Worte hallten unaufhörlich in mir nach. Mit jedem Schlag entluden sich die Aggressionen, die sich in den letzten Wochen in mir aufgestaut hatten. Wie im Zeitlupentempo ging ein Schlag nach dem anderen auf den Mann nieder, bis der Stock auseinander brach.

Meine Wahrnehmung war seltsam eingeschränkt. Das lächelnde Gesicht hatte sich zur Fratze verzogen, und Esthers „Bring ihn um!“ ertönte wieder und wieder, verzerrt wie ein Loop eines Synthesizers.

Sekunden später riss mich ein stechender Schmerz aus meinem Rausch. Ich ging zu Boden. Irgendetwas hatte mich am Oberschenkel getroffen. In meiner Rage hatte ich nicht bemerkt, dass die johlende Menschenmenge uns mit Steinen bewarf. Steine aller Größen prasselten nun auf uns ein. Esther bekam einige ab. Jedes Mal, wenn die Pferde getroffen wurden, machten sie einen kleinen Satz, aber sie flüchteten nicht.

Augenblicklich war ich wieder zurück in der Realität. Ich versuchte, den größeren Steinen auszuweichen. Zwei Männer stellten sich vor mich und breiteten die Arme aus, um mich vor dem Steineregen zu schützen. Sie riefen den Angreifern zu aufzuhören. Doch die Menge war zu aufgebracht. Sie rückten allmählich näher heran. Nun wurden auch meine Beschützer getroffen. Ich lief humpelnd zu Roland und gelangte irgendwie in den Sattel. Der Lächler lag im Staub und versuchte sich mühsam aufzurappeln.

„Los, wir müssen weg hier!“, rief ich Esther zu. Ich griff

nach der Leine unseres Packpferdes Misty und klopfte mit dem abgebrochenen Stock, den ich immer noch in Händen hielt, auf Rolands Hinterteil. Widerwillig setzten sich unsere Pferde in Bewegung.

Der Weg war steinig, die Hufe taten ihnen weh. Aber unser Leben hing davon ab, so schnell wie möglich den Angreifern zu entkommen. Ich feuerte Roland an und half mit dem Stock nach. Wir galoppierten um unser Leben. Ich blickte mich um und sah, wie wir an Abstand gewannen. Wir hetzten weiter den Hügel bergan. Nur noch wenige Meter bis zur Kuppe. Dann bergab, die nächste Hürde: Wir standen vor einem steilen Abhang, spitze Steine, loses Geröll, also keine Chance, die Flucht im gleichen Tempo fortzusetzen. An Galoppieren war nicht zu denken. Die Pferde rutschten, und es bestand Gefahr, dass sie stürzten.

Esther blickte sich um. Auf der Kuppe erschienen gerade die Angreifer. Es war aber nur noch eine kleine Gruppe von vielleicht 20 Leuten. Die anderen hatten wir abgeschüttelt. Es handelte sich offensichtlich um die Anführer, Jugendliche, kaum älter als 20, jeder mit Steinen bewaffnet. Sie schrien und grölten. Unsere Beschützer rannten an der Spitze und animierten die Angreifer unfreiwillig, ihnen zu folgen. Es dauerte nicht lange, da holten sie uns ein.

Im gleichen Moment bog vor uns ein PKW um die nächste Kurve und dahinter ein größeres Fahrzeug. Eine junge Frau sprang aus dem Auto und lief uns entgegen: „Die Polizei ist hier, ist alles okay?“, rief sie uns auf Deutsch zu. Esther stoppte Bucki, sprang vom Pferd und fiel der Frau in die Arme.

„Gott sei Dank! Seid ihr verletzt? Ich habe am Tlawi-See die Szene mitverfolgt. Erst dachte ich, es sei ein Markt im

Gange, aber dann sah ich, wie dein Mann auf dem Boden gelegen hat und wie die Steine flogen. Ich habe sofort gewendet und die Polizei von Mbulu hierher gelotst", sagte die Deutsche, die sich später mit dem Namen Elisabeth vorstellte und als Ärztin im Hejdom Hospital arbeitete.

„Es tut so gut! Mitleid in Afrika! ..." Esther, von der allmählich der Schrecken wich, lag schluchzend in den Armen der Ärztin. Die Angreifer waren beim Anblick des Pick-ups in militärischer Tarnfarbe in den Busch geflüchtet. Der Wagen war hinter dem PKW der Ärztin zum Stehen gekommen. Zwei Beamte in Drillichanzügen sprangen vom Wagen, die Kalashnikows im Anschlag. Der Fahrer und sein Begleiter stiegen ebenfalls aus, sie waren in Zivil.

Einem der beiden fiel Esther sogleich ebenfalls überschwänglich um den Hals und bedankte sich für die Rettung. Die Miene des finster dreinschauenden Polizisten veränderte sich dadurch nicht. Offensichtlich überrascht, streckte er unbeholfen seine Arme zur Seite. Als Esther ihn wieder in die Freiheit entließ, räusperte er sich und klopfte demonstrativ seine Jacke ab.

„Gnädige Frau, wir sind nicht gekommen, um Sie zu retten. Im Namen der Republik Tansania verhafte ich Sie, wegen anstößiger Handlungen", sagte er mit ernster Miene. „Es liegt eine Anzeige gegen Sie vor. Kommen Sie mit! In unserem Hauptquartier in Mbulu werden wir ein Protokoll aufnehmen."

Elisabeth wandte sich sofort an Esther: „Ich habe gute Freunde in der Mission in Mbulu. Ich werde versuchen, den Oberpolizisten davon zu überzeugen, dass es besser wäre, zuerst in die Mission zu reiten, wegen der Pferde."

Sie protestierte heftig bei dem gestrengen Herrn, der erst

nach wilder Diskussion einlenkte und sich bereit erklärte, ihrem Vorschlag zuzustimmen, da keine Fluchtgefahr bestand.

Das war in der Tat so! Wir waren ausgepumpt, müde und nervlich am Ende. Esther stieg schwerfällig in den Sattel. Ich hatte Mühe, mit meinem verletzten Bein auf Rolands Rücken zu gelangen. Nach Minuten setzte sich der Konvoi in Bewegung. An der Spitze fuhr Elisabeth, dazwischen kamen wir mit den drei Pferden und am Ende folgte das Militärfahrzeug mit den beiden Gorillas auf der Ladefläche. Ich fühlte mich wie auf dem Weg zum Schafott. Nun verdunkelte sich auch noch der Himmel, und bald fielen dicke Regentropfen auf uns nieder, die uns aber im Vergleich zu den Steingeschossen nichts anhaben konnten. Wir waren zwar verhaftet, aber vor erneuten Angriffen sicher.

Unter polizeilichem Schutz erreichten wir nach einer Stunde Mbulu, die Hauptstadt des gleichnamigen Distrikts. Sie ist Bischofssitz und Teil des Erzbistums Aruhsa. Elisabeth lotste uns direkt zu dem Haus ihrer Freunde, dem Wasserbau-Ingenieur Lukas und seine Frau Carmen. Sofort versammelte sich eine größere Menschenmenge, um die Geschehnisse zu beobachten.

Nachdem Elisabeth ihren Freunden die Situation erklärt hatte, reagierten diese unkompliziert und baten uns spontan ins Haus. Die Polizisten ließen uns keine Sekunde aus den Augen.

Carmen bot uns unerwartet aufgetauchten Gästen Getränke an. Ein geschicktes Manöver. Sie wusste, dass sie dadurch den Polizisten bei der Entscheidung, das Protokoll hier aufzunehmen, beeinflussen könnte. Andernfalls drohte uns ein Aufenthalt in einer tansanischen Gefängniszelle, bis es eine Anhörung zu den Vorfällen geben würde.

Mit der Aussicht auf ein kühles Bier konnte Carmen den Beamten auch tatsächlich umstimmen. Sein Kollege folgte artig, er war zum Schweigen verurteilt.

Lukas, der geistesgegenwärtig erkannte, dass es sich um eine haarige Angelegenheit handelte, rief den einflussreichen Bischofssekretär an und bat ihn, der bevorstehenden Prozedur beizuwohnen. Andere Gäste gesellten sich nun dazu, Lukas' und Carmens Wohnzimmer füllte sich allmählich.

Der mächtige Sekretär, ein vornehmer, freundlicher Mann in Schwarz traf auch bald ein, die dicke Oberin aus Tlawi war gekommen und hielt gleich zwei Plätze des Ledersofas besetzt, der Priester der Mission, der Esther so auf die Palme gebracht hatte, mit seinem „ ... aber sie wollen doch nur ...“ sowie ein Schweizer Arzt von „SolidarMed“ namens Kaspar mit seiner Frau Isabel, die als Nachbarn einfach nur so vorbeischauten. Die beiden bewaffneten Gorillas bewachten den Eingang.

Unsere Pferde hatte ich abgesattelt und das Gepäck auf den Boden gelegt. Ich hatte Mühe beim Abladen, da mein Oberschenkel schmerzte; er war bereits angeschwollen. Bei näherer Begutachtung konnte ich an den Pferden keine äußeren Verletzungen durch Steine feststellen, aber die Hufe waren bei allen dreien in einem erbärmlichen Zustand.

Nachdem alle Platz genommen hatten, genehmigte sich der Grimmige einen ausgiebigen Schluck aus der Flasche, bevor er die Protokollaufnahme, die eher einer Verhandlung glich, eröffnete.

„Papiere!“, forderte er in barschem Ton.

Ich erhob mich, um alle Unterlagen aus den Satteltaschen zu holen.

„Stopp, wo gehen Sie hin?“, herrschte er mich an.

„Ich hole die Papiere, die Sie sehen möchten.“

„Okay, Sie dürfen gehen.“ Mit einer eindeutigen Handbewegung machte er seinem stummen Kollegen begreiflich, mir zu folgen.

Als ich zurück war, Stummbulle im Schlepptau, nahm er jedes einzelne Blatt in seinen blutunterlaufenen Augenschein und schob den gesamten Packen danach über den Tisch, ohne dabei nur einen einzigen Fehler entdeckt zu haben. Unsere Dokumente waren in Ordnung. Die Papiere der nicht mehr vorhandenen Trine waren ebenso okay.

„Die Anklägerin ist hier anwesend. Sie haben durch Ihr Verhalten das Ansehen der Mission geschädigt und darüber hinaus die Oberin beleidigt. Was haben Sie dazu zu sagen, Frau ... Stein?“, fragte er auf Suaheli. Lukas, der Landessprache mächtig, fungierte als Übersetzer.

Esther erzählte ausführlich von dem Vorfall und ließ Lukas immer wieder Zeit zu übersetzen. Sie holte weit aus, um den Beamten ihr Verhalten begreiflich zu machen. Ihre schauspielerischen Fähigkeiten setzte sie geschickt ein, um der Glaubwürdigkeit ihrer Geschichte mehr Ausdruck zu verleihen.Zwischen Esthers oscarreifer Vorstellung und Lukas' Suaheli-Übersetzung ortete der Mann Platz für einen Zwischenruf. Er erläuterte, dass ich mit dem Vorfall nichts zu tun hätte, dass gegen mich nichts vorliege und ich daher auch nichts erklären müsse. Esther war die Böse.

Nachdem meine Frau ihren Monolog zu Ende geführt hatte, meldete sich die Schwester Oberin, der englischen Sprache auf einmal mächtig, zu Wort.

„Diese Frau hat mich beleidigt, weil sie meine Gastfreundschaft abgewiesen hat."

Esthers Verfehlung war nicht der Stein des Anstoßes gewesen, eine Einladung nicht anzunehmen, war anscheinend das weit schwerer wiegende Vergehen.

Der Beamte ergriff nun wieder das Wort und sprach Esther an: „Wenn Sie sich bei der Schwester Oberin entschuldigen und diese ihre Entschuldigung annimmt, können wir zumindest diese Sache als erledigt betrachten."

Esther tat dies sogleich und schüttelte die Hand der Ordensschwester, die sich zufrieden und mit einem wohlwollenden Grinsen in das weiche Sofa zurücksinken ließ.

Die Verhandlung war allerdings noch nicht zu Ende. Der grimmige Polizist wartete mit einer anderen Anschuldigung auf:

„Sie sind, ohne sich registriert zu haben, in einen Ort eingeritten und haben daher gegen das tansanische Meldegesetz verstoßen."

„Moment mal, wie soll ich mich registrieren lassen, wenn ich noch gar nicht dort bin?", verteidigte sich Esther spontan.

„Dann benötigen Sie eine Einladung, sonst befinden Sie sich widerrechtlich in dem Ort. Zum Beispiel hier. Soweit ich informiert bin, sind Sie hier noch nicht gemeldet."

Der offensichtliche Versuch des Beamten, uns eines Vergehens zu beschuldigen, um daraus Kapital schlagen zu können, hatte seine Wirkung. Der Schuss ging allerdings nach hinten los. Unsere Retterin Elisabeth, mit den Gesetzen in diesem Lande vertraut, hatte bisher geschwiegen, aber nun sprang sie auf und richtete den Finger drohend auf den Grimmigen:

„Das ist ja ungeheuerlich, was Sie hier erzählen. Das sind

veraltete Richtlinien, die schon lange nicht mehr gelten. Ich muss mich nirgends anmelden, schon gar nicht, wenn ich privat jemanden besuche. Und dass man erst an einem Ort sein muss, bevor man sich anmelden kann, ist wohl auch klar.“

Eine heftige Diskussion entbrannte. Alle ergriffen Partei für Elisabeth; Lukas fand die Anschuldigung ebenso grotesk wie der Bischofssekretär. Der Beamte stand mit seiner Meinung und seiner persönlichen Auslegung dieses Gesetzes alleine da. Aber alle waren sich der heiklen Lage bewusst. Es durfte aus dieser Diskussion niemand als Verlierer hervorgehen. Wichtig war, die Achtung und den Respekt gegenüber der Staatsgewalt zu wahren und Geduld zu zeigen. So erhielt der Beamte die Chance, sich ohne Gesichtsverlust aus der Affäre zu ziehen. Man gab ihm zu verstehen, dass er sehr wohl recht hatte, gleichzeitig aber auch, dass wir unschuldig waren.

Zwischendurch bot Carmen gut gelaunt ein weiteres Bier an. Der Fehler lag also am System. Doch auch dies wurde nicht breitgetreten. Bevor der letzte Schluck in des Herrn Inspektors Kehle verschwunden war, stoppte er die Diskussion, nahm Haltung an und sprach eine Verwarnung aus, nach der Art: „Dass mir so etwas nicht mehr vorkommt!“ Das letzte Mal hatte ich diese Worte von dem Beamten an der Grenze gehört. Die Steinigung wurde mit keinem Wort erwähnt. Es war besser, die Sache unter den Teppich zu kehren.

Tansania hatte 1998 im Blickpunkt der Weltöffentlichkeit gestanden, als durch einen terroristischen Anschlag auf die amerikanische Botschaft in Daressalaam 244 Menschen ums Leben gekommen waren. In den darauf folgenden Jahren war der Tourismus vollkommen zum Erliegen gekommen. Erst in den letzten Jahren waren die Besucherzahlen wieder gestiegen. Daher achtete man sehr darauf, dass Zwischenfälle mit Touristen nicht an die Öffentlichkeit gelangten. Prinzipiell war der Gast König, und wenn er es einmal nicht war, durfte keiner davon etwas erfahren.

Die Beamten schlossen ihr Protokoll, und alles löste sich in Wohlgefallen auf. Die ehrenwerten Gorillas schwangen sich auf den Pick-up, und die Klosterschwester stieg mit ihrem Chef plus Chauffeur in ihren protzigen Range-Rover.

Nun kehrte Ruhe im Haus ein. Erst jetzt konnten wir einander richtig bekannt machen. Es war großartig, wie sich die beiden für uns ins Zeug gelegt hatten, ohne zu wissen, wer wir waren, wenngleich der Besuch überfallsartig in Begleitung der Polizei stattgefunden hatte. Lukas' genialer Schachzug, den Bischofssekretär hinzuzuziehen, hatte sich als nützlich erwiesen. Die Ordensschwester konnte gegenüber der Obrigkeit ihre Großherzigkeit zur Schau stellen.

Der aus der Schweiz stammende Arzt Kaspar untersuchte meinen Oberschenkel. Abgesehen von Blutergüssen und der Schwellung, die er auf eine Muskelzerrung zurückführte, diagnostizierte er keine Verletzung. Er meinte, in ein paar Tagen würde alles wieder in Ordnung sein. Auch Esthers blaue Flecken würden bald verschwunden sein, nicht ohne zuvor noch ein paarmal die Farbe zu wechseln.

Lukas arbeitete für eine christliche Entwicklungshilfe-Organisation, wo seine Aufgabe darin bestand, die Trinkwasserversorgung in abgelegenen Gebieten zu verbessern. Carmen kümmerte sich um den vierjährigen gemeinsamen Sohn und arbeitete in der Frauengruppe mit, die sie ins Leben gerufen hatte.

Nach unseren nervenaufreibenden, gefährlichen Erlebnissen war es eine Wohltat, bei Lukas und Carmen untergekommen zu sein. Sie bemühten sich rührend um uns. Endlich hatten wir Zeit, das Geschehene Revue passieren zu lassen und mit Lukas und Carmen darüber zu diskutieren. Da in dem Einfamilienhaus nicht genügend Platz war, organisierte Lukas ein Zimmer im komfortablen Gästehaus der Mission, das sich keine 200 Meter entfernt auf dem weitläufigen Gelände befand. Die Pferde konnten im eingezäunten Areal grasen.

Mit der Neugier der Menschen hatten die beiden ebenfalls zu kämpfen. Es war an der Tagesordnung, dass Kinder oder Jugendliche in das Gelände eindrangen und versuchten, einen Blick durch ein Fenster in des Ingenieurs Schlaf- oder Wohnzimmer zu erhaschen. Der Zaun wurde nicht akzeptiert und stellte auch kein gröberes Hindernis dar. Sie hatten ebenso wie wir mit dem Verlust der Privatsphäre zu kämpfen, und das, obwohl sie schon zwei Jahre ansässig waren und man annehmen musste, dass sich die Bevölkerung an den Anblick zweier Weißer mittlerweile gewöhnt haben sollte. Lukas hatte ebenfalls die Erfahrung gemacht, dass dem mit gutem Zureden oder Ermahnungen nicht beizukommen war.

Wir verbrachten einige Tage bei den sympathischen Entwicklungshelfern. Zeit genug, dass ich im Schweiße meines Angesichts die Hufe unserer Pferde wieder auf Vordermann brachte. Bucki war von meiner Beschlagungstechnik nicht sonderlich begeistert. Er tänzelte herum, und so geschah es, dass der Nagel, der sein Hufeisen festhalten sollte, in meinem Daumen landete. Doch derartige Kleinigkeiten konnten mich nicht mehr erschüttern. Solchen Wunden war mit etwas Desinfektionsmittel und einem Pflaster beizukommen. Alle anderen Wunden würden wohl noch längere Zeit nicht heilen.

In meinen Träumen kehrten die Bilder des Schreckens wieder. Das lächelnde Gesicht des Mannes, auf den ich eingeschlagen hatte, die grölende Menschenmenge, der Steinhagel, der regungslose Junge auf dem Boden, die Frau, die ihr Baby vor sich in den Staub geschleudert hatte und die vielen Verfolgungsjagden. Diese Bilder ließen mich nicht mehr los. Selbst tagsüber schlichen sie sich in meinen Kopf. Manchmal schreckte ich des Nachts schweißgebadet aus meinen Träumen, weil ich das wilde Geschrei unserer Verfolger zu hören glaubte.

Die Angst, die Hektik der Flucht, die blinde Wut und der Zorn mündeten in eine tiefe, durch nichts zu verscheuchenden Traurigkeit, die mir Nacht für Nacht einige Stunden an Schlaf raubte. Wenn ich mich dann hin und her wälzte und nicht zur Ruhe kam, stand ich auf, stopfte meine „besondere Pfeife", rauchte sie an und ging ein wenig spazieren. Die „besondere Pfeife" hatte mir Will Lemmer, vor fast zehn Monaten geschenkt. „Horst, wenn du Probleme hast und einmal nicht mehr weißt, wie es weitergehen soll, rauche diese Pfeife, sie wird dir Glück bringen, halte sie in Ehren!" Will Lemmers Worte klangen in mir nach. Ich hatte diese Pfeife als meinen Glücksbringer betrachtet, den ich wie meinen Augapfel hütete. Lange Zeit hatte ich sie nur zu besonderen Anlässen hervorgeholt. Jetzt, nach diesen Ereignissen, kam sie fast täglich zum Einsatz, und immer dachte ich dabei an Wills Worte: „ . . . , wenn du einmal nicht mehr weißt, wie es weitergehen soll, . . ."

28 Karatu, das andere Tansania

Auf einer Nebenstraße ritten wir weiter in Richtung Karatu. Von den Kindern, die uns auf die Pelle rückten, ließen wir uns nicht provozieren. Es waren auch deutlich weniger als bisher. Ich war viel zu sehr in meinen Gedanken versunken, um Notiz davon zu nehmen. Esther wirkte hart, sie ließ nichts an sich heran. Meistens saß sie mit versteinertem Gesicht im Sattel. Unsere Unterhaltungen drehten sich hauptsächlich um das Vorwärtskommen und wie wir wohl Weihnachten verbringen würden.

Vier Tage vor Weihnachten ritten wir in Karatu ein. Nichts an dem Ort war anders als an den zahllosen Dörfern, die wir bereits hinter uns gelassen hatten. Die roten staubigen Straßen, die Häuser, alles wie immer. Und doch gab es einen kleinen Unterschied. Zwar waren wir Blickfang und eine Attraktion, als wir mit den Pferden aufkreuzten, aber die Euphorie hielt sich in Grenzen. Und die Tatsache, dass es elektrischen Strom und Wasserleitungen gab, machte den Ort zu etwas Besonderem.

Lukas hatte uns einen Campingplatz gleich am Ortseingang von Karatu beschrieben, den „Kudu Campsite & Lodge, Karatu". Wir versuchten unser Glück dort. Stattliche Bismarck-Palmen, leuchtend rot blühende Losbäume, Kaffeesträucher und Hibiskusgewächse säumten die noble Einfahrt. Mister Dawson, ein schlanker, sympathisch wirkender junger Tansanier nahm sich sofort unser an. Er war der Besitzer der Lodge, hatte in Kenia Touristik studiert und sich ein genaues Bild davon gemacht, was sich der ausländische Gast erwartete. Überraschend für uns, nach all der Erfahrung, die wir im Süden Tansanias gemacht hatten. Dort nämlich hatten sich die von Einheimischen geführten sogenannten „Tourismusbetriebe“ als reine Melkstationen und Korruptionsstätten herausgestellt. In Karatu durften wir für vier Dollar pro Nacht unser Zelt aufstellen, konnten warme Duschen in Anspruch nehmen, die Pferde waren versorgt, und vor Gaffern würden wir ebenfalls verschont bleiben. Dawson bot uns sogar an, jemanden für die Pferde bereitzustellen, falls wir Besorgungen zu erledigen hätten. Dieses großzügige Angebot nutzten wir prompt und fuhren mit dem Bus nach Arusha.

Über eine neu asphaltierte Straße brachte uns ein klimatisierter Reisebus in das 120 Kilometer entfernte Arusha, der ostafrikanischen Ausgangsstation für Safaritouren. Wir genossen den Komfort von gewöhnlichen Safari-Touristen in vollen Zügen. An einem Shopping-Center westlicher Prägung stiegen wir aus, um von dort aus die Gegend zu erkunden. Moderne Gebäude, Geschäfte, Boutiquen und Souvenirläden – wieder einmal fanden wir das Bild von Afrika als Kontinent krasser Gegensätze bestätigt.

Als ich den „Shoprite“, den klimatisierten Supermarkt einer südafrikanischen Kette, betrat, drang das berühmte österreichische Weihnachtslied „Stille Nacht, Heilige Nacht“ sanft durch die Lautsprecher, und ich konnte mich der Rührung über diesen Gruß aus der Heimat nicht erwehren. Es zeigte sich bald, dass die Preise ebenso westlich gehalten waren wie das Ambiente. Tiefkühlkost, Fleisch, Obst und Gemüse, alles für die Hygiene, Sportbekleidung, Brot und Gebäck, es bestand kein Unterschied zu einem Supermarkt in unseren Breiten. Und auch das besinnliche

Weihnachtslied wurde immer wieder durch Werbedurchsagen unterbrochen.

Angesichts der Tatsache, dass die Menschen in einigen Kilometer Entfernung an bitterem Hunger litten und mit weniger als 1000 Kalorien täglich auskommen mussten, wirkte dieser Überfluss an Waren und gar die Abteilung mit Schlankheitsprodukten wie abscheulicher Hohn.

Ich erledigte die Einkäufe, während Esther sich mit Albee traf, um Näheres über den Abtransport von Trine zu erfahren. Sie war offensichtlich in einem erbärmlichen Zustand gewesen. „Schon beim Einladen knickten ihre Beine immer wieder ein. Es benötigte ziemlich viel Zeit und die Unterstützung von Dutzenden Leuten, um das kranke Pferd auf den Laster zu heben“, erzählte ihr Albee. Acht Stunden dauerte die Fahrt, und wie durch ein Wunder überlebte die Stute. Kaum hatte sie eine angemessene Unterkunft, regelmäßiges Futter und eine sorgfältige Pflege, ging es rasch wieder bergauf mit ihr. Die Geschichte mit unserem Unglückspferd hatte sich also in Wohlgefallen aufgelöst.

Esther hatte ein Buchungsbüro der „Plantation Lodge“ in Karatu ausfindig gemacht und mit dem Besitzer, einem Deutschen namens Udo bereits telefoniert, um uns für die Weihnachtstage dort anzukündigen.

„Es gibt einen Swimmingpool!“, strahlte sie, ganz aufgeregt vor Erwartung. „Auch wenn wir nicht dort wohnen, dürfen wir vorbeikommen und den Pool benützen, ist das nicht toll?“

„Dann ist Weihnachten gerettet. Eigentlich genau so, wie wir uns das vorgestellt hatten“, antwortete ich ebenso begeistert.

Bevor wir uns wieder auf die Heimreise machten, setzten

wir uns noch in ein Straßencafé innerhalb des Einkaufskomplexes und gönnten uns „Eis mit Schlagobers". Wir fühlten uns wie im siebten Himmel.

Zurück in Karatu, machten wir noch einen Abstecher in ein Tankstellen-Restaurant. Die beiden Betreiber hießen Chris und Sandy Daborn und stammten aus England. Kaum waren wir fünf Minuten mit Chris im Gespräch, bot er uns seinen alten Landrover an: „Ihr müsst hier mobil sein. Wenn ihr ihn nicht mehr braucht, stellt ihn einfach wieder auf den Parkplatz."

Wir konnten es kaum fassen. Wir waren von der Hölle mitten ins Paradies katapultiert worden. Unversehens waren wir von lauter netten Menschen umgeben. Dawson, der auf die Pferde aufpasste, Udo, der uns auf seine Lodge eingeladen hatte, und Chris, der uns spontan sein Auto zur Verfügung stellte. Wir befanden uns wieder im Aufwind. Jetzt hatten wir auch keinen Grund mehr zur Eile. Mindestens bis über Neujahr wollten wir in Karatu bleiben.

Am darauf folgenden Tag fuhren wir mit unserem geliehenen Landrover Baujahr 1958 zur „Plantation Lodge", vier Kilometer außerhalb von Karatu. Udo und seine Frau Renate erwarteten uns neugierig, um mehr über unser verrücktes Reitabenteuer zu erfahren.

Das Paar, das über eine deutsche Brauerei nach Afrika gekommen war, einige Jahre eine Farm in Nigeria geführt hatte und schließlich in Tansania gelandet war, stellte sich als äußerst sympathisch heraus. In ihrem ersten Jahr in Tansania hatten sie als Manager eine Farm in der Nachbarschaft geleitet, das „Shangrila Estate", eine fast 900 Hektar große Kaffeefarm. Sie hatten alle umliegenden Lodges mit einheimischem Gemüse und Gemüsesorten beliefert, was sich als überaus einträglich herausstellte. Als Renate das Farmleben zu eintönig wurde, bauten sie das höher gelegene Farmhaus am Rande der Ngorongoro Conservation Area, das bisher nur als Gästehaus gedient hatte, zur Safari-Lodge um, nannten es Kifaru-Lodge, und binnen kürzester Zeit florierte das Herbergsunternehmen. Mit den erwirtschafteten Gewinnen und seinem Know-how baute Udo schließlich eine neue, luxuriösere Lodge, in der er sein eigener Herr war. Das Stammpublikum wechselte in die neue Lodge und bildete den Grundstein für den Erfolg.

Seit fünf Jahren gab es nun die „Plantation Lodge“, eine der besten und mittlerweile beliebtesten Safari-Lodges außerhalb der Nationalparks. Udo und Renate ergänzten einander perfekt. Da sie keine Kinder hatten, war die Lodge ihr Baby. Der Agrar-Ingenieur Udo war der Baumeister, der Mann mit einem untrüglichen Geschäftssinn, der den richtigen Umgang mit den Behörden oder seinen Angestellten perfekt beherrschte. Ein stattlicher Mann in den besten Jahren, mit grauen Haaren und unbändiger Energie, der anpackten konnte und seine Ziele geschickt und ausdauernd verfolgte. Renate, ebenfalls um die 50, eine attraktive Frau, die Wert auf raffiniertes Detail legte. Als Udo gerade erst das Grundstück abgesteckt hatte, waren Renates Vorstellungen bereits bis zur Farbe der Vorhänge gediehen. Nichts überließ sie dem Zufall. Jedes Blumengesteck, jedes noch so kleine Accessoire musste perfekt passen. Obwohl Renate und Udo mitten in der Hauptsaison steckten und wir keine zahlenden Gäste der Lodge waren, widmeten uns die beiden jede Menge Zeit. Wir wurden mit Kaffee und Kuchen verwöhnt oder bekamen gekühlte Getränke am Pool serviert. So überschwänglich war diese Gastfreundschaft, dass es schwer fiel, sie anzunehmen.

Die Tage vergingen mit geselligen Treffen, und der Heilige Abend rückte immer näher. In Weihnachtsstimmung befanden wir uns allerdings nicht, denn die Temperaturen waren sommerlich, und der Rummel um das heilige Fest, den wir aus Europa kannten, fehlte in Karatu. Renates Weihnachtsbaum war selbstverständlich geschmackvoll herausgeputzt, aber er war nicht einem duftenden Waldboden entsprossen, sondern in der Dekorationsabteilung eines Kaufhauses erstanden. Trotzdem wurde es ein schönes, vor allem friedliches Fest mit kulinarischen Köstlichkeiten.

Unsere Verwandten und Freunde in der Heimat konnten sich über afrikanische Weihnachtsgrüße freuen. Heimweh überkam mich, als ich an die letzten Weihnachten dachte, die wir gemeinsam mit den Kindern verbracht hatten. Aber nach wenigen Minuten verflüchtigte sich die gedrückte Stimmung, und ich tauchte wieder in die afrikanische Welt ein. Für Esther hatte ich ein kleines Geschenk erstanden, das ich mangels Geschenkpapiers in ein Bananenblatt eingewickelt und mit einer Orchidee bestückt hatte. Der lange Abend endete an der Bar, sodass der erste Weihnachtsfeiertag mit einem kräftigen Brummschädel begann.

In Karatu ging an diesem Tag das Leben seinen normalen Gang. Keine Spur von christtäglicher Beschaulichkeit. So verflog auch noch der Rest unserer ohnehin dürftigen Weihnachtsstimmung. Bei Chris und Sandy gab es gefüllten Truthahn nach traditioneller Art, und ich merkte, dass ich den Gürtel meiner Hose um ein Loch weiter schnallen musste. Wenn es so weiterginge, würde ich bald wieder in die Nähe der 80-Kilogramm-Grenze kommen, was aber immer noch um 15 Kilo weniger war als zu Beginn der Reise. Da die Tour noch nicht zu Ende war, ja noch mehr als 300 Kilometer vor uns lagen, musste ich mir um meine Körpermaße keine Sorgen machen.

Der Campingplatz war inzwischen so etwas wie ein Zuhause für uns geworden. Dawson überschlug sich regelrecht an Fürsorglichkeit. Jeden Tag sah er nach uns und erkundigte sich nach unserem Befinden, ob wir zufrieden seien, ob wir etwas benötigten und so weiter. Durch Renate und Udo sowie Chris und Sandy lernten wir immer mehr Leute kennen. Einer davon war Malcolm Gibbs, ein erfahrener Safariführer und Gesellschafter der altehrwürdigen Gibbs-Farm, einer der besten und nobelsten Lodges in Tansania. Sie lag nur einige Kilometer westlich, mitten in den Kaffeefeldern an den Hängen des Ngorongoro-Kraters. Malcolm stand uns hilfreich zur Seite, als es um die weitere Planung Richtung Kenia ging. Er kannte diese Route wie seine linke Westentasche, empfahl uns Abkürzungen und verfasste Empfehlungsschreiben für Maasai-Oberhäupter, die uns helfen sollten, gefahrlos durch die Steppengebiete dieses Krieger- und Hirtenvolkes zu reiten.

Wie versprochen besuchten uns zwei Tage vor dem Silvesterabend Lukas und Carmen samt Nachwuchs auf dem Campingplatz. Gemeinsam mit dem Wasserbau-Ingenieur und seiner Familie erlebten wir herrliche letzte Tage in Karatu. Wir unternahmen eine Safari in die „Ngorongoro Conservation-Aeria“ und feierten den Jahreswechsel unter dem Kreuz des Südens bei angenehmen Temperaturen.

Der erste Januar verlief in Karatu dann ebenso unspektakulär wie der erste Weihnachtsfeiertag. Die Geschäfte waren geöffnet, das übliche Treiben war im Gange. Für uns wurde es Zeit, den vielen freundlichen Menschen, die wir in Karatu kennen gelernt hatten, Lebewohl zu sagen. An unsere Lieben schickten wir Verabschiedungsmails, mit dem Hinweis, dass wir uns erst wieder aus Kenia melden würden. Wir waren wieder motiviert, hatten Kraft getankt und fühlten uns stark genug, die letzte Etappe in Angriff zu nehmen.

29 Durst

Am 2. Januar schwangen wir uns in unsere vertrauten Sättel. Erstes Etappenziel sollte der „Lake Natron“ sein. Dafür waren fünf Tage eingeplant. Malcolm hatte den Weg an der Feuerlinie der „Conservation Aeria“ entlang empfohlen, aber er wusste nicht genau, ob er für Pferde geeignet war.

„Nehmt euch vor Büffeln und Elefanten in Acht“, hatte er uns gewarnt. Wir riskierten es und probierten die Strecke aus. Schluchten und Hügel wechselten einander ab. Zur Linken erstreckte sich dichter Urwald, rechts sah man kilometerweit über das Tal. In der Ferne erblickte man die schneebedeckte Kuppel des Kilimandscharo. Manchmal hatte das Wasser tiefe Gräben gezogen, die uns den Weg versperrten. Im Falle eines Feuers sollte dieser Pfad als Trennlinie fungieren.

Immer wieder mussten wir Umwege in Kauf nehmen. Wir suchten lichtere Bahnen durch den Wald und umgingen Hindernisse. Manchmal musste ich mit meinem Buschmesser nachhelfen, damit die Pferde nicht über Lianen stolperten oder sich an den Dornen verletzten. Bald aber hatten wir die Hauptstraße zurück ins Tal erreicht. Wir ritten sie einige Kilometer entlang. Afrika zeigte sich von der besten Seite. Nachdem wir die Hauptstraße verlassen hatten, bogen wir ab, um die Zivilisation für längere Zeit wieder zu verlassen.

Eine fantastische Hochebene breitete sich vor uns aus: Die Weidegebiete der Viehherden der Maasai. Sanfte Hügel, mit grünem Gras bewachsen, und in der Ferne erhob sich der mächtige „Ol Donyo Lengai", der heilige Berg der Maasai. Der 2890 Meter hohe aktive Vulkan ist für Bergsteiger keine große Herausforderung. Man kann ihn mit guten Bergschuhen in einigen Stunden besteigen. Die Maasai stellen dazu ausgebildete Führer bereit. Als Belohnung winkt ein fantastischer Blick über die unendlichen Weiten des Landes und auf den Natron-See. Vom Kraterrand aus kann man in der Tiefe das faszinierende Schauspiel des flüssigen Magmas beobachten, wie es träge dahinfließt und zischend in bereits erstarrte Gesteinsformationen rinnt.

Auf der Suche nach einem Nachtlager kamen wir zu den Ruinen von „Engaruka" und erreichten den gleichnamigen Ort. Da sich im Laufe der Zeit immer mehr Touristen für diese historische Stätte interessierten, hatten die geschäftstüchtigen Maasai für eine Einnahmequelle gesorgt und einen Campingplatz errichtet.

Uns stand aber nicht der Sinn nach altertümlichen Stätten, dafür waren wir einfach zu müde. Stattdessen nahmen wir den Luxus in Anspruch, die einzigen Gäste auf der „Engaruka Village Camp Site" zu sein. Die Pferde genossen dies ebenso wie wir. Sie durften innerhalb des eingezäunten Geländes grasen, und wir hatten einen ruhigen, geschützten Rastplatz.

Wir waren während unserer Reise in den Genuss von Trinkwasser in den unterschiedlichsten Geschmacksrichtungen gekommen, aber was uns hier vorgesetzt wurde, erinnerte an WC-Reiniger. Die Geschmacksnuance vermochte nicht einmal unser Wasserfilter zu beseitigen. Mit der stinkenden Brühe in unseren Wasserflaschen machten wir uns am nächsten Morgen zum heiligen Berg „Ol Donyo Lengai“ auf.

Die sanften Kraterhügel waren mit Gras bewachsen, der strahlend blaue Himmel spannte sich über das Land, so mächtig und überwältigend, wie man es nur in Afrika sieht. Ob es sich um eine Viehherde oder ein Rudel Wildtiere handelte, war von der Ferne nur durch das rote Gewand des Maasaijungen zu erkennen. Dessen Aufgabe war es, auf das Familienvermögen aufzupassen. Fehlte dieser Farbtupfer, wussten wir, dass es sich nur um Zebras oder Gazellen handeln konnte.

Das Verlangen nach Freiheit und nach Verschmelzung mit der Natur überkam mich nach langer Zeit wieder, doch die Unbeschwertheit, die wir in Botswana empfunden hatten, als wir auf der Huntersroad entlang geritten waren, kehrte nicht wieder. Die Ereignisse hatten ihre Spuren hinterlassen. Wir blickten dem Ziel entgegen, das immer näher rückte. In Wahrheit handelte es sich um das Ende. Das Leben, an das wir uns nun gewöhnt hatten, würde einfach aufhören, die Suche nach einem Nachtlager, die Besorgung von Lebensmitteln, der Aufbau unseres Zeltes, das so oft Zufluchtstätte gewesen war, das kräfteraubende Auf- und Absatteln, all das, würde auf einmal nicht mehr sein. Würden wir es vermissen? Ich tröstete mich insgeheim damit, dass es noch nicht ganz so weit war. Eine lange, gefährliche Strecke lag noch vor uns.

Auf unserer Karte war ein Fluss eingezeichnet, der mit „permanent river“ bezeichnet war, ein Fluss, der ganzjährig Wasser führen sollte. Aber als wir das breite Flussbett erreichten, war von „permanent“ nichts zu bemerken.

An manchen Stellen war das Flussbett mindestens 100 Meter breit, was an der Tatsache, dass es trocken war, nichts änderte. In 30 Kilometer Entfernung talwärts lag silbrig glänzend der Lake Natron vor uns. Der mächtige Vulkankegel ragte hoch aus der sanft hügeligen Landschaft empor, und unten im Tal breitete sich der See aus, der Millionen von Flamingos, Pelikane und andere Wasservögel beherbergte. Das begehrte Nass lag in Sichtweite, aber doch noch eine Tagesreise weit entfernt in der Ebene.

Am Fuße des Berges erspähte ich eine weidende Vieherde. Wo Vieh war, musste auch Wasser sein. Nachdem meine Versuche, durch Graben im Flussbett Wasser an die Oberfläche zu befördern, kläglich gescheitert waren, steuerten wir auf die Kühe zu, die mit ihrem Hirten bereits den Heimweg zum geschützten Kral angetreten hatten. Die sengende Sonne hatte uns die Kräfte geraubt, von dem stinkenden Wasser hatten wir nur wenig getrunken.

Esther blieb mit den Pferden an einer schattigen Stelle zurück. Ich machte mich auf Wassersuche, eben zu der Stelle, wo noch vor kurzem die Kühe geweidet hatten. Der Kuhdung war mein Wegweiser. Die Entfernungen waren in dieser Weite schwer abzuschätzen. Alles erschien näher, als es in Wirklichkeit war. Zirka eine Stunde lang folgte ich den frischen Fladen, dann wurde ich fündig. Zwischen glatt geschliffenen Felsformationen fand ich in einer Spalte Wasser. Der Abend war gerettet.

Ich markierte die Stelle mit meinem GPS und machte mich auf den Rückweg. In unmittelbarer Nähe der Wasserstelle errichteten wir unser Lager. Die Pferde ergötzten sich an dem grünen Gras, das stellenweise mehr als einen Meter hoch stand. Eine ebene Fläche für das Zelt war bald gefunden.

„Du kannst die stinkende Brühe wegschütten, ich mache mich gleich ans Wasserfiltern“, sagte ich zu Esther, die froh war, das ungenießbare Nass aus ihrer Feldflasche zu bekommen.

Für die Pferde füllte ich den Falteimer. Sogleich machten sie sich über das Wasser her, zogen es aber vor, davon nur zu nippen, da der Hunger anscheinend größer war als der Durst. Nachdem ich einige Male Wasser durch den Filter gepumpt hatte, überprüfte ich wie gewohnt die Qualität. Ich nippte davon und spie es sofort wieder aus. Der beißende Geschmack löste Brechreiz in mir aus. Dieses Wasser, obwohl es nicht ungewöhnlich roch und einigermaßen klar erschien, war alkalisch, und nicht nur das, es war mit dem Urin der Kühe durchsetzt. Die Natur hatte mir ein Schnippchen geschlagen. Ich hatte mich dazu verleiten lassen, anzunehmen, dass inmitten dieser verschwenderischen Vegetation nur reines Trinkwasser aus dem Boden sprudeln konnte. Jetzt wurde mir auch klar, warum die Pferde das Wasser verschmäht hatten.

Als ich meinen Irrtum bemerkte, schrie ich Esther zu: „Nicht wegschütten, das Wasser ist giftig!" Aber schon versickerte der letzte Tropfen aus Esthers Feldflasche im sandigen Boden. Es war zu spät.

Ich hatte einen Fehler begangen, der unser Leben und das der Pferde gefährden konnte. Bei niedrigen Temperaturen wäre es zwar auch höchst unangenehm, 24 Stunden auf Flüssigkeit verzichten zu müssen, aber bei mindestens 35 Grad Celsius, die tagsüber zu erwarten waren, konnte der Wassermangel sehr schnell lebensbedrohlich werden. Wir hätten auf keinen Fall das scheußlich schmeckende Wasser wegschütten dürfen, bevor ich das neue Wasser auf seine Qualität geprüft hatte.

Ich machte mich auf und versuchte noch einmal mein Glück. Die Sonne verschwand bereits hinter dem Vulkan.

Ich folgte der Felsformation bergauf, in der Hoffnung, dass in höheren Regionen besseres Wasser zu finden wäre. Immer wieder stieß ich auf kleine Tümpel. Mit Herzklopfen tauchte ich einen Finger ein und benetzte die Zungenspitze, aber immer mit dem gleichen Ergebnis. Der beißende salzige Geschmack war mit nichts vergleichbar, was ich je auf der Zunge gespürt hatte. Ich wurde ihn nicht mehr los. Und je weiter ich bergauf wanderte, desto durstiger wurde ich.

Es half nichts, wir besaßen keinen Tropfen Wasser und hatten eine Nacht und 30 Kilometer in brütender Hitze vor uns. Vor allem um die Pferde machten wir uns Sorgen, da sie kaum etwas getrunken hatten. Wir beratschlagten, was wir tun sollten, und entschieden uns dafür, im Dunkeln loszumarschieren, um den Flüssigkeitsverlust so gering wie möglich zu halten. Telefonsignal gab es keines, die Gegend war menschenleer. Wir waren, wie schon so oft, auf uns alleine gestellt.

Den Pferden würde der morgendliche Tau zu etwas Flüssigkeit verhelfen. Aber in Anbetracht der Tatsache, dass jedem der Vierbeiner 50 Liter Wasser fehlten, war dies doch nur ein Tropfen auf dem heißen Stein. Noch dazu hatten sie jetzt aufgehört zu grasen. Roland stupste mich vorwurfsvoll an. Ich kannte mein Pferd sehr genau. Er wollte mir mit dieser Geste klar machen: „Hallo, mein Freund, ich habe dich heute so lange getragen, wo bleibt mein Wasser? Das, was du mir vorgesetzt hast, kann man nicht saufen!“ Ich tätschelte seinen Hals und flüsterte ihm ins Ohr: „Du musst dich leider bis morgen gedulden, genauso wie Bucki, Misty, Esther und ich.“

Stumm würgten wir unsere zwei letzten Dosen Bohnen hinunter. Es war nicht meine Art aufzugeben. Ich überlegte hin und her. Es musste doch möglich sein, dieses Wasser genießbar zu machen. Was würde Rüdiger Nehberg jetzt tun? Das „Survival-Lexikon" des bekannten Autors hatte ich vor Reisebeginn studiert, aber in der Praxis sah doch alles ganz anders aus. Ich erinnerte mich an ein Kapitel und startete den Versuch, Wasser zu kochen und die Wassertröpfchen des abgekühlten Dampfes in einem Glas zu sammeln. Nach einer halben Stunde ging der Diesel meines Kochers zu Ende, und mit einem kreischenden Geräusch erlosch die Flamme. Das Ergebnis war enttäuschend. In dem Glas befand sich ungefähr ein Esslöffel destilliertes Wasser, welches nur mehr abgeschwächt nach Natron schmeckte, gerade genug, um die trockenen Lippen zu benetzen.

Schon etwas mutlos überprüfte ich all unsere Säcke, ob sich etwas Flüssigkeit Spendendes darin befand. Eine Flasche Konyagi mit der Aufschrift „Spirit of the Nation" kam zum Vorschein. Ein Überbleibsel des Zuckerrohrschnapses, der vor einiger Zeit meine Zahnschmerzen gelindert hatte. Der Schnaps würde zwar noch mehr Durst verursachen, aber zumindest konnte ich diesen ekeligen Geschmack des Sodawassers loswerden. Ich teilte den Inhalt der Falsche, in der sich ohnehin nur noch eine Pfütze befand, mit Esther, und danach legten wir uns schlafen.

Um drei Uhr morgens läutete der Wecker. Ich dachte an Tee, Kaffee und vor allem an Wasser. Wir wussten, was vor uns lag, daher beschränkte sich die morgendliche Konversation auf mein kraftlos klingendes „'n Morgen", welches Esther wie ein Echo zurückgab. Wir hatten einander nicht viel zu sagen.

Esther packte das Zelt zusammen, ich erledigte den Rest. In der Hoffnung, doch noch etwas Wasser von mir kredenzt zu bekommen, hatten sich die Pferde nicht weit von unserem Zeltplatz entfernt. Das fahle Mondlicht reichte aus, um die Bodenbeschaffenheit einigermaßen sichtbar zu machen. Aber um zu reiten, war es doch zu dunkel. Also führten wir die Pferde.

Mein Kopf dröhnte. Ich musste mich zwingen, an etwas anderes zu denken als an Wasser. Da sich die Pferde nur widerwillig hinter mir herziehen ließen und ich intensiv damit beschäftigt war, sie in Gang zu halten, konnte ich meinen Gedanken ein wenig entfliehen. Jeder Schritt wurde zur Qual. Zirka zwei Stunden später hatten wir den Hauptpfad wieder erreicht. Die letzten Sterne verblassten, der Morgen dämmerte herauf. Eine fantastische Morgenröte ließ den Natron-See in der Ferne aufleuchten. Kurz darauf verwandelte die rote Sonne die Wasserfläche des Sees in einen funkelnden Rubin. Wie trügerisch die Natur doch war!

Die Sandpiste schlängelte sich kilometerweit durch die Savanne und verschwand am Ufer des Sees. Hinter uns thronte der mächtige Vulkan, Giraffenfamilien und Zebraherden wanderten friedlich durch die Steppe, und der Anblick ließ mich für kurze Momente meinen unsäglichen Durst vergessen.

Ich begann an dem Lederbändchen meines Hutes zu kauen, was den Speichelfluss anregte. Ab und zu rissen wir einen Strohhalm ab und saugten daran, um unser Flüssigkeitsbedürfnis zu lindern. Gesprochen wurde fast nichts, zu sehr waren wir mit unseren Gedanken beschäftigt. Außerdem hätte jedes Wort zusätzlich Kraft gekostet.

Obwohl eine Pause dringend nötig gewesen wäre, verzichteten wir darauf und versuchten so schnell und so kräfteschonend wie möglich den See zu erreichen, der von einem Süßwasserzulauf gespeist wurde. Zwischendurch überprüfte ich den Zustand der Pferde, der anfangs noch ganz gut war, aber bei fortschreitender Erwärmung immer kritischer wurde.

Als die Sonne dann senkrecht am Himmel stand, zeigten sich an den Pferden die ersten Trockenfalten. Wir waren alarmiert, denn das war die Vorstufe zur Dehydration. Exsikkose heißt der allmähliche Wasserverlust in Gefäßen und Gewebe. Ich zog eine Hautfalte an Rolands Hals, und sie blieb „stehen". Meine eigene Verfassung überprüfte ich mit derselben Methode, aber bei mir war es Gott sei Dank noch nicht so weit. „Hoffentlich überstehen wir die Strecke heil", dachte ich, mit dem Blick starr auf den See gerichtet, dessen glitzernde Wasserfläche mir fast den Verstand raubte.

Das GPS zeigte zehn Kilometer, der See schien zum Greifen nahe. Aber für zehn Kilometer benötigten wir erfahrungsgemäß immer noch länger als zwei Stunden. Jede Minute schaute ich auf die Uhr. Die Zeit stand fast still. Unzählige Zuflüsse, die wir überquerten, und die in der Regenzeit reißende Ströme bildeten, waren staubtrocken. Normalerweise schwitzten die Pferde bei diesen Temperaturen. Aber jetzt war ihr Fell ebenso trocken wie die Bachläufe. Meine Lippen waren aufgesprungen, die Zunge klebte am Gaumen. Manchmal schloss ich die Augen, um sie vor der starken Sonneneinstrahlung zu schützen. Dann erschienen Kreise und Sternchen, die, nachdem ich wieder auf den See blickte, bestehen blieben und auf- und abtanzten. Wenn ich zwinkerte, verschwanden sie allmählich, und die verschwommen flimmernde Aussicht wurde wieder klar.

Während ich meine Augen geschlossen hielt, fürchtete

ich, wenn ich sie wieder öffnete, würde der See verschwunden sein. Aber es war keine Luftspiegelung, er existierte wirklich. In einer Stunde gab es Wasser in Hülle und Fülle. In einer Stunde? Ich schaute abermals auf die Uhr. „Eine Ewigkeit", schoss es mir durch den Kopf. Kurz dachte ich daran, meinen Urin zu trinken, aber bei der Aussicht, Wasser in greifbarer Nähe zu haben, ekelte mir doch davor. Außerdem hatte ich kein Bedürfnis zu urinieren, wahrscheinlich weil die Blase so trocken wie meine Kehle war. Mein Kopf war gerötet, auf Esthers Dekolleté hatten sich rote Flecken gebildet, wie in den ersten fünf Minuten in einer Sauna, bevor sich die erlösenden Schweißperlen bilden. Trotz hoher Temperaturen schwitzte auch ich nicht.

Ich hatte große Mühe, Roland und mein Packpferd Misty in Gang zu halten. Aber nun wurden sie von sich aus immer schneller. Sie rochen das Wasser, es zog sie magisch an. Und im nächsten Augenblick wurde der Zufluss sichtbar. Kein Hindernis der Welt konnte die Tiere nun abhalten, direkt dem lebensspendenden Nass entgegenzusteuern. Ein Bächlein, Trinkwasser, die Pferde legten an Tempo zu! Mit der linken Hand umfasste ich den Wasserfilter, um ihn sofort in Betrieb nehmen zu können, in der Rechten hielt ich die Zügel. Mistys Leine hatte ich einfach losgelassen. Ein Abhang musste überwunden werden. Ich hatte keinen Einfluss mehr auf Roland. Auf allen Vieren rutschte er über die sandige Böschung, dann galoppierte er die letzten Meter bis zum Ufer, ungeachtet des steinigen Bodens. Ich sprang vom Pferd und stürzte mich gierig in den Bach. Plötzlich saßen wir alle gemeinsam im seichten Bach. Abwechselnd steckten wir uns den Schlauch des Wasserfilters in den Mund, während ich wie verrückt die Pumpe betätigte.

Ein unbeschreibliches Gefühl überkam mich, als die ersten Tropfen durch meine Kehle rannen. Ich konnte nicht beurteilen, wie es schmeckte, es war völlig egal. Es war Wasser, warmes Wasser, und es machte mich unsäglich glücklich. Dann steckte ich meinen roten Kopf in die Wellen und verharrte so. Das Luftholen empfand ich als lästige Unterbrechung meines Glücksgefühls, nie wieder wollte ich diesen Platz verlassen. Während der Zeit meines Tauchganges verschwanden rings um mich herum alle Geräusche. Ich empfand den unwiederbringlich perfekten Augenblick. Nichts in der Welt wäre im Stande gewesen, ein derartiges Wohlempfinden auszulösen.

Die Pferde rührten sich zehn Minuten nicht von der Stelle. Wie angewurzelt, den Kopf gesenkt, standen sie im Bachbett und sogen die Flüssigkeit ein. Ab und an hoben sie die Köpfe, um Luft zu schnappen. Misty, die nur einige Meter von mir entfernt stand, konnte ich im letzten Moment davon abhalten, sich mit dem gesamten Gepäck im Wasser zu wälzen. Ich sprang auf und schrie sie an, worauf sie sich wieder in die normale Saufposition begab. Dann setzte ich mich erneut ins kniehohe Wasser und ließ mich wie berauscht von dieser kühlenden, samtweichen Köstlichkeit umspülen.

Erst allmählich nahm ich meine Umwelt wieder wahr. Wir befanden uns in einer wunderschönen Landschaft. Der 1000 Quadratmeter große Sodasee breitete sich vor uns aus. Riesige Schwärme von Flamingos schwebten in der Ferne wie ein weiß-rosa Flaum auf der spiegelglatten Wasseroberfläche. Hinter uns hob sich der mächtige Vulkan „Ol Donyo Lengai“ hoch empor, und flussaufwärts fiel zwischen palmenbestandenen Hängen ein Wasserfall glitzernd in die Tiefe.

Durch den Flüssigkeitsentzug war mein Wahrnehmungsvermögen so in Mitleidenschaft gezogen worden, dass ich gar nicht bemerkt hatte, wie sich der vorherrschende Gelbton der Landschaft in ein leuchtendes Grün verwandelt hatte. Hohe Bäume und Buschwerk wuchsen entlang des Baches, durchsetzt mit rot und gelb blühenden Blumen. Das Glück war uns wieder hold!

30 Misty

Nach einer halbstündigen Rast ritten wir weiter. Die Poren meiner Haut öffneten sich, und von meiner Nase tropfte der Schweiß. Der Körper arbeitete wieder mit normaler Betriebstemperatur.

Wir waren keine zehn Minuten unterwegs, da begrüßten uns einige Maasai freundlich. Auf unsere Frage hin gaben sie uns die Auskunft, dass sich die Natron Campsite einige 100 Meter weiter befand. Wir waren also in touristisch erschlossenem Gebiet. Obwohl die jungen Krieger ihre traditionellen Gewänder trugen, sprachen sie hervorragend Englisch und boten uns an, dass sie uns bis dorthin begleiten würden.

Der Campingplatz übertraf all unsere Erwartungen. Sorgsam gepflegtes Gelände, perfekte Rasenflächen, Duschen, Swimmingpool, Restaurant und nette kleine Bungalows. Damit hatten wir bei Gott nicht gerechnet. Nur einige wenige Individualurlauber tummelten sich an dem Ort.

Man gestattete uns, die Pferde unmittelbar neben dem uns zugewiesenen Zeltplatz grasen zu lassen, wenn wir die Pferdeäpfel aufsammeln und den Rasen sauber halten würden. Unsere Lieblinge nützten den Service sofort, machten sich über das saftige Gras her und legten sich dann ausgestreckt auf den grünen Teppich. Esther und ich pilgerten nach dem Genuss eines eiskalten Coca-Colas zum Pool und planschten in dem mehr als 30 Grad warmen Wasser, wie kleine Kinder am ersten Badetag der Saison.

Einige Tage verbrachten wir in diesem Paradies. Der schmucke Ort bestand aus kleinen Hütten und einigen gemauerten Gebäuden. Dazwischen gab es den typischen Marktplatz, die Kommunikationszentrale für jedermann. Selbstverständlich waren wir mit unseren Pferden die Attraktion schlechthin, aber die Höflichkeit der Maasai war in der Tat verblüffend. Sie fragten, ob sie die Pferde besichtigen dürften, sahen sie an, bedankten sich und verabschiedeten sich wieder. Udo hatte nicht übertrieben. Hier war alles anders als im Süden Tansanias.

Am ersten Tag nach Verlassen des hübschen Ortes nahmen wir den Aufstieg vom großen Grabenbruch zur Hochebene in Angriff. Fast 1000 Höhenmeter waren zu überwinden. Erst kurz vor der Kenianischen Grenze würden wir wieder in das „Rift-Valley" absteigen.

In der Hochebene war es deutlich kühler und daher angenehmer vorwärtszukommen. Ab und zu stießen wir auf Maasai-Frauen, vereinzelt auf Hirten mit ihren Viehherden oder auf „Moranis", junge Krieger, die auf Löwenjagd waren. Es ist per Gesetz verboten, den König der Tiere zu jagen und zu töten, aber es gehört zur Tradition, um dadurch die Heiratsbefähigung zu erlangen. Man missachtet dieses Gesetz und nimmt eventuell verhängte Strafen in Kauf.

Die Maasai leben immer noch halb nomadisch. Ihre Kultur dreht sich rund um die Rinder. Ein „guter" Maasai hat nicht weniger als 50 Rinder. Der Regengott „Ngai" hat ihrem Glauben nach den Maasai alle Rinder dieser Erde überlassen, woraus folgt, dass alle anderen Rinderbesitzer

Viehdiebe sein müssen. Oftmals kommt es dadurch zu Auseinandersetzungen, Aufständen, ja sogar Kriegen unter den Stämmen. Aus unserer Sicht handelt es sich dabei um Diebstahl, aber so ist das nun einmal. Andere Länder, andere Sitten.

Das Trinken von Rinderblut, teilweise vermischt mit Milch, gehört zu den Zeremonien und zum Leben der Maasai insgesamt dazu. Dabei wird dem Rind der Kopf festgehalten und mit einem Pfeil die zum Anschwellen gebrachte Halsvene angeritzt – jedoch nicht durchtrennt. Wie ich später im Maasai-Dorf unseres Freundes Jonas miterleben durfte, wird zu Feierlichkeiten ein Bogenschützen-Wettbewerb veranstaltet und aus kurzer Entfernung auf die Schlagader des Rindes gezielt. Der Sieger ist ein gefeierter Held. Nach dem Auffangen von maximal zwei Litern Blut in einer Kalebasse wird die Wunde mit Kuhdung eingerieben, und das Rind lebt weiter. Nach Zugabe von Milch wird das Blut lange geschüttelt, um das Gerinnen zu verhindern. Es wird frisch oder nach einer Reifephase von zwei Tagen getrunken und bildet das Hauptnahrungsmittel der Maasai. Sie nennen es „Saroi".

Eine weitere Zeremonie, die sehr bekannt ist, ist das springende Tanzen der Männer. Die Morani springen dabei auf der Stelle so hoch wie möglich und beweisen so ihre Stärke. Die Gesänge dazu wirken für unsere Ohren ungewohnt. Es handelt sich um eine Art Sprechgesang im Falsett, den der sogenannte Vorsänger zum Besten gibt. Meist wird spontan improvisiert, über das Tagesgeschehen berichtet, oder es werden Danksagungen an die Götter kundgetan. Alle begleiten diesen monoton wirkenden Gesang mit rhythmischen Keuchgeräuschen und Stampfen.

Als ich in Kenia die Gelegenheit hatte, Jonas den Donauwalzer vorzuspielen und ihn fragte, was er davon halte, bekam ich zur Antwort: „Just noise.“ Alles, was nicht gesungen war – also Instrumentalmusik –, klang in seinen Ohren wie Lärm. So besitzt eben jede Kultur ihre Hörgewohnheiten. Johann Strauß ist zu seiner Zeit nie nach Afrika gekommen. Damit blieb ihm solche Kritik erspart.

Massenansammlungen gab es hier nicht. Wenn wir zu einem Maasai-Dorf kamen, führte man uns bereitwillig zu den Wasserplätzen. Als Gegenleistung durften die Einwohner unsere Tiere betrachten, die ihrer Meinung nach allerdings an Schönheit lange nicht an ihre Rinder heranreichten.

Wir reisten angenehm. Überall fand sich Wasser und Gras für die Pferde. In Gesellschaft der Maasai fühlten wir uns ausgesprochen wohl. Ihnen war es zu verdanken, dass wir uns mit dem afrikanischen Kontinent allmählich wieder versöhnten. Wir reisten von einem Übernachtungsplatz zum anderen und genossen die herrliche Landschaft ebenso wie die Gastfreundschaft des Krieger- und Hirtenvolkes.

Nach einigen Tagen hatten wir das Land der „Sonjo“ erreicht, eine Enklave, umgeben von Maasai-Gebiet. Die Sonjo waren ähnlich gekleidet, jedoch ihre Waffen bestanden aus Pfeil und Bogen, nicht wie bei den Maasai, die in der Regel Speer und Schild verwenden. Außerdem waren sie sesshaft und lebten vom Ackerbau. Die Zurückhaltung, die uns die Maasai so sympathisch machte, war hier nicht vorhanden.

Wir erlebten auch sogleich wieder einen regelrechten Volksauflauf. Das ganze Dorf war auf den Beinen, um uns Fremde zu begutachten. Jeder wollte seine Hilfe anbieten oder etwas verkaufen. Dabei rückten die Leute immer näher und ließen uns kaum Platz zum Atmen.

Der Anblick der vielen bewaffneten Krieger, die uns umringten, flößte mir dumpfe Angst ein, obwohl ich nicht den Eindruck hatte, dass sie uns feindlich gesinnt waren. Doch da wir ähnliche Situationen schon erlebt hatten, wussten wir, dass die euphorische Stimmung schnell kippen konnte. Jeder zusätzlichen Provokation aus dem Wege zu gehen, war das einzige wirksame Mittel, eine Eskalation zu vermeiden.

Weil wir nicht unhöflich wirken wollten, versuchten wir unseren Aufenthalt so kurz wie möglich zu gestalten. Ich kaufte nur das, was unbedingt nötig war, und danach verließen wir im Trab den hektischen Ort. Als uns die ganze Meute hinterherlief, gab ich zwei Warnschüsse mit meiner in Karatu erworbenen Schreckschusspistole ab, was zur Folge hatte, dass mein Packpferd Misty vor Schreck stehen blieb, mich dadurch aus dem Sattel hob, und ich unsanft im Sand landete, was die Verfolger wiederum animierte, Beifall zu klatschen.

Meine Knochen aber waren heil geblieben. Ich klopfte den Staub aus meiner Hose und begab mich wieder in Reitposition. Esther hatte sich königlich über meine artistische Einlage amüsiert, und ich musste selbst dabei lachen, wie ich lässig wie John Wayne, den Hut tief ins Gesicht gezogen, mit dem Revolver ballernd durch die Gegend ritt und dann einen flotten Purzelbaum hinlegte. Noch vor drei Wochen wären wir mit einer solchen Situation nicht so humorvoll umgegangen.

Nach einem Tag Rast zogen wir zeitig am Morgen weiter. Den direkten Weg von Loliondo zur Grenze mieden wir, da wir keine Papiere für den offiziellen Übertritt nach Kenia besaßen. Schon in Sambia teilte man uns mit, dass Pferde aus Südafrika in Kenia unerwünscht und dass deshalb die Chancen sehr gering waren, eine Einfuhrgenehmigung zu erhalten. Schon vor einigen Monaten hatten wir uns daher entschlossen, illegal in Kenia einzureisen.

In Karatu hatte Esther Verbindung zu unserem Freund Ray in Kenia aufgenommen, und mit ihm einen Treffpunkt außerhalb von Loliondo, einem Ort in Grenznähe verabredet. Mehr als ein Jahr war vergangen, seit wir mit Ray Kontakt hatten. Irgendwo auf der Sandpiste würde er uns mit seinem Landrover auflesen, das Gepäck abnehmen und uns Jonas, seinen Maasai-Freund als Führer überlassen. Er würde uns dann durch den Busch über die grüne Grenze leiten und weiter an unser Ziel Entesekera in Kenia bringen, welches dann nur noch zwei Tagesreisen entfernt lag. Dieser Ort war Jonas' Heimatdorf. Dort war er aufgewachsen, dort lagen seine Wurzeln. Ray hatte sich zur Aufgabe gemacht, Jonas zu unterstützen. Dieser sollte mithilfe unserer Pferde, ein kleines Touristenunternehmen aufbauen und Reittouren unternehmen. Für die Kundschaft würde Ray sorgen.

Wir waren schon einige Stunden unterwegs, als uns auffiel, dass sich Misty merkwürdig verhielt. Sie schien apathisch, ihre Augen waren trüb, und ihr Herz raste wie verrückt, obwohl die Temperatur mäßig war und sie an das Tragen des Gepäcks gewöhnt sein musste. Ihre Pferdeäpfel waren erst breiig, dann vollkommen flüssig. Zuerst vermuteten wir, dass sie an einer Verdauungsstörung litt, aber als sie sich dann bei der ersten Rast nicht wie die anderen über das Gras hermachte und sich stattdessen samt dem Gepäck auf den Boden niederließ, war Grund zu ernster Sorge vorhanden. Ich konnte sie zwar dazu bewegen, sich wieder aufzurichten, aber sie schwankte unter dem Gewicht des Gepäcks. Es gab keinen Zweifel, Misty war krank. An ein Weitergehen war nicht zu denken.

Wir hatten gerade den Ort Digodigo erreicht. Die kleine Ansiedlung entpuppte sich als grüne Oase, durch die sich ein Flüsschen schlängelte. Ausschließlich Angehörige des Sonjo-Stammes bewohnten diesen Ort. Zwischen den Hütten und einigen gemauerten Häusern wuchsen Bananenpflanzen, Avocado- und Mangobäume. Wo man hinblickte, überall wurde etwas angebaut.

Wir mussten Misty eine längere Rast zur Erholung gönnen. Durch diese Verzögerung geriet unser Zeitplan durcheinander, und es war ungewiss, wann wir unsere Reise würden fortsetzen können. Ray würde daher vergeblich am vereinbarten Treffpunkt auf uns warten. Telefonsignal gab es hier keines. Aber darum würde sich Esther später kümmern. Vordringlich war nun, dass Misty wieder auf die Beine kam.

Bei näherer Untersuchung stellte sich heraus, dass die Stute Fieber hatte. Ich kannte mein Pferd sehr genau und hatte schon beim Anblick ihrer Augen die dumpfe Ahnung, dass sie fieberte. Flüssigkeitszufuhr und Kühlung waren daher überaus wichtig. Misty jedoch verweigerte die Wasseraufnahme. Erschöpft legte sie sich in den Schatten. Ihre erhöhte Pulsfrequenz und die Kurzatmigkeit ließen darauf schließen, dass sie Schmerzen hatte. Ich füllte einen Eimer mit Wasser und ermunterte sie abermals, davon zu trinken. Zögerlich probierte sie, aber nahm nur sehr wenig davon auf. Roland und Bucki hingegen standen im Bach und schlugen sich die Bäuche voll.

Ich war der Verzweiflung nahe. Ab und zu mobilisierte die Stute all ihre Kräfte und versuchte aufzustehen, um mit der Herde Kontakt aufzunehmen. Sie wieherte nach ihren Gefährten. Roland und Bucki antworteten prompt. Darauf sank Misty erschöpft, aber immerhin beruhigt, dass ihre Herde in der Nähe war, wieder auf den sandigen Boden.

„Ich muss etwas unternehmen, es sieht nicht so aus, als würden wir heute noch von hier wegkommen“, sagte Esther besorgt, „ich schaue mal in den Ort und versuche Ray zu erreichen.“

Sie packte einige Sachen und begab sich zu Fuß auf den Weg. Ich blieb bei Misty und probierte alles, um sie zum Trinken zu bewegen. Ohne Erfolg! Dazwischen maß ich ihre Temperatur, die nun auf über 39 Grad gestiegen war. Ihr Herz raste, und zwischendurch hustete sie immer wieder. Ich konnte beinahe zusehen, wie sich ihr Zustand von Minute zu Minute verschlechterte.

Hilflos kauerte ich neben dem treuen Pferd. Mistys großer Kopf lag in meinem Schoß, ich tröstete sie, strich ihr über die Mähne, kraulte sie hinter dem Ohr und redete beruhigend auf sie ein. Die Hilflosigkeit machte mich wütend, da ich absolut nichts tun konnte, und zugleich traurig, weil mir Misty unendlich leid tat. Kurz nippte sie wieder von dem Wasser, dann richtete sie sich langsam auf und lief torkelnd und wiehernd den Abhang hoch. Ich ging hinterher, in der Hoffnung, dass sie sich doch etwas erholt hätte. Aber als sie oben angekommen war, sank sie wieder zusammen und lag nun ausgestreckt in der prallen Sonne. Eine quälende Stunde war in der Zwischenzeit vergangen.

Esther kehrte zurück. „Wie geht es ihr?“, erkundigte sie sich hektisch.

„Leider nicht gut. Ihr Zustand hat sich verschlimmert. Hast du etwas ausrichten können?“

„Ich habe einen Schweizer und eine Amerikanerin aufgetrieben, die ein Funktelefon haben, das ab 20 Uhr wieder in Betrieb ist, und außerdem haben sie Internet. Sicherheitshalber habe ich Ray eine E-Mail geschickt, in der Hoffnung, dass er sie noch liest, bevor er sich auf den Weg macht. Wenn wir Glück haben, können wir ihn am Abend telefonisch erreichen", sprudelte es aus Esther heraus, während sie sich zu dem kranken Pferd bückte.

Mistys Zunge hing heraus. Mitleid erregend lag dieses große Tier, hechelnd wie ein Hund, in der Sonne. Mit ihren glasigen Augen blickte sie uns Hilfe suchend an. Misty rang mit dem Tod, auch wenn wir nicht daran zu denken wagten.

Wir erinnerten uns beide an Armand, wie er in Botswana vor uns gelegen hatte und wir uns von ihm bereits verabschiedet hatten, während er zu unserer Verwunderung am nächsten Morgen wieder stand, soff und Heu kaute. Immer wieder rief ich mir diese Bilder in Erinnerung, als kleinen Hoffnungsschimmer, es könnte ihr ebenso ergehen.

„Ich muss etwas unternehmen!", stieß Esther hervor. „Ich spritze ein kreislaufstärkendes und fiebersenkendes Mittel."

Sie verabreichte die Medizin, dann warteten wir. Misty schloss die Augen, dann öffnete sie sie wieder. Sie hatte nicht einmal mehr die Kraft, die Fliegen mit ihrem Schweif zu vertreiben. Nur ihre Ohren verfolgten aufmerksam, was um sie herum geschah. Ich ließ frisches Wasser über ihre Brust laufen, um sie zu kühlen.

Plötzlich bäumte sie sich auf und wieherte. Ein herzzerreißendes Wiehern, das ich nie vergessen werde. Es ging durch Mark und Bein. Bucki und Roland wandten ihre Köpfe und antworteten. Plötzlich startete Misty los, schnurgerade in Richtung ihrer Herde. Dass dazwischen ein Graben lag, konnte das Pferd nicht mehr wahrnehmen. Hoch erhobenen Kopfes stolperte sie zu dem ausgetrockneten Bachbett und stürzte in die Tiefe. Nichts hatte sie davon abhalten können, zu ihrer Herde zu gelangen. Ich rannte hinterher. Mit einem dumpfen Knall prallte das 600 Kilogramm schwere Pferd auf den harten Untergrund. Staub wurde aufgewirbelt, Steine und Geröll nahm sie mit in die Tiefe.

Ausgestreckt lag sie in der Senke. Augenblicke später war ich bei ihr eingetroffen. Krampfartig streckte sie die Beine von sich, ihre weit aufgerissenen Augen blickten mich angstvoll an. Noch einmal hob die Stute den Kopf. Mit einem letzten Seufzer entwich das Leben, und die Körperspannung ließ augenblicklich nach. Innerhalb von Sekunden verloren ihre Augen den Glanz. Misty war tot.

Wie gelähmt kniete ich vor dem leblosen Körper, eine große Leere um mich herum, nur das Zirpen der Grillen drang klagend in mein Herz. Ich stand auf und nahm Esther in die Arme. Starr blickten wir auf Mistys friedlich ruhenden, von allen Schmerzen erlösten Körper. Monatelang war sie uns eine treue Gefährtin gewesen. Nur zwei oder drei Tage von unserem Ziel entfernt, hatten wir sie verloren. Die einzige Erklärung für ihren Tod, so vermuteten wir, mussten giftige Gräser gewesen sein, die sie nachts an der kurzen Leine zu sich genommen hatte.

Der tägliche Lebenskampf riss uns aus unserer Benommenheit. Wenn Regen fiel, versorgte diese Wasserstraße das ganze Dorf mit Trinkwasser, und wir konnten Misty unmöglich hier liegen lassen. Wir mussten den schweren Körper aus dem kaum zugänglichen Bachbett entfernen.

Bedrückt ging ich zurück zur Straße und hielt zwei Männer an. Nachdem ich erzählt hatte, was passiert war, erklärten sie sich bereit, uns zu helfen. Zufällig war einer der beiden der Besitzer des Grundstücks. Er meinte, die einzige Möglichkeit sei, das Tier stückweise aus dem Bach in eine Grube zu heben. Mir graute davor, den Körper Mistys zu zerlegen, aber es schien ein vernünftiger Vorschlag zu sein.

Schon Minuten später trafen die Männer mit ihren Macheten ein. Zirka 20 Meter entfernt auf einer Anhöhe hoben sie eine Grube aus. Zum Schutz stülpten sie sich Plastiktüten über die Hände, dann begannen sie, den Pferdekörper zu zerlegen. Die Männer wussten genau, was sie zu tun hatten. In der kurzen Zeit hatten sich im Inneren des Pferdes durch die Hitze bereits Gase gebildet, die den Leib wie einen Ballon anschwellen ließen. Einer der Männer schlitzte den Bauch auf der Unterseite auf, und wie ein Gummireifen zerplatzte er mit einem dumpfen Knall. Blut und Exkremente ergossen sich in das Bachbett.

Mühsam um Haltung bemüht, beobachtete ich die Männer bei ihrer Arbeit. Ein grauenvoller Anblick. „Es ist bloß der Kadaver eines toten Tieres“, versuchte ich mir einzureden. Täglich werden Tausende Rinder oder Schweine auf diese Weise zerteilt. Ich selbst hatte schon unzählige Kaninchen geschlachtet. Doch in diesem Fall war alles anders. Esther hatte ebenso wie ich eine tiefe Beziehung zu Misty entwickelt. Jede kleinste Regung konnten wir deuten. Sie war fixer Bestandteil unseres Lebens geworden und gehörte zur Familie, so wie wir akzeptierte Mitglieder in ihrer Herde waren. Wie oft hatten wir uns an ihren großen, warmen Körper mit dem weichen Fell gelehnt und Trost gefunden, wenn wir nicht weiterwussten. Umgekehrt konnten wir diesem Tier, das uns an Größe, Kraft und Schnelligkeit haushoch überlegen war, durch beruhigende Worte die Angst nehmen. Wir waren Freunde gewesen.

Die Männer leisteten Schwerarbeit und nahmen Rücksicht auf unsere gedrückte Stimmung, als könnten sie nachempfinden, wie wir uns fühlten. Kaum ein Wort fiel. Sanft legten sie alle Teile des Kadavers in die Grube, zuletzt den Kopf. Noch einmal erinnerte mich der Blick auf Mistys Hufe an unsere halsbrecherische Flucht aus Tlawi. Dann wurden Sand und Steine darübergeschaufelt, bis von Misty nichts mehr zu sehen war.

Ich suchte einen starken zwei Meter langen Ast, ritzte mit meinem Messer „Misty“ und das Datum ein, und setzte ihn auf die letzte Ruhestätte unserer treuen Gefährtin. Danach hing ich ihren Futtersack an den Ast. Ein kleiner Webervogel setzte sich auf den Sack, pickte einige Futterreste heraus. Ich stopfte meine Pfeife und rauchte sie an.

Der Tag neigte sich dem Ende zu. Wir mussten vor Anbruch der Dunkelheit das Haus der Linguisten erreichen. Ich sattelte. Roland trug zusätzlich Mistys Reitzeug. Zu Fuß, Roland und Bucki an der Leine, machten wir uns auf den Weg. Zwanzig Minuten später erreichten wir das Haus unserer nächsten Gastgeber. Es lag auf einer Anhöhe, mit Blick auf das Dorf. Josef und Nora warteten bereits.

31 Wiedersehen mit Freunden

Esther und Josef machten sich eben daran, die Funkanlage und den PC in Betrieb zu nehmen, als zwei Scheinwerfer durch die Fensterscheiben blinkten.

„Es ist ein Auto aus Kenia, das muss euer Freund Ray sein", rief Josef, der vor das Haus gegangen war. Wir stürzten aus dem Zimmer und konnten es kaum glauben. Aus dem vertrauten grünen Landrover stiegen Ray, Jonas, dessen Bruder und ein Freund. Wir fielen uns in die Arme. „Wie hast du uns gefunden?", rief Esther.

„Ich bin sicherheitshalber noch einmal in die Krankenstation gegangen. Dort fand ich deine E-Mail mit der Beschreibung vor, wo ihr seid. Da habe ich mich gleich auf den Weg gemacht", antwortete Ray, der vor Freude, uns wohlbehalten wiederzusehen, feuchte Augen bekommen hatte.

Mit Rays Ankunft hatte ich erstmals ein wenig das Gefühl, unser Ziel erreicht zu haben. Doch wir befanden uns immer noch in Tansania. Zwei Tage hatten wir noch vor uns bis zum endgültigen Finale.

Am nächsten Morgen luden wir unser gesamtes Gepäck in Rays Geländefahrzeug und behielten nur das, was wir unbedingt zum Reiten benötigten, Wasser und etwas Proviant.

Ein Treffpunkt auf kenianischer Seite wurde vereinbart, dann machten wir uns gleichzeitig auf den Weg. Die ersten Kilometer, die noch mit dem Wagen befahrbar waren, ritten wir hinter Ray her. Dann bog er ab und nahm den offiziellen Weg, um nach einem Umweg von fast 100 Kilometer wieder auf uns stoßen zu können. Wir hingegen nahmen die kaum 20 Kilometer lange Route über die Berge. Jonas ging anfangs zu Fuß neben uns her, dann wechselten wir uns ab, und ich ging, während er im Sattel saß.

Jonas wies mehrmals darauf hin, dass er sich als Maasai in feindlichem Gebiet befinde. Wenn ein Sonjokrieger auftauchte, wäre er in großer Gefahr. „Momentan ist Ruhe zwischen den beiden Volksstämmen", erklärte er, „aber in Kriegszeiten haben sie jeden Maasai getötet, ihm das wertvollste Teil abgeschnitten, auf den Pfeil gespießt, und es als Trophäe in ihr Heimatdorf gebracht, wo sie als Helden gefeiert wurden." Und im Scherz fügte er hinzu: „Ich habe mir schon eine Ausrede zurechtgelegt, falls wir auf Sonjos treffen. Ich werde ihnen versprechen, eine ihrer Frauen zu heiraten, dann habe ich vielleicht eine Chance, heil davonzukommen." Die Begegnung mit einem Krieger des verfeindeten Stammes blieb Jonas – und uns – allerdings gottlob erspart.

32 Kenia

Wir waren schon eine Weile unterwegs, als Jonas plötzlich stoppte und uns ein Zeichen gab, wir sollten uns ruhig verhalten.

„Was ist los?“, flüsterte ich.

„Herzlich willkommen in Kenia“, sagte er schließlich beiläufig.

„Was, wir sind in Kenia?“, platzte ich begeistert heraus, „wo ist die Grenze, gibt es hier keinen Grenzstein oder einen Zaun oder Ähnliches?“ Der Maasai schüttelte den Kopf und meinte: „Vielleicht ist es dieser Baum hier oder der, ich weiß es nicht. Ich glaube, niemand weiß das so genau. Jedenfalls befinden wir uns in dem Gebiet meiner Großväter. Hier bin ich aufgewachsen.“

Um ein Zeichen zu setzen, sprang ich vom Pferd, kniete nieder und küsste den Boden. Wir hatten es wirklich geschafft. Wir waren in Kenia, dem fünften und letzten Land unserer langen Reise. Wir umarmten einander, und Jonas gratulierte uns. Ich hatte das Bedürfnis, Roland und Bucki ebenfalls zu küssen und zu umarmen. Ich war so stolz auf unsere Pferde! Meinen unvermuteten überschwänglichen Gefühlsausbruch nahmen die beiden eher gelangweilt hin. Für sie war wichtig, dass das Gras in Kenia ebenso lecker schmeckte wie das in Tansania.

Wir blickten über die sanften Hügel der Loita Hills. Wohin der Blick auch schweifte, nirgends gab es Anzeichen technisierter Zivilisation. Nur unberührte Naturlandschaft, die von den Maasai gehegt und gepflegt wird. Ich packte Will Lemmers Pfeife aus und paffte sie zur Feier des Tages, diesmal allerdings aus Freude.

Nun ging mir alles zu schnell, und ich versuchte jeden Eindruck festzuhalten. Schon nach zehn Kilometer hatten wir unseren vereinbarten Übernachtungsplatz erreicht. Ray stieß erst nach einigen Stunden zu uns. Wir befanden uns in einer eigenartigen Feierstimmung. Sie schwankte zwischen Melancholie und Erleichterung. Jonas begleitete mich ins Dorf. Er organisierte die Schlachtung einer Ziege, die ich später auf dem Lagerfeuer zubereitete.

Ray hob das Glas, hieß uns in Kenia nun offiziell herzlich willkommen und lobte die außergewöhnliche Leistung, die sowohl wir als auch die Pferde vollbracht hatten. In Gesellschaft unserer Freunde Ray und Jonas beschlossen wir den Abend gemütlich am Lagerfeuer.

Das Kochen tat mir gut. Den Gedanken, dass mit Erreichen des Zieles auch unser Weg zu Ende war, schob ich ängstlich beiseite.

Wie oft hatte ich unseren Endpunkt herbeigesehnt, doch jetzt, da wir so kurz davor standen, wünschte ich ihn in weite Ferne. Ich konnte lange nicht einschlafen. Immer wieder stand ich auf, blickte hoch in den klaren Sternenhimmel, zum Kreuz des Südens, und ließ die Geschehnisse des letzten Jahres Revue passieren. Nur langsam begann ich zu begreifen, dass alles vorbei sein würde. Ich empfand Trauer über das Sterben unseres Traumes. Mühe, Plage und Entbehrungen, aber auch die überwältigenden Eindrücke und Hochstimmungen, all dies würde morgen Vergangenheit sein. Aber meine Erinnerungen würde ich mitnehmen.

Wir schliefen lange, es war bereits taghell, als ich aus

dem Zelt kroch. Die warme Sonne trocknete die Zeltplane von dem nächtlichen Tau. Unzählige Sonnenaufgänge hatten wir erlebt. Wie würde ich jemals wieder darauf verzichten können? Die Sonne, dieser lebensspendende und lebensvernichtende Himmelskörper hatte ein Jahr lang unseren Tagesablauf bestimmt und uns den richtigen Weg gewiesen.

Jetzt hatten wir keine Eile. „Ihr habt die Uhren – wir die Zeit!" Wie gut konnte ich diese Worte jetzt verstehen. Ich kochte Tee und bereitete Frühstück zu. Jeden Handgriff erledigte ich bewusst und sorgsam. Ich sah Esther zu, wie sie das letzte Mal das Zelt einpackte, das mit Schrammen übersät war und nur durch unzählige Flicken zusammengehalten wurde. Ich betrachtete den Kocher, mit dem ich fernab jeglicher Zivilisation so manches leckere Mahl zubereitet hatte. Ich war von Dankbarkeit erfüllt, sah vor meinem inneren Auge die Zebraherden und die Säbelantilopen ziehen, hörte den morgendlichen Gesang der Vögel und tauchte in die Tiefen des makellosen afrikanischen Himmels, atmete ein und spürte, wie mir der beißende Rauch des Lagerfeuers in die Nase stieg. Ich horchte tief in mein Inneres und vernahm das Gebrüll der Löwen, das Lachen der Hyänen und das nie endende Liebeskonzert der Zikaden, das in Südafrika begonnen hatte und noch immer nicht verstummt war. Bald würde es von Straßenlärm abgelöst werden. Ich sah in lachende Gesichter, in Gesichter ohne Hoffnung und in leuchtende Kinderaugen, sah die sonnengegerbte ledrige Haut der Alten und die Gräber der viel zu früh Verstorbenen. Das mächtige Rauschen des Sambesi und die unendliche Stille der Wüste, alles war gegenwärtig, es gehörte nun für immer zu mir.

Wehmütig stopfte ich alles in die Säcke. Packpferd gab

es keines mehr, die Säcke wurden in Rays Auto verstaut. Dann filterte ich Wasser, um unsere Feldflaschen zu füllen. Jede Pumpbewegung führte ich bedächtig aus. Dass jeder Tropfen sauberen Wassers Leben bedeutete, war mir noch nie so klar wie in diesem Moment. Plötzlich hörte ich ein feines Klicken, und der Keramikfilter brach. Seine Wand war durch die Beanspruchung zu dünn geworden.

Ich hob die Satteldecke auf Rolands Rücken und streifte sie glatt, so wie ich es immer tat, um Druckstellen zu vermeiden. Dann setzte ich den Sattel auf und legte meinem Freund das Zaumzeug an. Danach kratzte ich seine Hufe aus – tägliche Routinearbeit. Während ich einen Fuß nach dem anderen hochhob und kleine Steinchen zwischen Hufeisen und Strahlfurche entfernte, fragte ich mich, ob Jonas wohl auch wirklich jeden Tag Rolands Hufe auskratzen, sie beschneiden, wenn sie zu lange geworden waren, seine Wehwehchen fachkundig behandeln und ihn von Zecken befreien würde? Nein, darüber brauchte ich mir keine Sorgen machen, Ray war ein guter Lehrmeister, er hatte Jonas fachgerecht eingeschult

Rolands und Buckis neue Heimat befand sich zehn Kilometer entfernt. Esther und ich saßen auf und zogen durch die friedliche Landschaft. Wir begegneten Maasai-Jungen, die ihre Viehherden hüteten. Jonas kannte sie alle. Bunte Vögel flogen quirlig von Baum zu Baum und zwitscherten eine Art Begrüßungsmelodie. Jonas lief nebenher und fotografierte uns, als wir auf Roland und Bucki in das „Enkang“, das Dorf seiner Familie einritten. Da waren die saftigen Wiesen, die Roland und Bucki ernähren und ihr Zuhause sein würden. Ich zwang mich, an etwas anderes zu denken. Der nahe Abschied schnitt mir ins Herz.

Jonas präsentierte uns sein „Enkaji“ – sein Haus, eine

Rundhütte aus Lehm und Kuhdung, mit Stroh gedeckt, das sich durch nichts von den anderen Behausungen unterschied. Er zeigte auf eine andere Hütte: „Das ist das Haus meiner Mutter, hier bin ich geboren.“ Nach und nach kamen die Alten der Dorfgemeinschaft, um uns willkommen zu heißen. Höflichkeitsfloskeln wurden ausgetauscht. Es herrschte verhaltene Ruhe. Alles geschah langsam, ruhig voll des gegenseitigen Respekts.

Ich sattelte ab und reichte Jonas unser gesamtes Reitzeug. Viel zu schulmeisterhaft erklärte ich ihm, wofür diese oder jene Medizin gut sein würde.

Dann übergaben Esther und ich Roland und Bucki in Jonas Obhut. Pferdeaugen wirken immer traurig.

Der Maasai ergriff den Führstrick und geleitete die beiden an einen Platz in der Nähe, wo saftiges grünes Gras wuchs. Bereitwillig folgten sie ihrem neuen Besitzer.

Ich setzte mich ins Gras, stopfte meine Pfeife und rauchte sie an.

*

Nach einigen Tagen verließen wir Jonas und nahmen endgültig Abschied von unseren Pferden. Eine Erledigung bereitete uns noch Kopfzerbrechen. Da wir illegal in Kenia eingereist waren, mussten wir eine Lösung finden, vor der Heimreise die Visastempel in die Pässe zu bekommen.

Ray nahm uns mit nach Nairobi, von wo aus wir den Bus nach Namanga, zur tansanischen Grenze bestiegen. Wir wollten diesmal das allgemeine Chaos, das uns von so vielen afrikanischen Grenzen vertraut war, zu unserem Vorteil nutzen. Zirka einen Kilometer vor der Grenzschranke ließen wir uns mit unseren Rucksäcken absetzen, um nötigenfalls mit der Ausrede, „wir hätten uns verirrt“, aufwarten zu können. Unter dem Motto „Frechheit siegt“ marschierten wir mitten auf der Hauptstraße über die kenianische Grenze, dann über die des Nachbarlandes, geradewegs zum Bürogebäude der tansanischen Ausreisebehörde.

„Ich hoffe, Sie hatten einen schönen Aufenthalt in unserem Land, beehren sie uns bald wieder“, empfing uns der freundliche Beamte im Grenzhäuschen und knallte das Ausreisedatum in unsere Pässe. Esther atmete durch. Auch in mir löste sich die Anspannung augenblicklich. Der Rest war Formalität. Wir gingen dieselbe Strecke, die wir gekommen waren, wieder zurück und reisten offiziell in Kenia ein.

In Nairobi gönnten wir uns eine Woche Urlaub. Wir genossen den Status des „normalen“ Touristen und feierten unseren Erfolg in einem italienischen Feinschmeckerrestaurant. Langsam begann ich loszulassen und war bereit, mich mit der Zukunft auseinander zu setzen. Aber ich stand noch viel zu sehr unter dem Eindruck der Erlebnisse. Zurückzugehen, meine musikalische Laufbahn wieder aufzunehmen, erschien mir grotesk.

Und als wir eine Woche später wieder nach Tansania einreisten, Renate und Udo in Karatu besuchten und plötzlich vor der Entscheidung standen, die Kifaru-Lodge als Pächter zu übernehmen, schien für mich alles klar:

Auf diese 5000 Kilometer mit dem Pferd durch Afrika kann nur ein neues Abenteuer folgen!